EL ARTE PERDIDO
DE PRACTICAR SU
PRESENCIA

EL ARTE PERDIDO DE PRACTICAR SU PRESENCIA

Incluye: *"La práctica de la presencia de Dios"*
por el Hermano Lawrence

JIM W. GOLL

BUENOS AIRES - MIAMI - SAN JOSÉ - SANTIAGO
www.peniel.com

©2008 Editorial Peniel

Ninguna parte de esta publicación puede
ser reproducida en ninguna forma sin el
permiso escrito de Editorial Peniel.

Las citas bíblicas fueron tomadas
de la Santa Biblia, Nueva Versión
Internacional, a menos que se indique lo
contrario.
© Sociedad Bíblica Internacional.

EDITORIAL PENIEL
Boedo 25
Buenos Aires, C1206AAA
Argentina
Tel. 5411 49816178 / 6034
email: info@peniel.com | *Diseño de cubierta e interior:*
www.peniel.com | ARTE PENIEL • arte@peniel.com

Publicado originalmente en inglés con el título:
The Lost Art of Practicing His Presence by Destiny Image
Shippensburg, PA, USA
Copyright © 2005 by James W. Goll
All rights reserved.

Goll, James W.
El arte perdido de practicar su presencia. 1a ed. Buenos Aires : Peniel, 2008.
272 p. ; 21x14 cm.
Traducido por: Karin Handley
ISBN 10: 987-557-209-8
ISBN 13: 978-987-557-209-6
1. Oraciones. I. Handley, Karin, trad. II. Título
CDD 242

Impreso en Colombia / Printed in Colombia

James Goll es un artista con las palabras, lleno de talento para llevarnos a las cámaras secretas del corazón de nuestro sagrado Padre, atraídos y dirigidos por la pasión y la búsqueda de su presencia. Este libro está destinado a ser un clásico.

Dr. Myles Munroe
BFM International
Nassau, Bahamas

En este libro, *El arte perdido de practicar su presencia*, Jim Goll lo llevará en un viaje que el Señor ha preparado para aquellos que lo amen. Está escrito para quienes han elegido caminar con él en sus victorias como en sus sufrimientos en la travesía. Es para aquellos que están dispuestos a abandonar sus vidas en su totalidad y ser poseídos por el Espíritu del Dios viviente. Jim le enseña, mientras día a día entra en la presencia de Dios en soledad y reverencia, cómo la unión total con el Señor lo guía hacia el interior de su castillo, el núcleo de ser atraído hacia él.

Suzanne Hinn
Co-conductora, *¡Este es su día!*

Si pudiéramos entender cuán cerca de nosotros está Dios, y cuán fácil es "practicar su presencia", ¡qué diferentes serían nuestras vidas! Parece que estamos demasiado ocupados haciendo cosas POR Él, en lugar de hacer cosas CON Él.

James aprendió a descansar en la Presencia, amado de su amado, tanto en tiempos fáciles como en los difíciles. Si podemos alcanzarlo, él hará que los días difíciles se tornen fáciles, los amargos serán dulces, y nuestras penas se convertirán en gozo.

A través de las grandes tribulaciones puede "de la roca salir miel". Participemos ahora de la bondad del Señor de uno de los que han abrazado las promesas de Dios.

Gwen R. Shaw
Presidente y fundadora
Siervas del tiempo final

El arte perdido de practicar su presencia me impactó de una manera tan profunda, en mi primera lectura, que es difícil encontrar palabras para describirlo. Este libro debería estar en todas las bibliotecas cristianas y si alguien lo pidiera prestado, no habría que dárselo. En cambio, cómprele uno a quien se lo pida prestado. Querrá quedarse con el suyo para mayor referencia y estudio. Está destinado a ser un clásico y será saboreado por varias generaciones.

PATRICIA KING
Autora del libro *"Revolución espiritual"*

¡Misterio resuelto! James Goll devela el misterio a través de la contemplación, la meditación y el foco cristiano, permitiendo al lector usar estas herramientas para lo que originalmente fueron concebidas: crear intimidad entre Dios y el hombre. La experiencia personal de Jim combinada con escritos de los primeros místicos de la Iglesia producen una irresistible invitación a la presencia de Dios. Su aproximación paso a paso le provee un placentero viaje. Entonces, cuando sienta que se ha asentado, el desafío que estará ante usted será el de volver del sagrado lugar y llevar con usted la presencia de Dios para cambiar el mundo en el que vive.

OBISPO HARRY R. JACKSON, JR.
Pastor principal, *Hope Christian Church*
Presidente, *HighImpact Leadership Coalition*

AGRADECIMIENTOS Y DEDICATORIA

¡TODO LIBRO NUEVO es como tener un hijo más! Realmente son una obra de amor. Son concebidos en intimidad con el mismo Señor, con centenares de oraciones, observados por muchos, dirigidos por unos pocos, y luego hay un trabajo concreto, ¡y me refiero a un trabajo real! Después hay un extraño momento de transición que solo unos pocos conocen y ¡finalmente el gran empujón! ¡De verdad es un gran empujón! Luego se elige un nombre: ¡oh, el nombre! Es de esperar que disfrutará de este nuevo bebé, aquí está: *El arte perdido de practicar su presencia*. Siempre es un trabajo en equipo.

Continúo agradeciéndole al Señor por la gracia del equipo de Destiny Image. Han sido una bendición y continúan siéndolo para Michal Ann, para mí y para nuestro equipo en Encounters Network [Red de Encuentros]. Bendiciones para todo el equipo de Destiny Image.

Una vieja canción de música gospel comienza diciendo "Cómo puedo agradecer…". Es así como me siento ante este nacimiento. El equipo pasado y actual de Encounters Network continúa sacrificando y ofrendando su tiempo, mostrándose confiable en cada uno de estos proyectos. Al equipo administrativo, al Network Prayer Warriors [Red de guerreros de la oración], a nuestra Junta directiva y a todos aquellos que trabajaron con nosotros, no podría hacer nada de esto sin ustedes.

También quiero agradecer a los pioneros que antes que nosotros han andado el camino de "aprender la presencia de Dios". ¿Dónde estaríamos sin ellos? Los libros han sido mis mentores, así que gracias a todos aquellos que han puesto los cimientos sobre los cuales logramos construir.

Por último, quiero agradecer a mi querida familia. Michal Ann, eres una de las mejores cristianas que jamás conocí. Exhibes el mensaje de este libro. Estoy realmente agradecido al Señor por tener una familia que ama su presencia y son ávidos adoradores.

¡Dedico este libro al mismo Señor Jesucristo! Jesús, ¡realmente quiero verter mi vida en ti! Eres el amante de mi alma. Cuánto deseo tus caminos y entrar en tu presencia. ¡Soy un hombre arruinado porque me has amado primero! ¡Gracias Jesús! ¡Que un ejército de amantes de presencia llena emerja!

¡Bendiciones para cada uno de ustedes!

JAMES W. GOLL

TABLA DE CONTENIDOS

PRIMERA PARTE

EL VIAJE INTERNO: PROCEDIENDO HACIA SU PRESENCIA

SEGUNDA PARTE

EL SILENCIO DEL ALMA: ESPERAR A DIOS

TERCERA PARTE

EL VIAJE HACIA AFUERA: EL FUEGO DE SU AMOR

CUARTA PARTE

LA PRÁCTICA DE LA PRESENCIA DE DIOS

PRÓLOGO

HAY UNA CARACTERÍSTICA excepcional que diferencia al verdadero creyente en Jesucristo de la gente del mundo: la presencia de Dios entre nosotros, sobre nosotros y a través de nosotros. Esta cosa llamada cristiandad trata sobre nuestro glorioso Jesucristo y su apasionada búsqueda de encontrar amantes voluntarios de Dios, a quienes transforma para que sean liberadores de hombres. Amamos a Dios, ¡porque él nos amó primero! A cambio, al otorgársenos una pizca de la trascendente majestuosidad de Cristo, no podemos evitar verter nuestras vidas de vuelta hacia Él como si fuera un líquido de ofrenda en sacrificio. ¡Es fácil amar a Dios! Pero existe un misterio, a través de los cristalinos lentes color de rosa de la sangre del Cordero, ¡el Padre piensa que también es fácil amarnos!

Durante los últimos veinte años, tuve el privilegio de formar parte de reuniones públicas casi a diario. Ahora al servir como director de La casa Internacional de la Oración en la gran área de la ciudad de Kansas, mi corazón se ve animado al ver a muchos que se contagian el deseo de transformarse en Marías de Betania y en Anas del Templo. Sí, la dorada copa de su altar en el cielo se llenará con nuestras oraciones y alabanza hasta que rebose con nuestras extravagantes acciones en este romance divino. ¡Lo que precisa el mundo ahora es oraciones llenas de presencia!

Este nuevo libro de James W. Goll lo ayudará en el proceso de mantener el fuego de Dios ardiendo en altar de su corazón. Lo inspirará en su devoción hacia Él —no forzándolo a la religión— en un apasionado anhelo por el mismísimo Hijo de Dios. Al leer *El arte perdido de practicar su presencia*, siéntase animado a recobrar esas antiguas herramientas. Y permítase darse cuenta de que esa comunión con Dios es más que un ritual o una disciplina espiritual. ¡Es para lo que fuimos creados! La comunión devocional... la presencia que nos empapa... la generosa adoración... a fin de cuentas, Dios las merece, ¿verdad?

Únase a James Goll, y a mí y a la creciente multitud, mientras buscamos entregarle nuestros corazones sin guardarnos nada, ¡ya que Él nos ha otorgado el suyo! Tal vez al leer este libro usted también se verá consumido en su fuego y capturará su presencia y la regalará a otros.

Mike Bickle
Autor de *Pasión por Jesús*
Director de *Friends of the Bridegroom*
Director de La casa Internacional de la Oración de
la Ciudad de Kansas.

INTRODUCCIÓN

EN EL CUERPO de Cristo, en todo el mundo la gente quiere aprender *El arte perdido de practicar su presencia*. No están satisfechos con cómo están las cosas en sus vidas actualmente o en la típica iglesia corporativa. Estas almas desesperadas esta pidiéndole a gritos al Señor que les dé mentores, entrenamiento y entendimiento para ayudarlos a avanzar más lejos por el sendero de la vida. ¡Quieren conocer a Jesús y el poder de su presencia! En la historia de la Iglesia, estos mentores eran comúnmente llamados "maestros" o "guías espirituales". ¿Dónde están estos tutores para la descontenta población cristiana de hoy?

En mi propia vida, los libros han conformado una gran parte de mi proceso de transformación. Muchas veces los libros han sido mentores, guías y maestros para mí. Por eso, durante estos años, me he volcado a escribir material de entrenamiento, guías de estudio y libros. Me encantaría ir y sentarme con usted, pero obviamente, solo soy una persona. Sin embargo, puedo entrar en su casa a través de un vehículo como los libros. Ese es el porqué de *El arte perdido de practicar su presencia*. ¡Quiero sentarme con usted en su casa y tener una charla con usted al lado del hogar encendido en su sala!

Quiero verlo crecer en Cristo. Ahora, ¡Dios sabe que todavía no he llegado allí! Pero si hay algo a lo que estoy comprometido es a regalar todo lo que me ha sido dado. Ese es uno de los principios del Reino para crecer y recibir: ¡dé y recibirá! Entonces, aquí estamos con otra ronda de material cosechado que aprendí y estoy aprendiendo de mi tutor, el Espíritu Santo. Es un gran maestro.

Tiempo atrás recibí un vívido sueño acerca de un cambio que ocurriría en el Cuerpo de Cristo. En el sueño era llevado a través del Río San Lorenzo, que separa los Estados Unidos del Canadá. Ví el río desde arriba, algo así como verlo en un mapa, y vi manchas blancas que resplandecían en diferentes ubicaciones geográficas a ambos lados del gran río. Al despertar, "sabía" algo: "Construiré mi iglesia la cuál será levantada al lado del Río San Lorenzo, [N. del T. en inglés, Saint Lawrence] el río de mi presencia". Me di cuenta de que a lo que el Espíritu Santo se refería era a los escritos del hermano Lawrence con respecto al arte de practicar la presencia de Jesús. Fue así que se concibió este libro ¡Quiero ver una Iglesia que se levanta junto al río de su presencia!

¡Quiero ver que Jesús reciba recompensa por su sufrimiento, quiero ver que se levanta toda una generación de Marías de Betania, de Anas del Templo y Josués de la meditación! ¿Usted no? ¿Puede pensar en algo mejor para su vida que verterla hacia Dios, como ofrenda?

Este libro lo llevará por otro de los tramos de mi viaje personal con el Amante de mi alma. Una vez más, me siento como arqueólogo espiritual que está quitándole el polvo a las reliquias del pasado para traerlas al presente. Aprenderá a amar lo que a menudo se conoce como "las disciplinas espirituales". No estoy presentando estos cambios de vida desde un "trabajo" mental, sino desde un corazón que tan solo anhela unirse en cántico con Él.

En el aspecto práctico, he dividido este libro en cuatro partes que son progresivas en naturaleza. En la primera parte, "El viaje interno: Procediendo hacia su presencia", descubriremos por qué María de Betania vertió sus ahorros de toda la vida sobre su nuevo Señor. Quitándole el polvo a las verdades del pasado de la oración contemplativa, descubriremos que es un placer, no una carga. Entonces escudriñaremos un misterio: que nosotros somos la casa del Padre. Y descubriremos lo que hace falta para la verdadera comunión.

La segunda parte se llama "El silencio del alma: Esperar a Dios". En esta sección, tomamos una posición para reclamar lo que es nuestro, lo que el movimiento de la Nueva Era y otros grupos han distorsionado de muy mala manera. Aprenderemos que acallar el alma ante Dios es parte de nuestra herencia cristiana. Redescubriremos que Él es nuestro pastor y que quiere guiarnos junto a aguas tranquilas. Quitaremos el polvo de los recursos de meditación bíblica y el arte perdido de escuchar, esperar y observar con nuestro Mesías. Hasta cavaremos más profundamente al mirar la realidad de caminar en unión con Jesucristo.

La tercera parte se titula "El viaje hacia afuera: El fuego de su amor". Una vez que hayamos aprendido a cultivar estas gracias espirituales, nos daremos cuenta de que debemos hacer algo con lo que hemos recibido o ¡podríamos prendernos fuego! Ahora nos plantamos firmes en nuestra relación de amor con nuestro Mentor al entrar en el ayuno del Esposo. Le permitimos caminar a través de nuestro tabernáculo para ver si realmente hay un fuego ardiendo en el altar de nuestros corazones. Entonces estaremos comisionados a ir a poner brasas de fuego en las vidas de otras personas.

La cuarta parte se titula "La práctica de la presencia de Dios" y fue escrita por el venerable Hermano Lawrence, cuyo entendimiento interno y revelaciones hacia la naturaleza de la presencia de Dios han inspirado a innumerables generaciones.

¡Una de mis metas es ayudarlo a quedar peor que yo! A lo que me refiero es que quiero verlo sacudirse de encima la autocomplacencia y aprender a *practicar la presencia de Dios*. Si tiene hambre de más Dios y menos hambre de sí mismo, entonces este libro es justo para usted.

Ahora, quítese los zapatos y sentémonos por un rato. Quiero que conversemos junto al hogar. Juntos, continuemos alcanzando al Amante de nuestras almas.

JAMES W. GOLL

PRIMERA PARTE

El viaje interno:

PROCEDIENDO HACIA SU PRESENCIA

En la Última Cena, sentado en un lugar de intimidad con sus discípulos, Jesús les dijo a sus preciados amigos que en la casa de Dios había toda clase de lugares para vivir y que Él iba a preparar un lugar especial para ellos. Confundidos y sin tener la menor idea acerca de lo que Jesús estaba diciendo, Tomás respondió: *"Señor, no sabemos a dónde vas, así que ¿cómo podemos conocer el camino?"*.[1]

¿Cómo sabremos el camino? La respuesta a esa pregunta es la meta de esta sección. Le presentaré un viaje que lo llevará al lugar especial que Jesús ha preparado para usted. Lamentablemente, hay muchos que no han hallado el camino. En cambio, han tomado rutas alternativas que nunca los llevarán al lugar de la Presencia. ¿Por qué? Porque han elegido el camino de las muchas ocupaciones. Creen que descubrirán este lugar secreto a través de la mucha actividad. Más contentos y cómodos con la vida en el atrio exterior, se han entregado al movimiento y bullicio de la gran actividad espiritual. Es triste, pero se han perdido en el laberinto de la actividad frenética, pensando que esto los llevará más cerca de aquel lugar que tanto anhelan experimentar.

¿Cómo conocer el camino? Como descubrirá en esta sección, el viaje a este antiguo lugar no nos lleva a través de una tierra de mucha actividad. Nos lleva en otra dirección. Afortunadamente, están las huellas para que nosotros las sigamos, las huellas de los guías del pasado que fueron antes que nosotros y encontraron el camino. El hermano Lawrence dejó uno de los más grandes libros de guía para aquellos que desean este viaje interno; es uno de los que nos ayudará a redescubrir *El arte perdido de practicar su presencia*.

El hermano Lawrence no era un famoso predicador o líder de algún movimiento religioso. La mayor parte del tiempo, estaba en la cocina lavando ollas y trastos. Sin embargo, descubrió el pasaje secreto hacia la presencia de Dios que le permitió disfrutar la Presencia en todo momento. No se deje engañar. No es un viaje fácil, como lo describió el hermano Lawrence en uno de sus máximas espirituales:

Esta práctica de la presencia de Dios es de algún modo difícil en el punto de partida. Aun así, si se lleva a cabo con fe, funcionará imperceptiblemente en el alma obrando los más maravillosos efectos. Atrae la gracia de Dios en abundancia, y guía al alma insensible a la siempre presente visión de Dios, amado y amante, que es la manera de orar más espiritual, real, libre y dadora de vida.[2]

En esta sección, lo llevaré en un viaje espiritual, exponiéndolo al hermoso terreno de la intimidad con Dios y detallándole obstáculos a los que deberá sobreponerse en este viaje. Seré su anfitrión en la muestra del interior del castillo y finalmente lo traeré al lugar que siempre ha buscado: el lugar de la adoración extravagante.

Nos encontraremos del otro lado.

NOTAS
1. Juan 14:2, 5. Énfasis añadido por el autor.
2. http://www.healpastlives.com/pastlf/food/fdpresc.htm.

CAPÍTULO 1

El camino hacia la intimidad verdadera

¿SE IMAGINA CÓMO habrá sido conocer a Jesús en persona, de carne y hueso, caminar con Él, hablar con Él, y ver su cara día a día como lo hacían sus discípulos? ¿Cómo se habrá sentido verlo sanar a un ciego con barro hecho de polvo y saliva, o limpiar a un leproso con un suave toque, o revivir a un muerto con una palabra de mando? ¿Cómo habrá sido vivir con Él día y noche, verlo cuando estaba lleno energía y cuando estaba cansado como un perro, cuando estaba lleno de la alegría del Espíritu y cuando penaba por el rechazo y la incredulidad de mucha gente a la que Él había venido a salvar? ¿Cómo habrá sido sentarse a sus pies y escuchar las grandes verdades y sabiduría jamás antes pronunciada por los labios de una persona? ¿Cómo habrá sido reclinarse en una silla cuando Jesús decía: "*Este pan es mi cuerpo, entregado por ustedes (…) Esta copa es el nuevo pacto en mi sangre, que es derramada por ustedes*"?[1] ¿Cómo se habrá sentido amarlo y luego verlo morir?

APOYÁNDOSE EN EL PECHO DE CRISTO

Solo unos pocos fueron los privilegiados en conocer a Jesús de una forma tan personal e íntima como estos. Juan fue uno de ellos. Este "amado" apóstol, junto con su hermano Santiago y Simón Pedro, conformaban el "círculo interior" de los amigos más cercanos de

Jesús. En el Evangelio y en las epístolas que contienen su nombre, el mismo Juan alude sobre su relación con Jesús. Durante la Ultima Cena, *"Uno de ellos, el discípulo a quien Jesús amaba, estaba a su lado".* [2] Generalmente los estudiosos bíblicos están de acuerdo en que Juan se está refiriendo a sí mismo. ¡"Estaba a su lado" es una hermosa descripción de intimidad en la amistad y comunión! En otros momentos, en su Evangelio, Juan se refiere a sí mismo como el *"discípulo a quien él amaba"*.[3]

Juan también comienza su primer epístola con una referencia a su conocimiento de Jesús.

Lo que ha sido desde el principio, lo que hemos oído, lo que hemos visto con nuestros propios ojos, lo que hemos contemplado, lo que hemos tocado con las manos, esto les anunciamos respecto al Verbo que es vida. (...) Les anunciamos lo que hemos visto y oído, para que también ustedes tengan comunión con nosotros. Y nuestra comunión es con el Padre y con su Hijo Jesucristo.[4]

Estas son las palabras de un hombre que conocía a Jesús de forma íntima y personal. Juan habla de Jesús como uno a quien ha *escuchado* con sus propios oídos, *visto* con sus propios ojos y *tocado* con sus propias manos. Como resultado, Juan disfruta de la *comunión* con el *Padre* y con su *Hijo Jesucristo*, y quiere que sus lectores (incluyéndonos a nosotros) ¡*disfrutemos esa misma comunión*!

¿Cómo hacemos para disfrutar de la comunión íntima con Jesús que ya no está más presente físicamente; o con el Padre, que está en el Espíritu? Nuestra comunión se halla a través de Espíritu Santo, quien entra en comunión con nuestro espíritu como hijos de Dios. Parte del rol del Espíritu Santo en nuestras vidas es el de traernos hacia la íntima comunión con Cristo. Para que eso suceda, primero debemos calmar nuestro propio espíritu y tranquilizar nuestro ser interior.

SI QUEREMOS SER ÍNTIMOS, DEBEMOS APRENDER A QUEDARNOS QUIETOS

Mientras no aprendamos a estar ante Dios con el espíritu, la mente y el cuerpo en silencio, no podremos vivir en plenitud la intimidad con Él. Para los que queremos experimentar una profunda y amorosa comunión con nuestro Señor, es esencial una atmósfera de silencio absoluto. El salmista David escribió: *"Sólo en Dios halla descanso mi alma; de él viene mi salvación"*.[5] El profeta Habacuc proclamó, *"En cambio, el SEÑOR está en su santo templo; ¡guarde toda la tierra silencio en su presencia!"*.[6] Cuando Elías esperaba escuchar el consejo de Dios, no oyó al Señor en el viento, en el terremoto o en el fuego, sino en *"un suave murmullo"*.[7] En el Salmo 46 el Señor nos dice: *"Quédense quietos, reconozcan que yo soy Dios"*.[8]

Este reconocimiento va más allá del mero conocimiento informativo. La palabra hebrea *yada* se usa para todo tipo de conocimiento, incluyendo las más íntimas relaciones. Es la misma palabra utilizada en la frase: *"Y Adán conoció a su esposa, Eva"*. El "conocer" a Dios en este sentido significa que su Espíritu nos llene, que su aliento nos inspire, y su corazón nos dé vigor. "Conocer" a Dios significa ser llevados hacia una vital y personal relación con nuestro Señor Jesucristo. Ese es el tipo de intimidad que Él busca con nosotros, pero para entrar allí hace falta que estemos callados y quietos.

Desafortunadamente, nuestra sociedad no nos alienta ni prepara para estar en silencio. Cada día estamos rodeados por un jaleo de voces que compiten entre sí, voces buenas y malas también, que constantemente claman por nuestra atención. Si no sabemos cómo escuchar, el "suave murmullo" de Dios se ahogará en medio del bullicio.

El silencio no es ni un nuevo descubrimiento ni tampoco una innovación reciente. Tampoco es un nuevo punto de vista de un antiguo descubrimiento. El silencio es un honorable y probado método de oración y comunión con Dios casi totalmente ignorado por los cristianos de hoy en día. Aprender a estar en silencio ante Dios es uno de los grandes desafíos que encaramos hoy en nuestra búsqueda por entrar y experimentar la verdadera intimidad con Él.

EL SILENCIO ES UN GRAN DESAFÍO, PERO TRAE GRANDES RECOMPENSAS

En su excelente libro *How to Hear God´s Voice* [Cómo escuchar la voz de Dios], Mark y Patti Virkler hablan de la importancia del silencio para la intimidad con Dios y el desafío de lograrlo:

Si vamos a estar en comunión con Dios, primero debemos guardar silencio y estar quietos. Habacuc fue a su puesto de guardia a orar (Habacuc 2:1). Temprano a la mañana cuando todavía estaba oscuro, Jesús partió a un lugar solitario a orar (Marcos 1:35). Y luego de un día de ministerio, Jesús fue a orar a una montaña.

Para que nuestro hombre interior esté en comunión con Dios, primero debemos quitar las distracciones externas. Debemos encontrar un lugar donde podamos estar solos y sin distracciones, así podremos centrarnos en nuestros corazones sin que nos distraigan las circunstancias externas.

Segundo, debemos aprender a silenciar nuestro ser interior, todas las voces y pensamientos en nosotros que están pujando por nuestra atención. Mientras no estén en silencio no podremos escuchar su voz.[9]

LOS DOS GRANDES IMPEDIMENTOS.

Entonces, en nuestra búsqueda por la intimidad con Dios, nos enfrentamos a dos impedimentos principales: las distracciones externas y el caos interno. El primero incluye ruidos, acciones e interrupciones que vienen del entorno, mientras el segundo se relaciona con luchas en el campo de batalla de nuestras mentes. Ninguno de los dos se irá por su cuenta o por accidente. Debemos conquistarlos con firme compromiso y acción deliberada.

Descubrí que necesitamos estar libres de las distracciones externas para poder "centrarnos en nuestros corazones". La palabra "centrarse" en la historia de la Iglesia llega a nosotros a través de los cuáqueros. El "centrarse" es una verdad que los cuáqueros han administrado por generaciones y es una parte mayor de su teología. El centrarse es, básicamente, reconocer el centro del silencio en el medio de la tormenta de nuestras almas, algo así como el ojo de un huracán, y enfocarnos en ese centro hasta que los disturbios de nuestro alrededor se desvanezcan. Aunque nuestras almas estén apuradas e irritadas, en el centro hay un lugar en donde Dios comanda paz, y donde su Reino se manifiesta.

Es en ese silencioso centro donde nos encontramos en genuina y cercana comunión con Dios. Lograr el silencio en el espíritu es un medio que busca ese fin; no es un fin en sí mismo. Permítanme referirme a mis amigos los Virklers otra vez:

> El silencio no es una meta en sí. Quiero llegar a estar en silencio y calmo en mente y cuerpo para que mi corazón pueda conocer y sentir a Dios moviéndose en él. Sus indicaciones son suaves y calmas, y hasta que mis acciones internas y externas no callen no sentiré su movimiento interno.
>
> Al estar quieto y en silencio, no estoy tratando de hacer nada. Simplemente quiero estar en contacto con el Amante Divino. Estoy centrado en este momento de tiempo y experimentándolo a Él.
>
> Uno no puede apurarse u obligarse a estar quieto y callado. En cambio, debe permitir que eso suceda. En un punto de su silencio, Dios se hace cargo y podrá sentir su activa presencia en usted. Sus espontáneas imágenes comienzan a moverse con vida propia. Su voz comienza a hablar, dándole sabiduría y fuerza. Se dará cuenta de que está "en el Espíritu" (Apocalipsis 1:10).[10]

Para la mayoría de nosotros, este centro no es fácil de encontrar. A pesar de que el silencio ante Dios no puede forzarse o "apurarse", no vendrá automáticamente. Debemos desearlo conscientemente, planearlo deliberadamente, y llevarlo a cabo con diligencia. Los reconocimientos del éxito justificarán todo el tiempo, la energía, el esfuerzo y la rigurosa autodisciplina requerida para lograrlo. Estaremos en paz en la presencia del Señor. David lo resumió bien cuando escribió:

> Guarda silencio ante el Señor, y espera en él con paciencia; no te irrites ante el éxito de otros, de los que maquinan planes malvados. Refrena tu enojo, abandona la ira; no te irrites, pues esto conduce al mal. (...) Pero los desposeídos heredarán la tierra y disfrutarán de gran bienestar.[11]

Este tipo de espera contemplativa en Dios es una de las muchas expresiones legítimas de la oración. Y aunque no sea un "arreglo rápido" a todos sus problemas, es una poderosa, pero muy olvidada arma en el arsenal de Dios para ayudarnos a encontrar un seguro pasaje a través del confuso laberinto de la vida.

MEDITANDO EN LAS ESCRITURAS.
UN ARMA PARA ESTAR QUIETO Y EN SILENCIO

Una práctica muy útil para aprender a silenciarnos y aquietarnos ante Dios es la de meditar en un pasaje de Las Escrituras. Por favor entiéndame. No estoy hablando de un método del Lejano Oriente o la Nueva Era de vaciar la mente, sino de la profunda concentración en una porción de La Palabra de Dios. No debemos vaciar nuestras mentes, sino llenarlas de Cristo. Al dejar que nuestras mentes se llenen con Las Escrituras, el Espíritu Santo, que la ha inspirado, la interpreta en nuestros corazones y lleva a nuestros espíritus a estar en armonía con Él. La Palabra de Dios esta viva y activa, y meditando en ella podemos pasar al reino del Espíritu.

Madame Jeanne Guyon (1648-1717) nos da una sabia perspectiva de esta idea. Madame Guyon, una mística cristiana francesa, pasó gran parte de su vida en prisión por sus creencias religiosas. La importancia del trabajo de Guyon se destaca en las palabras de mi esposa en su libro, *A Call To The Secret Place* [Un llamado al lugar secreto]:

> … Las escrituras de Madame Jeanne Guyon se consideran entre las más potentes y puras escrituras cristianas de la historia, escritas por una mujer. Los grandes líderes cristianos como John Wesley, el Conde Zinzerdorf, Hudson Taylor, Jessie PennLewis y Watchman Nee, consideraron a esta mujer francesa sin pretensiones como una de sus más auténticas guías espirituales.[12]

El libro de Guyon que causó mayor impacto en Watchman Nee, John Wesley, Hudson Taylor y otros, fue *Experiencing the Depths of the Lord Jesus Christ* [Experimentando lo más profundo del Señor Jesucristo]:

> Al "contemplar al Señor", llega uno a conocerlo de una forma totalmente diferente. Tal vez en este punto deba compartir

con usted la mayor dificultad que encontrará en la espera por el Señor. Tiene que ver con su mente. La mente tiene una fuerte tendencia a alejarse del Señor. Por ese motivo, cuando se encuentre ante el Señor para sentarse ante su presencia (...) contemplándolo, haga uso de las Escrituras para silenciar su mente.

La forma de hacer esto es realmente simple. Primero, lea un pasaje de las Escrituras. Una vez que sienta la presencia de Dios, el contenido de lo leído ya no tiene importancia. Las Escrituras cumplieron su propósito: han silenciado su mente y lo llevaron ante Él. [13]

Meditar en Las Escrituras es diferente a simplemente leerlas. En la meditación nos enfocamos en uno o dos versículos como mucho y a veces solo una parte de un versículo, una simple frase o al menos una o dos palabras. Reflexionamos en esas palabras, masticándolas, reflejándonos en ellas, y dándoles vuelta en nuestras mentes para mirarlas desde todo ángulo posible. Al concentrarnos en Las Escrituras, el Espíritu Santo usará la viva palabra de Dios para llevarnos ante la presencia del mismo Dios. (En el capítulo siete hay más sobre la oración meditativa cristiana).

Aquí, el punto de vista más importante de Madame Guyon es que el principal propósito de meditar en las Escrituras es llevarnos ante nuestro Bienamado. Muchas veces tendemos a ser demasiado mecánicos o demasiado técnicos en nuestro acercamiento a La Biblia. Nos enfocamos en el estudio de Las Escrituras, seccionando y analizando los versículos, formulando teologías y doctrinas o cosas por el estilo. Todo eso está bien y es bueno, pero si nos detenemos, ahí erramos el punto. Es más, ¡nos perdemos de ver a la Persona! No queremos ser como los líderes religiosos a quienes Jesús les dijo: *"Ustedes estudian con diligencia las Escrituras porque piensan que en ellas hallan la vida eterna. ¡Y son ellas las que dan testimonio en mi favor! Sin embargo, ustedes no quieren venir a mí para tener esa vida".*[14] El estudio de La Biblia es muy importante para nosotros como cristianos, pero al final poco logra si no nos lleva ante un *encuentro personal* con el Divino Autor. Recuerde, ¡queremos menos de nosotros y más de Él!

DEBEMOS ESTAR LISTOS PARA LIDIAR
CON LAS DISTRACCIONES

Cualquiera que alguna vez haya intentado seriamente desarrollar una oración activa y consistente ha luchado contra el problema de las distracciones, tanto internas como externas. Es sorprendente que apenas llegamos a estar solos en un lugar calmo para orar ocurren todo tipo de interrupciones o "crisis" familiares. Los pensamientos que nos distraen surgen de a decenas y muchos provienen de no sabemos dónde. Allí estamos tratando concentrarnos en Dios, y nuestra mente o nuestras circunstancias están tratando constantemente de captar nuestra atención. Muchos cristianos se desalientan por sus reiterados fracasos por concentrarse en la oración al punto que se dan por vencidos y en sus mentes abandonan toda esperanza de acercarse a Dios. En lo personal, estos pensamientos no me azotan cuando leo el periódico o alguna revista. ¡Pero seguramente surgen cuando voy a leer La Palabra de Dios! ¡Suena como si algo o alguien (el diablo) se sintiera amenazado!

Pero si en serio queremos la intimidad con el Señor tendremos que ocuparnos del problema de las distracciones. En este aspecto, Madame Guyon nos da un sabio consejo:

¿Qué hay con las distracciones? Digamos que su mente comienza a divagar. Una vez que ha sido tocado profundamente por el Espíritu del Señor y algo lo distrae, sea diligente en traer otra vez ante el Señor esa mente que divaga. Esta es la forma más fácil que existe para vencer las distracciones externas…

Cuando su mente comienza a vagar por ahí, no trate de ocuparse de esto cambiando lo que estaba pensando. Verá, si usted presta atención a lo que estaba pensando, ¡lo único que logrará será irritar y agitar más aún a su mente! Manténgase en el movimiento de la presencia del Señor. Haciendo esto, ganará la guerra con su mente que deambula y directamente nunca se comprometerá en el combate…

Al comenzar esta aventura, obviamente descubrirá lo difícil que es tener el control de su mente. ¿Por qué sucede esto? Porque luego de muchos años de hábito, su mente ha adquirido la habilidad de deambular por el mundo como le plazca, así que esto que le digo aquí debería servirle como disciplina para su mente...

Tenga por seguro que mientras su alma se acostumbra más y más a retirarse hacia su interior, este proceso se volverá más fácil. Hay dos razones por las cuales encontrará cada vez más fácil someter su mente al Señor: ante todo, la mente —luego de mucha practica— formará el nuevo hábito de refugiarse en lo profundo interior; y segundo, ¡porque tiene un Dios de gracia![15]

A muchos nos han enseñado a ocuparnos de nuestros pensamientos desviados durante la oración reprendiéndolos en el nombre de Jesús. Esta es una estrategia válida y efectiva, pero tiene una desventaja. Habiéndonos ocupado de un pensamiento desviado, otro surgirá para tomar su lugar, y luego otro y otro. Antes de que nos demos cuenta, estaremos ocupando todo nuestro tiempo en reprender a nuestros pensamientos. Madame Guyon dice que podemos ganar esta guerra, pero no enfocando nuestra atención en el diablo, sino *enfocándola en Jesús*. Esto no significa que ignoremos al diablo. Nos ocupamos del diablo al enfocarnos en Jesús, porque Jesús es la respuesta y el antídoto contra el diablo. Enfocarnos en Jesús vence al diablo porque nos ayuda a ignorar las distracciones y a "centrarnos" en la santa presencia del Señor.

A VECES USAMOS LAS DISTRACCIONES EXTERNAS PARA HUIR DE CONFUSIONES INTERNAS

Podemos minimizar las distracciones externas encontrando un momento de silencio y un lugar para buscar la presencia del Señor lejos de teléfonos, televisores, computadoras y otras trampas de la vida moderna. Desafortunadamente esto no es suficiente. Una vez que hemos oído las voces de afuera, tendremos que enfrentarnos con la inquietud en nuestras mentes. Si hay algo que revela lo caóticas e indisciplinadas que pueden ser nuestras mentes, es cuando intentamos desarrollar el hábito de la soledad.

Henri Nouwen (1932-1996), un cura católico y psicólogo, nos ofrece bastante sobre el tema. Nacido en Holanda, Nouwen llegó a los Estados Unidos en 1964. Durante su vida, enseñó en muchas universidades y fue autor de varios libros, incluido *Making*

All Things New [Haciendo nuevas todas las cosas], del cual tomo
lo siguiente:

El traer algo de soledad a nuestras vidas es una de las más necesarias pero también más difíciles disciplinas. Aunque tengamos
un profundo deseo de estar realmente en soledad, también experimentamos una cierta aprehensión, mientras nos acercamos
a un lugar y tiempo de soledad. Apenas nos encontramos a solas, sin personas con las que hablar, sin un libro para leer, sin
televisión que mirar o llamadas telefónicas que hacer, comienza
en nosotros un caos interno.

Este caos puede ser tan inquietante y confuso que apenas
podemos esperar a estar ocupados de nuevo. Entonces, entrar
a una habitación privada y cerrar la puerta, no significa que
hayamos cerrado todas nuestras dudas internas, ansiedades,
miedos, malos recuerdos, conflictos sin resolver, sentimientos de enojo y deseos impulsivos. Por el contrario, cuando
quitamos las distracciones externas, muchas veces nos damos
cuenta de que nuestras distracciones internas se manifiestan
con inusitada fuerza.

A menudo usamos estas distracciones externas para escu-
darnos de los ruidos interiores. No nos sorprendamos entonces de que encontremos difícil estar solos. La confrontación
con nuestros conflictos internos puede ser tan dolorosa para
nosotros que podríamos no soportarla.

¡Esto hace que la disciplina de la soledad sea la más importante! La soledad no es una repuesta espontánea a una vida
ocupada y llena de preocupaciones. Hay demasiadas razones
para no estar solo. Por eso, debemos empezar planeando cuidadosamente algo de soledad.[16]

¡La primera vez que leí esto me sentí aliviado al encontrar
alguien que se hacía eco de mi propia experiencia! ¡No era yo el
único! Y a decir verdad, probablemente la mayoría de mis lectores podrían decir lo mismo. Se nos hace difícil estar solos y en
silencio porque cuando lo estamos, nuestras mentes comienzan
a correr, y todo tipo de pensamientos oprimidos o reprimidos

por el trabajo de la vida claman por salir a la superficie. Si lo deseamos debemos, como dijo Nouwen, planearlo cuidadosa y deliberadamente.

AL PRINCIPIO PUEDE PARECER
UNA PÉRDIDA DE TIEMPO

Con esto en mente, no deberíamos sentirnos desalentados si en el primer intento no logramos silencio total en nuestro espíritu. Y aquí también Henri Nouwen dice:

Ya comprometidos a pasar tiempo en soledad, desarrollamos la capacidad de prestar atención a la voz de Dios. Al principio, durante los primeros días, semanas, o aun meses, tal vez tengamos la sensación de que estamos perdiendo el tiempo. Puede ser que al principio, el tiempo en "silencio" parezca más un tiempo en que nos bombardean miles de pensamientos y sentimientos que emergen de áreas escondidas de nuestras mentes.

Uno de los primeros escritores cristianos describe los pasos iniciales de la oración en soledad como la experiencia de un hombre que luego de muchos años de vivir con las puertas abiertas de repente decide cerrarlas. Los visitantes que antes entraban comienzan a golpear a su puerta, preguntándose por qué no se les permite entrar. Gradualmente dejarán de venir cuando se den cuenta de que no son bienvenidos.

Quienquiera que decida entrar en la soledad luego de una vida sin mucha disciplina espiritual experimentará esto. Primero continuarán presentándose las muchas distracciones. Luego, al recibir cada vez menos atención, se retirarán lentamente.

Esta disciplina de soledad nos permite ponernos en contacto con esta ansiada presencia de Dios en nuestras vidas y nos permite también probar, aun ahora, los principios de la felicidad y paz que pertenecen al nuevo cielo y la nueva tierra.

Esta disciplina de soledad, como la describo aquí, es una de las más poderosas herramientas para desarrollar una vida de oración. Es una manera simple, aunque no fácil, de liberarnos de la esclavitud de nuestras ocupaciones y preocupaciones, para empezar a escuchar esa voz que hace nuevas todas las cosas.[17]

Los pensamientos no deseados y que nos distraen pueden surgir de una gran cantidad de direcciones diferentes. Nuestras mentes se llenan de repente de pensamientos de cosas que necesitamos hacer, de personas que necesitamos ver, de llamadas telefónicas que necesitamos hacer, de tareas incompletas que penden sobre nosotros, etc. A veces estos pensamientos son intromisiones de afuera de nuestro "lugar silencioso". A veces vienen del enemigo, tratando de interrumpir e impedir nuestra comunión. A veces el mismo Dios está tratando de obtener nuestra atención.

¿QUÉ DEBEMOS HACER?

Cualquiera sea la fuente de estos pensamientos, ¿cómo nos ocupamos de ellos? Volvamos a *How To Hear God´s Voice* para encontrar algunos prácticos consejos sobre cómo ocuparnos del problema de quitar esos ruidos de voces, pensamientos y presiones internas.

- *Pensamientos de cosas por hacer.* Anótelas para no olvidárselas.

- *Pensamientos de conciencia del pecado.* Confiese sus pecados y cúbrase con la capa de la justicia.

- *Mente que revolotea.* Enfóquese en una visión de Jesús junto a usted.

- *Necesidad de entrar en contacto con su corazón.* Empiece a cantar y a escuchar la espontánea canción que borbotea en su corazón.

- *Necesidad de tiempo adicional para estar en comunión cuando su mente está preparada y quieta.* Debe darse cuenta de que esos momentos en los que está haciendo actividades automáticas (por ejemplo manejar, bañarse, haciendo ejercicio, trabajos rutinarios, etc.) son momentos ideales para escuchar la voz de Dios.[18]

En este punto, lo importante no es en dónde esté en este momento en su andar cristiano sino que esté comprometido a moverse hacia delante, desde donde está hacia la madurez y la intimidad más profunda. No se desaliente si algunos cristianos que conoce parecen estar más adelantados que usted. Nunca debemos comparar nuestra vida espiritual con la de otras personas. Esa es una táctica que el diablo puede utilizar para atraparnos. Solo Jesucristo es nuestro estándar. No nos reprenderá ni nos subestimará, sino que nos amará y nos guiará pacientemente hacia la profunda vida en comunión con Él. El Espíritu Santo nos ayudará a ponernos en contacto con la vida de Dios que llevamos dentro.

En ningún momento se deje convencer de que la espera por Dios es una pérdida de tiempo. Esperar a Dios no es una pérdida de tiempo; es tiempo ganado. Esperar a Dios es una sabia y provechosa inversión que con el tiempo cosechará abundantes dividendos en su vida.

A VECES DEBEMOS BUSCAR UN ÁNGULO MÁS AGRESIVO

A través de mi propia experiencia, he aprendido que no siempre basta con buscar la calma y el silencio ante Dios. La mente humana puede ser una bestia testaruda que no se someterá sin pelear. A veces hacen falta medidas más agresivas.

Cuando niño era un muy buen estudiante en la escuela, en parte porque me había enseñado a mí mismo disciplinas académicas. Una de esas era la práctica de grabar todas mis notas de clase en un grabador de cintas (¡esto era antes de los días del casete y el CD!) y los escuchaba cuando me iba a dormir a la noche. Como resultado, sabía mis notas y me iba muy bien en clase. Otro resultado de esta práctica fue que desarrollé un "cerebro grabador". Tenía excelente memoria para todo lo que escuchaba, no solo en la escuela, sino también en cualquier otro lugar: conversaciones, programas de televisión, películas, etc. Podía recordar cualquier cosa que oyera con gran detalle y exactitud. Esta habilidad fue un gran recurso para mí durante muchos años y de muchas maneras.

Sin embargo tenía una desventaja. Una consecuencia de mi "cerebro grabador" era que mi mente estaba siempre activa y trabajando. No podía apagarla. Era como si mi grabador mental no tuviera botón de "apagado". Por las noches, me recostaba despierto durante horas, repitiendo y analizando conversaciones y otros diálogos más recientes del día. No sabía cómo silenciar mi mente o cómo calmar mi espíritu. Esta característica de mi contextura mental me causaba grandes dificultades cuando empezaba a buscar un lugar silencioso, en oración contemplativa y profunda comunión con el Señor. Para mí era una gran lucha; simplemente no sabía cómo hacerlo. Uno de los enemigos de la comunión con Dios es la mente ocupada en otras cosas. Es difícil escuchar la voz de Dios cuando estamos constantemente escuchando nuestros propios pensamientos.

Eventualmente, luego de un largo período de tiempo y gracias a la gracia del poder de Dios, aprendí como llevar mi mente a la sumisión y cómo esperar silenciosamente ante Él. En este proceso, también aprendí que a veces necesitamos tomar una ofensiva agresiva en la batalla por el control de nuestras mentes.

Uno de los pasajes favoritos de Las Escrituras para intercesores y otros creyentes ocupados en la guerra espiritual proviene de la segunda carta de Pablo a los corintios:

> Las armas con que luchamos no son del mundo, sino que tienen el poder divino para derribar fortalezas. Destruimos argumentos y toda altivez que se levanta contra el conocimiento de Dios, y llevamos cautivo todo pensamiento para que se someta a Cristo.[19]

Aunque suelen enseñarse estos versículos en el contexto de continuar la guerra contra los principiados y poderes espirituales, hace años aprendí a aplicarlos a la guerra contra las fortalezas de mi mente. En mi propia experiencia, estos versículos comprenden ante todo el principio de traer todo pensamiento y actividad de la mente a sumisión a Cristo. Comencé a utilizar las armas espirituales en el nombre y la sangre de Jesús contra las fortalezas de mis propios pensamientos y comencé a derribarlos. Antes de aplicar las lecciones y los principios de silencio que Madame Guyon y Henri Nouwen describen, tuve que aprender cómo hacerlo.

DEBEMOS TOMAR LA INICIATIVA

Cuando leí 2 Corintios 10:45, me imaginé este "campo de batalla de la mente" de una forma especial. Esta "fortaleza" (v. 4) se refiere a la antigua pared que rodea nuestras mentes. Representa nuestra actitud mental total, particularmente negativa y nuestras mentes derrotistas que nos agobian. Los argumentos o "especulaciones" (v. 5) son los guardias de las paredes del razonamiento humano, mientras que las cosas elevadas o "sublimes" (v. 5) son las grandes torres en los muros del orgullo humano. Finalmente, los "pensamientos" (v. 5) son soldados armados con las armas del poder de la sugestión.

Estos adversarios no se rendirán sin luchar. Debemos tomar la iniciativa, ir a la ofensiva, y "golpear las puertas" de nuestras fortalezas mentales. Usando los "arietes" del nombre de Jesús, *la sangre del Cordero*,[20] *y de toda palabra que sale de la boca de Dios*, podremos prevalecer y llevar cada pensamiento "cautivo a la obediencia a Cristo".[21]

No estoy diciendo que sea fácil; no lo es. Pero diré que con paciencia, persistencia, disciplina y el poder del Espíritu, podemos con el tiempo derribar los cimientos de nuestra vieja forma de pensar y echar nuevas bases para las nuevas formas de pensamiento y actitudes mentales que desarrollamos como nuevas creaciones en Cristo. Creo que esto es lo que el apóstol Pablo tenía en mente cuando escribió: "*... sean transformados mediante la renovación de su mente*"[22] y "*Con respecto a la vida que antes llevaban, se les enseñó que debían quitarse el ropaje de la vieja naturaleza (...) ser renovados en la actitud de su mente; y ponerse el ropaje de la nueva naturaleza, creada a imagen de Dios, en verdadera justicia y santidad*".[23]

PASOS PRÁCTICOS PARA TENER LA MENTE DE CRISTO

En el cuarto capítulo de Filipenses, Pablo nos dice: "*Por último, hermanos, consideren bien todo lo verdadero, todo lo respetable, todo lo justo, todo lo puro, todo lo amable, todo lo digno de admiración, en fin, todo lo que sea excelente o merezca elogio*".[24] Esto es parte de lo que significa tener la "*mente de Cristo*".[25] Antes de hacer de esto una práctica real, primero debemos limpiar nuestras mentes. Esto no sucede de la noche a la mañana, sino que como cristianos es parte de nuestro destino.

Hay algunos pasos prácticos para tener la mente de Cristo.

- *Confesarse*. Necesitamos estar al día en la confesión de nuestros pecados. "*Si confesamos nuestros pecados, Dios, que es fiel y justo, nos los perdonará y nos limpiará de toda maldad"*.[26]

- *Perdonar.* Debemos perdonar a todo aquel que se haya equivocado con nosotros. *"Cada corazón conoce sus propias amarguras, y ningún extraño comparte su alegría"*.[27] Al continuar con nuestro "viaje interno", viejas heridas y ofensas surgirán y nos gritarán. El camino a toda sanidad, como así también a la vida de intimidad más profunda con Dios, comienza con el perdón.

- *Olvidar.* Para una mente cristiana sana el arte de olvidar es una de las cosas más importantes. *"Hermanos, no pienso que yo mismo lo haya logrado ya. Más bien, una cosa hago: olvidando lo que queda atrás y esforzándome por alcanzar lo que está delante, sigo avanzando hacia la meta para ganar el premio que Dios ofrece mediante su llamamiento celestial en Cristo Jesús"*.[28] Olvidar no significa que desarrollemos una amnesia espiritual y no nos acordemos del dolor y las heridas del pasado. Sí significa que, a través de la gracia de Dios, la debilitante punzada de dolor se elimina para que podamos continuar con el viaje.

- *Remover.* Hay muchas actitudes mundanas, hábitos y prácticas que debemos quitar de nuestras vidas para poder enfocarnos exclusivamente en Jesús. *"Por tanto, también nosotros, (...) despojémonos del lastre que nos estorba, en especial del pecado que nos asedia, y corramos con perseverancia la carrera que tenemos por delante. Fijemos la mirada en Jesús..."*.[29]

- *Combatir y resistir.* A veces antes de conseguir una paz y serenidad interna debemos combatir. *"Las armas con que luchamos no son del mundo, sino que tienen el poder divino para derribar fortalezas. Destruimos argumentos y toda altivez que se levanta contra el conocimiento de Dios, y llevamos cautivo todo pensamiento para que se someta a Cristo"*.[30]

- *Construir.* Cuando caemos en lo negativo, necesitamos construir lo positivo en su lugar. *"Ustedes, en cambio, queridos hermanos, manténganse en el amor de Dios, edificándose sobre la base de su santísima fe y orando en el Espíritu Santo, mientras esperan que nuestro Señor Jesucristo, en su misericordia, les conceda vida eterna".*[31] Orar en el Espíritu con el don de lenguas ha sido la llave más grande y vital para mí a través de los años. En mi opinión, no solo es una disciplina espiritual, sino una forma de vida.

- *Ponerse la armadura de la fe.* Tenemos que "vestirnos" con las vestiduras espirituales que nos ha dado Cristo. *"... revístanse ustedes del Señor Jesucristo...".*[32] *"Pónganse toda la armadura de Dios...".*[33] *"Por lo tanto, como escogidos de Dios, santos y amados, revístanse de afecto entrañable y de bondad, humildad, amabilidad y paciencia (…) Por encima de todo, vístanse de amor, que es el vínculo perfecto".*[34]

LAS RECOMPENSAS HACEN QUE VALGA LA PENA EL ESFUERZO

Jean Nicholas Grou (1730-1803), un cura jesuita que vivió en Holanda y en Francia, entró a una vida más profunda con Dios durante un retiro en 1767 donde aprendió a vivir su vida en el espíritu de la oración y completa entrega a la voluntad de Dios. En su clásico libro *How to Pray* [Cómo orar], brinda una hermosa descripción de su íntima comunión.

Me preguntan qué es esta voz del corazón. Esta voz del corazón es el amor. Ame a Dios y le estará hablando siempre a Él. La semilla del amor brota en la oración. Si no entiende eso, todavía nunca ha amado u orado. Pídale a Dios que abra su corazón y encienda chispas de su amor, entonces comenzará a entender qué significa la oración.

Si es el corazón el que ora, es evidente que a veces, y aun continuamente, pueda orar por sí mismo sin ayuda de palabras, dichas o concebidas. Esto es algo que poca gente entiende, y algunos hasta lo niegan completamente. Insisten en que debe haber actos formales y definitivos. Están confundidos, y Dios todavía no les ha enseñado cómo ora el corazón. Es verdad que los pensamientos se forman en la mente antes de ser revestidos con palabras. La prueba de esto es que a menudo buscamos la palabra ideal o rechazamos una tras otra hasta que encontramos la que expresa justamente nuestros pensamientos de forma adecuada. Necesitamos usar palabras que las demás personas puedan entender, pero no para que el espíritu entienda. Lo mismo sucede con los sentimientos del corazón. El corazón concibe sentimientos y los adopta sin ninguna necesidad de recurrir a las palabras, a menos que desee comunicarlos a otros o aclararlos para sí mismo.

Porque Dios lee los secretos del corazón. Dios lee sus más íntimos sentimientos, hasta aquellos de los que no está usted al tanto. No es necesario hacer uso de actos formales para que Dios nos escuche. Si hacemos uso de ellos en la oración, no es tanto por el bien de Dios sino por el nuestro, para que mantengamos nuestra atención en su presencia.

Imagine un alma tan unida a Dios que no tiene necesidad de cometer actos externos para mantenerse atenta en la oración interna. En estos momentos de silencio y paz, cuando no presta atención a lo que esta pasando en su interior, ora y ora de una excelente manera con una simple y directa oración que Dios entenderá perfectamente por obra de la gracia. El corazón estará lleno de aspiraciones hacia Dios sin que haya clara expresión de ninguna índole. A pesar de que puedan eludir nuestra conciencia, no escaparan a la conciencia de Dios.

Esta oración, tan vacía de toda imagen y percepción (...) aparentemente tan pasiva y aun así activa, es —hasta donde lo permiten las limitaciones de esta vida— adoración pura en espíritu y verdad. Es total adoración digna de Dios en la cual el alma se une a Él como a su suelo, la inteligencia creada, a la no creada, sin nada más que simple atención a la mente y simple aplicación de la voluntad. Esto es lo que se llama la oración del silencio, o callada, o de pura fe.[35]

EN SINTONÍA CON DIOS

Eso es intimidad con Dios: al estar tan en sintonía con Él que no son necesarias ni palabras ni acciones externas, solo *"pura adoración en espíritu y verdad"*, de nuestro espíritu a su Espíritu.

Otro nombre para este tipo de comunión es la *oración contemplativa*. A causa de algunas semejanzas *superficiales* lleva a la comparación con ciertas prácticas ocultistas y de la Nueva Era, y es extremadamente importante que tengamos entendimiento claro como el cristal de lo que es la oración contemplativa y de lo que *no es*. Nos ocuparemos de eso en el próximo capítulo. En este momento, permítame decir que la oración contemplativa es el tipo de oración que Jesús tenía en mente cuando dijo: *"Pero tú, cuando te pongas a orar, entra en tu cuarto, cierra la puerta y ora a tu Padre, que está en lo secreto. Así tu Padre, que ve lo que se hace en secreto, te recompensará".*[36]

¡Oiga!, recuerde, el tiempo con Dios no es tiempo perdido ¡sino tiempo ganado! ¿No querrá avanzar más lejos por el sendero de la intimidad y llegar más profundo al corazón de Dios? A fin de cuentas, ¡Él es el Amante de nuestras almas!

Padre, llévanos hacia estos senderos olvidados. Silencia estas voces iracundas que claman por nuestra atención. Calla nuestras almas para que podamos conocerte y conocer a tu hermoso hijo, Jesús. Espíritu Santo, tómate la libertad de escribir estas leyes en nuestros corazones. Señor, ¡queremos conocerte! Enséñanos por el bien de tu Reino. ¡Amén!

PREGUNTAS PARA LA REFLEXIÓN

1. *¿Cuáles pueden ser los obstáculos que impiden mayor intimidad con Dios?*

2. *En su vida, ¿cuáles son los impedimentos para tener mayor intimidad con Dios?*

3. *¿Qué es requiere la verdadera comunión con Dios?*

LECTURAS RECOMENDADAS

- *A Call To The Secret Place* [Un llamado al lugar secreto] por Michal Ann Goll (Treasure House, 2003).

- *Pasión por Jesús*, por Mike Bickle (Casa Creación, 2000).

- *En la búsqueda de Dios,* por Tommy Tenney (Unilit, 1999).

- *Intimate Frienship with God* [Íntima amistad con Dios], por Joy Dawson (Chosen, 1986).

NOTAS

1. Lucas 22:19, 20.
2. Juan 13:23.
3. Juan 19:26, 20:2, 21:7, 20.
4. 1 Juan 1:1.
5. Salmo 62:1.
6. Habacuc 2:20.
7. 1 Reyes 19:12.
8. Salmo 46:10.

9. Mark y Patti Virkler, *How to hear God's Voice* [Cómo escuchar la voz de Dios], (Shippensburg, PA: Destiny Image Publishers, Inc., 1990), p. 47.

10. Ibíd,p.48.

11. Salmo 37:78, 11.

12. Michal Ann Goll, *A Call To The Secret Place* [Un llamado al lugar secreto] (Shippensburg, PA: Treasure House, 2003), pp. 6364.

13. Jeanne Guyon, *Experiencing God Through Prayer* [Experimentando a Dios a través de la oración], Donna C. Arthur, ed. (Springdale, PA: Whitaker House, 1984), pp. 910.

14. Juan 5:39-40.

15. Guyon, *Experiencing God Through Prayer* [Experimentando a Dios a través de la oración], p. 11-13.

16. Henri J.M. Nouwen, *Making All Things New* [Haciendo nuevas todas las cosas] (Nueva York, Ballantine Books, 1983) pp. 69-71.

17. Ibíd., pp. 73-75.

18. Virkler, *How To Hear God's Voice*, p. 49.

19. 2 Corintios 10:45.

20. Apocalipsis 12:11.

21. Mateo 4:3-10.

22. Romanos 12.2.

23. Efesios 4:22-24.

24. Filipenses 4:8.

25. 1 Corintios 2:16.

26. 1 Juan 1:9.

27. Proverbios 14:10.

28. Filipenses 3:13-14.

29. Hebreos 12:1-2.

30. 2 Corintios 10:4-5.

31. Judas 20-21.

32. Romanos 13:14.

33. Efesios 6:11.

34. Colosenses 3:12, 14.

35. Jean Nicholas Grou, *How to Pray* [Cómo orar]. Tomado de *Devotionals Classics* [Devocionales Clásicos], Richard Foster y James Smith, eds. (San Francisco, CA; Harper Collins, 1989), p. 95.

36. Mateo 6:6.

CAPÍTULO 2

Entender la oración contemplativa

¿ESTÁ LISTO PARA continuar nuestro viaje juntos? Mi meta es avivar tanto su apetito que incluso los términos "disciplinas espirituales" y "devocionales" no sonarán mundanos ni aburridos, sino que serán revitalizados. Pero debe conocer algunos requerimientos para avanzar más lejos hacia la presencia de Dios y verter de veras su vida en Jesús.

UN CORAZÓN COMO EL DE LIDIA

María de Betania dio sus lágrimas, su cabello, su todo. Juan, el amado discípulo, apoyó su cabeza en el pecho de Jesús. ¿Qué hizo Lidia de Tiatira?

> Una de ellas, que se llamaba Lidia, adoraba a Dios. Era de la ciudad de Tiatira y vendía telas de púrpura. Mientras escuchaba, el Señor le abrió el corazón para que respondiera al mensaje de Pablo. Cuando fue bautizada con su familia, nos hizo la siguiente invitación: «Si ustedes me consideran creyente en el Señor, vengan a hospedarse en mi casa.»[1] Y nos persuadió.

Lidia se encontró con Pablo junto al río donde las mujeres judías se juntaban regularmente a decir sus oraciones. Al igual que María de Betania, Lidia era una "adoradora" y escuchaba intensamente el mensaje del evangelio. Se convirtió en la primera conversa del ministerio de Pablo en Europa. Vertió su vida en su nuevo Señor y aparentemente consagró su casa para reuniones de la iglesia.

Pero la cualidad de Lidia que me atrae a ella está en la frase: "El Señor le abrió el corazón". Los verdaderos contemplativos tienen lo que se llama un "corazón abierto", y esto obviamente en contraste con los que tienen un "corazón cerrado". Si su corazón está cerrado, no llegará muy lejos en sondear "los pasajes interiores del Señor Jesucristo", como solía decir Madame Guyon.

Un corazón abierto… ¿No es lo que usted quiere? ¿No quiere emanar esas características de Lidia: adorar, escuchar, responder, rogar y entregarse al Señor? Los primeros pasos para entender la oración contemplativa parten todos del mismo principio: tener un "corazón abierto". Antes de seguir avanzando en su lectura, deténgase justo ahora y extiéndase hacia el Amante de su corazón pidiéndole que ablande su corazón y cree en usted un corazón como el de Lidia.

MÁS ALLÁ DE LAS TÉCNICAS

Más que nada, la oración contemplativa es sobre la intimidad con Dios. Aunque en la práctica vaya más allá de las fórmulas, las técnicas y las metodologías, en el corazón es realmente un poco más simple y básico.

La oración contemplativa tiene que ver con apartar regularmente tiempo para encontrarnos con el Señor *específica* y *exclusivamente*. Estoy hablando de mucho más que un "tiempo en silencio" a diario con sus cinco minutos de escrituras y lectura devocional, y "rápida" oración (aunque ese es un buen lugar para comenzar, especialmente si en el presente usted no está dedicando nada de tiempo para estar a solas con Dios). La oración contemplativa toma tiempo, paciencia, disciplina y cuidadosa constancia, no porque Dios sea elusivo o distante sino porque tenemos muchos hábitos mentales negativos y no saludables por desaprender.

Hoy en día muchos cristianos, aunque estén desesperadamente hambrientos de intimidad con Dios, se ponen nerviosos ante la mención de palabras como *contemplación*, *meditación*, *centrarse* y *silencio*, (¡y qué decir de la horrible palabra *disciplina*!) por su moderna asociación con lo oculto, el misticismo oriental y la Nueva Era. En sus mentes, estas palabras conjuran imágenes de cristales, caudales, guías espirituales y yoguis descamisados sentados en posición de loto mientras "contemplan" sus ombligos y tararean. Por esta razón, muchos creyentes se avergüenzan de toda relación con los aspectos contemplativos de la fe.

Esto es lamentable porque todas estas palabras se relacionan con las prácticas, usadas de manera correcta, que son perfectamente bíblicas y dignas de dedicarles tiempo para acercarse a Dios. El problema es que durante siglos la corriente dominante de la iglesia cristiana las ha ignorado y rechazado hasta que virtualmente son un arte perdido entre los creyentes de hoy en día. Como consecuencia, las artes contemplativas en general han sido adoptadas por grupos "farsantes" y movimientos que prometen falsamente iluminación y plenitud para gente que está buscando una espiritualidad más "personal" que la que han encontrado en la iglesia tradicional.

Pero asegurémonos de echar nuestras anclas en un mar de incertidumbre y confusión y de que nuestro bote esté bien amarrado para que no pueda tumbarlo una ola que lo estrellaría contra las rocas. Por un momento, echemos una rápida mirada a las viejas definiciones de algunos de estos importantes términos del Diccionario de la Real Academia Española:

- **Contemplar**: 1) Poner la atención en algo material o espiritual; 2) Dicho del alma: Ocuparse con intensidad en pensar en Dios y considerar sus atributos divinos o los misterios de la religión.

- **Meditar**: Aplicar con profunda atención el pensamiento a la consideración de algo, o discurrir sobre los medios de conocerlo o conseguirlo.

- **Reflejar**: 1) Hacer retroceder, cambiando de dirección, la luz, el calor, el sonido al chocar con una superficie lisa de otro medio; 2) Formarse en una superficie lisa y brillante, como el agua, un espejo, etc., la imagen de algo.

- **Reflexionar** : Considerar nueva o detenidamente algo.

- **Reflexivo**: 1) Que refleja o reflecta; 2) Acostumbrado a hablar y a obrar con reflexión.[2]

Con esto en mente, es importante que distingamos claramente entre la oración contemplativa bíblica y la que es pagana, mundana y de falsedades demoníacas. Una vez que comprendamos lo que no es la oración contemplativa, podremos profundizar en lo que realmente lo es, y también descubrir los beneficios que puede traer a nuestras vidas.

LA ORACIÓN CONTEMPLATIVA NO ES NI EL MISTICISMO NI LA MEDITACIÓN ORIENTAL

¿Cómo distinguimos la oración contemplativa cristiana de las falsedades mundanas? Para empezar, la oración contemplativa no es una "técnica". Ni tampoco es una "cosa nueva", ni una transformación o derivado de la meditación oriental.

A pesar de las apariencias *superficiales* o semejanzas hay diferencias significativas entre la oración cristiana contemplativa y la meditación oriental.[3]

1. Los métodos de Oriente se relacionan mayormente con la "conciencia". La oración contemplativa se refiere al amor divino entre la persona y Dios.

2. Las tradiciones orientales ponen gran énfasis en lo que se puede hacer personalmente. Las tradiciones cristianas reconocen que nuestra única individualidad fue creada por Dios y para Dios como vehículo de su expresión en el mundo.

3. Los métodos orientales buscan ponerse en contacto con la espiritualidad natural del hombre al concentrarse en el *mantra* o en algún otro método forzado de concentración. La oración contemplativa propone una relación personal con Dios, y comprende un deseo *voluntario* de ponerse en contacto con nuestra espiritualidad natural.

4. Los métodos orientales se enfocan en lo que puede hacer a través de la concentración enfocada. La oración

contemplativa se enfoca en solo someterse a lo que *Dios puede hacer*.

5. La oración contemplativa no es un ejercicio de relajación como las técnicas de respiración o el yoga. Es una relación de fe donde nos abrimos a nuestro vivo, personal y amado Padre Dios.

Dicho de manera más simple, la meditación oriental está centrada en el hombre, mientras la oración contemplativa cristiana está *centrada en Dios*. Eso hace toda la diferencia en el mundo.

LA ORACIÓN CONTEMPLATIVA NO ES NUEVA ERA

La oración contemplativa cristiana es también diametralmente opuesta al movimiento de la Nueva Era que ha cautivado las mentes y los espíritus de tanta gente en nuestros días. En el sexto capítulo de su libro *How To Hear God´s Voice*, los Virkler nos presentan con claridad las diferencias entre el cristianismo del Nuevo Testamento y el movimiento de la Nueva Era. Aquí hay algunos de sus comentarios.

El "Movimiento de la Nueva" Era parece ser un grupo de individuos vinculados libremente que creen que hemos entrado en una nueva era llamada la edad de Acuario. Supuestamente esta era ha reemplazado la era de Piscis, la cual representa a la era cristiana (piscis-pez: símbolo cristiano). La era de Acuario (portador del agua) está caracterizada por el humanismo (en el buen sentido), la hermandad y el amor. Ha de ser una era dorada.[4]

Parte de lo que el pensamiento y los escritos de la Nueva Era buscan es propugnar valores positivos como la vida, el amor, la creatividad, la comunidad, y la sensibilidad y el respeto para el aspecto espiritual de la existencia humana, valores que resuenan en la mayoría de los cristianos. Sin embargo, cave bajo la superficie y las diferencias serán muy aparentes. Hay por lo menos nueve distinciones mayores entre el cristianismo del Nuevo Testamento y el movimiento de la Nueva Era.

CRISTIANISMO DEL NUEVO TESTAMENTO	NUEVA ERA
¿Quién es Dios?	
Jehová, el Creador Personal	El Otro Evocativo
El estándar de la verdad	
La Biblia	Evolucionar, ecléctico
¿Quién es Jesucristo?	
El Hijo de Dios	Un maestro iluminado
¿Qué hay con la salvación?	
Obtenida con la sangre de Jesús	No existe la salvación o el proceso de integración
El foco	
Centrado en Cristo	Centrado en el hombre
El poder	
La sabiduría de Dios	La sabiduría del hombre
La próxima era	
Traída por Dios	Traída por los hombres
La postura	
El hombre recibe de Dios	El hombre busca ser dios

Mark y Patti Virkle.[5]

Una vez que hayamos entendido estas distinciones, estará claro que no hay relación entre la oración contemplativa cristiana y el pensamiento y la práctica de la Nueva Era.

Reconocemos eso porque los de la Nueva Era son parte de una gran falsedad, pueden usar palabras, frases y técnicas que han sido tomadas de la cristiandad o de las tradiciones cristianas. **Aún así, no daremos ninguna de estas palabras o de estas experiencias a las falsedades satánicas, porque por siempre serán de Dios.** Por ejemplo, los de la Nueva Era han escrito sobre "el arco iris", lo cual por supuesto fue parte del pacto de Dios con Noé, y en "centrarse", palabra y experiencia que ha sido usada por décadas por la iglesia cuáquera, que no nos concierne. Tenemos un estándar, La Palabra de Dios, y nuestra aceptación de la verdad no está basada en el clima ni tampoco en un falso grupo que todavía no la ha tomado. Buscamos para ver si es una enseñanza en las Escrituras; y claramente tales cosas como centrar o silenciar nuestras almas ante el Señor están claramente enseñadas y demostradas por el rey David en los Salmos cuando dice: *"Sólo en Dios halla descanso mi alma; de él viene mi esperanza".* (Salmo 62:1, 5).

Por eso es de esperar que la Nueva Era esfume la línea entre la verdad y el error a través de su naturaleza ecléctica, pero caminaremos en calma de acuerdo con las eternas verdades y experiencias enseñadas por La Palabra de Dios. No debemos preocuparnos tampoco de cuántos cultos son los que están tomando de los conceptos bíblicos. Solo debemos preocuparnos por encontrarnos entera y completamente con el Dios de Las Escrituras.[6]

ES TIEMPO DE RECLAMAR EL TERRITORIO ABANDONADO AL PODER DEL ENEMIGO

Durante siglos, la Iglesia cristiana ha abandonado, virtualmente, al enemigo, la "arena" de experiencias espirituales y encuentros sobrenaturales.

Por eso, mi esposa y yo somos coautores del libro *God Encounters* [Encuentros con Dios]. Es tiempo de que la Iglesia se levante y reclame ese territorio. Lea lo siguiente y dígame si no está de acuerdo:

Una de las cosas que la Nueva Era llama a hacer a los cristianos es entrar plenamente en todas las dimensiones de nuestra relación con Cristo. La Nueva Era ha surgido para ocupar el territorio que abandonaron las principales corrientes cristianas. Porque el cristianismo (más aún los carismáticos) han abandonado lo intuitivo y relacional, y han puesto mayor énfasis en lo proposicional y lo analítico, se ha dejado un vacío en los corazones de aquellos que estaban buscando el encuentro espiritual (…) El mejor antídoto contra las enseñanzas de la Nueva Era es que los cristianos entren y vivan plenamente en lo sobrenatural. Este no es ciertamente momento de dejar de vivir en la vida sobrenatural y retraerse en lo que es mera defensa ortodoxa (…) Desde el comienzo de la historia, cuando el pueblo de Dios no predica, proclama y modela el artículo genuino, los hombres y las mujeres vagan hacia lo que sea que aparente ofrecer la concreción de su búsqueda espiritual. Debemos dejar de lado nuestras indecisiones y proceder fuertemente hacia adelante, con la palabra del Espíritu como nuestra guía infalible…

Por eso, creo que la Nueva Era es una reacción satánica al potente derramamiento del Espíritu Santo que estamos viendo en este siglo. No lo veo como algo de lo que hay que huir, ni algo que debamos temer. ¿Desde cuando la luz le teme a la oscuridad? No, ¡me opongo a esto en el poder del Espíritu Santo, y en el poder de Dios Todopoderoso![7]

DEBEMOS DISCERNIR LOS ESPÍRITUS
Y LUEGO PELEAR

Es tiempo de que nosotros en la Iglesia dejemos atrás nuestro miedo a ser engañados. Muchos hemos sido reacios a entrar en la vida interior por miedo al tipo de espíritu erróneo y a proceder de manera contraria a La Biblia. El punto es que el enemigo solo falsifica las cosas que son *auténticas* y *genuinas*. Ya no podemos darnos el lujo de quedarnos sentados, mientras Satanás engaña y miente al mundo con sus baratas, falsas imitaciones de la preciosa verdad de Dios. Con audacia santa y poder del Espíritu, ¡debemos ponernos firmes y reclamar la tierra de la meditación, contemplación, silencio, revelación, éxtasis, visiones y encuentros angelicales por su nombre!

Debemos, por supuesto, "poner a los espíritus a prueba" y confirmar cada enseñanza, creencia y práctica de La Biblia y bajo la presencia de verdadero liderazgo divino. Al mismo tiempo, debemos recordar que Satanás siempre trata de inyectar miedo en la Iglesia, y donde se da lugar a ese tipo equivocado de miedo, "el amor perfecto echa fuera el temor".[8] Jamás debemos dejar que un "espíritu del temor" enviado por el enemigo esclavice nuestros corazones solo porque a veces se escabulle dentro de la iglesia bajo el nombre de "cautela apropiada" y "respetabilidad". Debemos proceder en fe y con fe.

Sin embargo, corresponden ciertas advertencias prudentes para que podamos ir tras las artes contemplativas y entrar más profundo en el reino sobrenatural.

1. Mantener un equilibrio entre la vida interna y la externa, la vida activa de servicio. La oración contemplativa esta destinada a permitirnos abrir una vida de servicio.

2. El consuelo espiritual de un contacto directo con Dios puede también ser tan satisfactorio que puede convertirse en una trampa. Podemos buscar la oración interior a través de un deseo de escapar más que de un deseo de amar. Puede convertirse en un acto de egoísmo más que de entrega.

3. La hermosura de la oración contemplativa es tan incomparable, su efecto tan afirmativo y su poder tan transformador que puede llevar a la glotonería espiritual. Cuídese de buscar solo consuelo en lugar de buscar a Dios mismo.

4. Use el sentido común y no se exceda. Debemos cuidar celosamente la pureza de nuestras intenciones. Recuerde, debemos avanzar, ¡no retroceder!

¿CÓMO DESCRIBIMOS LO INDESCRIPTIBLE?

Entonces, ¿qué es la oración contemplativa? Es muy difícil explicarlo con palabras porque es cuestión de experiencia. Todo aquel que alguna vez haya experimentado un movimiento emocional o espiritual sabe cuán difícil es explicarlo a otra persona.

En 1991 tuve un sueño en el cual el Espíritu Santo me decía: "Te revelaré los pasajes ocultos de la profecía". Durante mucho tiempo, pensé que se refería a que me pondría en contacto con diferentes profetas del mundo de los que yo no estaba al tanto. Entendí que el significado principal de mi sueño era que el Señor me guiaría a un mundo de "padres del desierto" y los "místicos" cristianos del pasado. Estos eran contemplativos que habían alcanzado la presencia diaria de Dios y de quienes los cristianos de hoy en día sabían poco y nada, particularmente nosotros los evangélicos protestantes y la rama carismática de la Iglesia.

Poco después de tener este sueño, me embarqué en una aventura durante la cual no leí nada más que literatura católica y ortodoxa además de mi Biblia. Creo que volví loca a mi mujer. Comenzó a preguntarse si realmente había perdido un tornillo. Simplemente estaba tratando de entender algo de los principios de la oración contemplativa y de la vida en silencio ante Dios. En el proceso, descubrí escritos y enseñanzas que se han convertido en mis amigos de la vida. Hoy, mi esposa y yo apreciamos y aprendemos juntos de los escritos de muchos de estos devocionales místicos cristianos.

En octubre de 1994, el Espíritu Santo me dio otra cuota a través de una palabra en la que me dijo: "Te enseñaré a desatar el arma más alta de la armadura espiritual, el resplandor de mi presencia". El arma más alta de la armadura espiritual ¡es el *mismísimo Dios*! Creo que hay un lugar donde podemos recoger el rocío de Dios, la misma esencia de su persona. El viaje a ese lugar es por un sendero poco transitado, un sendero donde están dispersos los cuerpos de los mártires y otros santos excomulgados o sometidos a otro tipo de "disciplinas" de la iglesia simplemente porque ansiaban una comunión más profunda e íntima con Dios. Es un pasaje lleno de gente cuyos corazones han sido capturados por el Señor Jesucristo; gente que se ha entregado para que sus mentes se conviertan en celestiales, en pos del mayor bien para la tierra. ¡Parece que antes de nosotros hubo otros que también se dieron por entero a Jesús!

EL PROBLEMA CON EL LENGUAJE MÍSTICO

Una de las razones por las que las experiencias místicas y contemplativas no han sido bien entendidas es que son indescriptibles.

Una cosa es experimentar la cercanía íntima de la gracia de Dios y otra cosa es ser capaz de comunicarla. A veces alguien que realmente tiene experiencia contemplativa de Dios la expresa de una forma que molesta a la cultura más conservadora de la Iglesia y la sociedad. Tal persona es comúnmente marcada como hereje, cuando en realidad simplemente se está expresando mal.

El lenguaje místico no es un lenguaje doctrinal o teológico. Es el lenguaje del dormitorio, de la intimidad, del amor; de allí es que abunda la exageración y la hipérbole. Si un esposo le dice a su esposa que la adora, no significa que la vea como un ídolo o una diosa; solo esta tratando de expresar su profundo sentimiento de amor que no tiene el poder de comunicarlos del todo, excepto a través de la hipérbole excesiva. Si comenzamos a usar ese tipo de lenguaje íntimo de amor al tratar de describir nuestras experiencias con Dios, algunos podrán no entender ese tipo de lenguaje y pensarán que estamos bajo la influencia de "otro tipo de espíritu".

Al hacerse más profundas nuestras experiencias internas contemplativas con Dios, puede que se nos haga más difícil hablar sobre ellas. Pueden ser tan preciosas o sublimes que se convertirán en algo tan sagrado para nosotros como lo es para Dios. Ese es el lenguaje del corazón, un lenguaje demasiado profundo para las palabras. Al final, nos vemos reducidos a la simple confesión de Walter Hilton: la contemplación es "amor en llamas con devoción".[9]

LA ORACIÓN CONTEMPLATIVA NOS SUMERGE EN EL SILENCIO DE DIOS

Antes de profundizar en una descripción "formal" de la oración contemplativa, escuchemos lo que dijeron algunos líderes cristianos a través de los años sobre sus propias experiencias. En su destacado libro, *Prayer: Finding the Heart´s True Home* [Orar: encontrando el verdadero hogar del corazón], Richard Foster, un autor y maestro contemporáneo, escribe:

La oración contemplativa nos sumerge en el silencio de Dios. ¡Cuán desesperadamente necesitamos en este mundo moderno este bautismo sin palabras! Clemente de Alejandría, uno de los primeros padres de la Iglesia, dijo que nos hemos convertido en zapatos viejos, usados y gastados, con excepción de las lengüetas (...) La oración contemplativa es una disciplina que puede librarnos de nuestra adicción a las palabras...

El progreso en la intimidad con Dios significa progreso hacia el silencio (...) El padre del desierto Ammonas, discípulo de san Antonio, escribe: "Les enseñé el poder del silencio, cómo sana por completo y cuán placentero es para Dios (...) Sepan que es a través del silencio que crecen los santos, que fue gracias al silencio que el poder de Dios residió en ellos, porque del misterio fue que ellos conocieron los misterios de Dios.[10]

Es a este silencio recreativo que somos llamados por medio de la oración contemplativa.

Bernardo de Clairvaux, un monje y líder político y religioso del siglo XII en Francia, dio esta descripción de la amorosa atención de Dios durante su contemplación: "Sentimos que Él estaba presente, luego recuerdo que estuvo conmigo; hasta a veces tuve el presentimiento de que vendría; nunca sentí su ir o su venir".[11]

LA JOYA DE LA ORACIÓN CONTEMPLATIVA TIENE MUCHAS FACETAS

En su esencia, la oración contemplativa es indescriptible. De todas formas, tal como una preciosa joya refleja y refracta la luz en muchas direcciones mientras examinamos cada faceta, también podemos entender algo de la oración contemplativa mirando algunas descripciones "instantáneas", de las cuales cada una de ellas nos ayudará a verla bajo una luz diferente.[12]

1. La oración contemplativa es un ejercicio que consiste en dejar ir el control de nuestras vidas que tenemos al vivir dependiendo del propio ser. Ese es el "propio ser" o "vieja naturaleza" de Efesios 4:22. Es la vida del ser centrado en el ego propio que confía en las cosas falsas del mundo en busca de la felicidad, la realización, la paz, el propósito y el significado de la vida. El propio ser se aferra al control, a causa del miedo. La oración contemplativa significa dejar atrás todo miedo y darle todo el control a Dios.

2. La oración contemplativa es un tipo de comunión que busca aumentar nuestra intimidad con Dios y su maravillosa presencia.

3. La oración contemplativa es un paso de sumisión donde ponemos nuestro ser a disposición de Dios y pedimos su obra de purificación.

4. La oración contemplativa es abrir nuestro ser al Espíritu Santo para ponernos en contacto con nuestro verdadero ser y facilitar un estado permanente de unión con Dios. Unión con Dios significa ser uno con nuestro Maestro y Dios Creador. Es un trabajo que Dios hace en nuestros corazones con dos preparaciones vitales de nuestro lado: el amor de Dios y la pureza del corazón.

5. La oración contemplativa es un ejercicio de autoentrega. Nos enseña a ceder, a dar y no ser posesivos.

6. La oración contemplativa es un método de exponerse y desconectarse de los obstáculos comunes que se interponen en nuestra conciencia de la presencia de Dios en nosotros. La oración no es un fin, sino un comienzo. Es fácil rendirse a la tentación para perseguir al enemigo cada vez que aparece; a veces es lo que hay que hacer. Hay una forma mejor de derrotarlo: enfoque sus ojos y su corazón rápidamente en Jesús. Su luz nos guiará lejos de la oscuridad.

7. La oración contemplativa es estar callado y quieto para conocer a Dios.[13]

8. La oración contemplativa cultiva nuestro deseo de olvidarnos de nosotros mismos y conocer a Dios en fe. Que la presencia y la acción de Dios tome el control es de nuestro consentimiento.[14]

9. La oración contemplativa va más allá de la conversación; una disciplina que hemos de fomentar y que nos lleva a una fe, una esperanza y un amor más grandes.

10. La oración contemplativa es un ejercicio de descanso en Dios. No es un estado de suspensión de toda actividad, sino

una reducción de muchos actos a un simple acto de decirle sí a la presencia de Dios durante un tiempo de oración interior, silencioso y devocional.

11. La oración contemplativa es la fe de amor y confianza donde Dios eleva a la persona humana y purifica los obstáculos de la conciencia y del inconsciente en nosotros que se oponen a los valores del evangelio y a la obra del Espíritu.

12. ¡La oración contemplativa es una actividad que apunta a fomentar la convicción y la conciencia de que Dios vive en nosotros!

13. La oración contemplativa es un ejercicio para purificar nuestras intenciones de desear solo una cosa: a Dios. Es un acto de amor, un deseo, no por la experiencia de Dios, sino por Dios en sí mismo.

14. La oración contemplativa es una disciplina que facilita no solo el vivir en la presencia de Dios sino también de la presencia de Dios. Sus efectos transformadores hacen que la Palabra divina vuelva a encarnar en forma humana. En otras palabras, es como si Dios tomara forma en carne y hueso en nosotros.

15. La oración contemplativa es una disciplina que nos permite desarrollar una relación con Jesucristo para alcanzar etapas de crecimiento en la unión con Dios.

LA ORACIÓN CONTEMPLATIVA SIGNIFICA ACALLAR TODO AFECTO EXTERIOR Y TERRENAL

Si estas "fotografías" de la oración contemplativa hacen que todo parezca demasiado sobrecogedor, recuerde esto: las grandes recompensas son para aquellos que estén dispuestos a pagar el precio. Esto *no* es fácil; ¡por eso es que se lo llama *disciplina*! Nunca podremos caminar con Dios por accidente o casualidad. Una caminata así está reservada para aquellos que deliberadamente se comprometen a buscarla de forma diligente. ¡Así que no se rinda!

Podemos tomar coraje de las palabras de François Fénelon, un líder del quietismo en Francia durante los últimos años del siglo

XVII y los primeros del XVIII, quien escribió de una experiencia directa.

Permanezca en silencio y escuche a Dios. Deje que su corazón esté en tal estado de preparación que su Espíritu pueda imprimir en usted tantas virtudes como a Él le plazca. Deje que todo su ser lo escuche. Este silencio de todo afecto exterior y terrenal y de pensamiento humano es esencial si hemos de oír su voz. Esta oración de escuchar envuelve un silenciamiento de todo afecto exterior y terrenal.

No malgaste su tiempo haciendo planes que son solo telarañas que un soplo de viento se llevará. Se ha apartado de Dios y ahora se da cuenta de que Dios ha apartado el sentido de su presencia de usted. Vuelva a Él y entréguele todo sin reservas. De otra manera no habrá paz. Deje de aferrarse a todos sus planes: Dios hará lo que vea mejor para usted.

Aun si usted cambiara sus planes con métodos terrenales, Dios no los bendecirá. Ofrézcale su enredado barullo, y Él lo convertirá en su clemente propósito. Y lo más importante es volver a la comunión con Dios, aunque parezca árida y se distraiga fácilmente.[15]

LA ORACIÓN CONTEMPLATIVA ES AMAR A DIOS POR QUE ES DIOS Y NADA MÁS

Thomas Merton, sacerdote y escritor del siglo XX, escribió un libro llamado *Contemplative Prayer* [La oración contemplativa]. Aunque haya sido escrito principalmente para sus discípulos y, estudiante y trate particularmente de la vida monástica, el libro de Merton contiene muchas gemas preciosas de sabiduría y entendimiento que nos serán de provecho.

Sin el espíritu de la contemplación en toda nuestra adoración —eso quiere decir sin la adoración y el amor de Dios por sobre todo, por su propio bien, porque Él es Dios—, la liturgia no nutrirá a un apostolado realmente cristiano basado en el amor de Cristo y transmitido en el poder de Pneuma [Espíritu].

Lo que más necesita el mundo cristiano de hoy en día es la verdad interior nutrida por este Espíritu de contemplación: la alabanza y el amor de Dios, la espera por la venida de Cristo, la sed por la manifestación de la gloria de Dios, su verdad, su justicia, su Reino en el mundo. Estas son aspiraciones "contemplativas" y escatológicas características del corazón cristiano, y son la esencia de la oración monástica. Sin ellas nuestro apostolado es más para nuestra propia gloria que para gloria de Dios…

Sin la contemplación y la oración interior, la Iglesia no puede cumplir su misión de transformar y salvar a la especie humana. Sin la contemplación, se verá reducida a ser la sirvienta de los poderes cínicos y mundiales, sin importar cuán fuerte pueda argumentar su fe que está luchando por el Reino de Dios.

Sin la verdad, las aspiraciones contemplativas profundas, sin un amor total por Dios y sin esa sed de su verdad que se niega a negociar, la religión al final tiende a ser un opiáceo.[16]

LA ORACIÓN CONTEMPLATIVA NOS HACE CONSCIENTES DE LA PRESENCIA DE DIOS

¿El esfuerzo disciplinado y el tiempo invertido en la oración contemplativa valen realmente la pena en vista de los beneficios obtenidos y las recompensas? No se quede simplemente con mi palabra. La única manera de estar seguro de esto es así será haciendo el viaje usted mismo. Si necesita más aliento, considere los siguientes beneficios de la oración contemplativa.[17]

1. Por medio de la oración contemplativa, el Espíritu sana las raíces del egocentrismo y se convierte en la fuente de nuestra actividad consciente.

2. La oración contemplativa nos ayuda a ser conscientes de la presencia de Dios. Al vivir a partir de esa conciencia, ganamos fuerzas para encontrarnos con la oposición y la contradicción sin sentirnos amenazados. La conciencia continua del amor divino nos salva de entender la

necesidad de la afirmación y el reconocimiento humano. Sana los sentimientos negativos que tenemos sobre nosotros mismos.

3. Esta forma de transformar la oración fomenta una actitud diferente hacia los sentimientos de uno mismo; los pone en un marco de referencia diferente. Muchos de nuestros sentimientos negativos vienen de un sentimiento de inseguridad y de la necesidad de construir un imperio de uno mismo, especialmente cuando nos sentimos amenazados. Pero cuando estamos siendo constantemente reafirmados por la presencia de Dios, no tenemos más miedo a que nos contradigan o nos dominen. La humildad surge a medida que maduramos en el extravagante amor de Dios.

4. La oración contemplativa nos lleva por debajo de un nivel de conversación hacia la comunión con Él. Básicamente hace a Dios "más real" para nosotros.

5. Al aumentar nuestra confianza en Dios y nuestra conciencia por su amor, tendremos menos miedo de que nuestro lado oscuro se exponga. Podemos entonces vivir *"en la luz, así como él está en la luz, tenemos comunión unos con otros, y la sangre de su Hijo Jesucristo nos limpia de todo pecado."*[18] (A decir verdad, Dios siempre ha conocido nuestro lado oscuro, nos ha amado todo este tiempo y nos esta dejando entrar en su secreto especial).

6. El silencio interior de la oración contemplativa nos limpia tan profundamente en todo nuestro ser que nuestras trabas comienzan a flaquear, y nuestro sistema comienza a desagotar estas toxinas venenosas. Las ataduras se romperán, y las fortalezas serán destruidas.

7. A pesar de que podamos sentir gran paz interior, esa no es la meta. El propósito no es ni siquiera la unión con Dios en una experiencia de oración. Es transformarnos para portar esta plenitud con Dios a otros aspectos de la

vida cotidiana. No estamos buscando experiencias, sino la conciencia permanente de estar unidos a Dios.

8. La oración contemplativa nos permitirá caminar con otros con libertad del espíritu, porque no estaremos más buscando nuestras metas egocéntricas sino responderemos a la realidad tal como es, con su divino amor.

9. La unión con Dios nos permite enfrentar tribulaciones más grandes. ¡Dios no nos hace como Él para poder mirarnos nada más! Quiere que emanemos la fragancia de Cristo a donde sea que vayamos.

10. La oración contemplativa nos enseña a ser pacientes, a esperar a Dios, a tener fuerza para el silencio interior y nos hace sensibles al delicado movimiento del Espíritu en la vida diaria.

11. La oración contemplativa ilumina la fuente y fortalece la práctica de todo otro tipo de devociones. Nos pone en contacto con la vida divina que se mueve en nosotros, ayudando a toda disciplina espiritual a convertirse en prácticas de relación.

12. Esta vida divina se desarrolla de manera activa en nosotros las veinticuatro horas del día. Muchas veces no la vemos, no la experimentamos o la dejamos ir. Así vivimos en el falso imperio egocéntrico, cerrando toda puerta a la presencia divina y al amor de Dios.

13. La oración contemplativa nos ayuda a identificar, a experimentar y a dar rienda suelta a la vida de Dios dentro de nosotros y a través de nosotros, mientras continuamos cultivando la asombrosa progresión de sumergirnos en su amor sanador.

14. Como dijo Madame Guyon: "Es por esta razón que Dios envía fuego a la tierra. Es para destruir toda impureza en usted. Nada puede resistir el poder de ese fuego. Lo consume todo. **Su Sabiduría quema todo lo impuro en un hombre por un propósito**: prepararlo para que pueda entrar en una unión divina".[19]

EL CAMINO A LA ORACIÓN CONTEMPLATIVA ES UNA SERIE DE PASOS PROGRESIVOS

A pesar de que no hay reglas o fórmulas precisas, en términos generales hay una serie de tres pasos progresivos o fases por las que tendremos que pasar en nuestro viaje a la región de la oración contemplativa. Muchos de los escritores y místicos han identificado estos pasos progresivos como recogimiento, la oración en silencio y el éxtasis espiritual.

La primera fase, el recogimiento, significa permitirle al Espíritu Santo echar su luz sobre nuestras fragmentaciones para poder limpiar y sanar nuestras almas. Significa aprender a dejar toda distracción en competencia y no enfocarnos en el pasado (nuestras culpas, heridas, etc.), sino en el presente: Dios en el "aquí y ahora". El recogimiento significa aprender a seguir el mandato de Simón Pedro de depositar en Él toda ansiedad porque Él se ocupa de nosotros.[20]

Al comenzar a descansar en el Señor, podemos pedirle al Espíritu Santo que haga real a Jesús para nosotros. Debemos cerrar y apagar todo y tratar de imaginar a Jesús sentado en una silla frente a nosotros, porque Él está realmente presente. Dios creó la imaginación humana, y utilizarla para contemplar no solo es apropiado, sino que también es uno de los mejores usos que le podemos dar. Esto no es lo mismo que la imaginación de la Nueva Era sino simplemente practicar la presencia de Dios.

Si la frustración o las distracciones intentan meterse, no debemos seguirlas. En cambio, deberíamos elevarlas hacia el Padre, dejar que Él se encargue de ellas, y permitir que su paz silencie nuestros ruidosos corazones. Este centrarse no llega fácil o rápidamente, pero tan solo el reconocer este hecho es un paso en la dirección correcta. Otra zancada hacia delante es cuando reconocemos nuestra incapacidad para conquistar estas distracciones con nuestra propia fuerza. Eso crea en nosotros un necesario sentimiento de dependencia en Dios.

Richard Foster nos da una hermosa descripción de la segunda fase: la oración en silencio.

Al habituarnos a la unificadora gracia del recogimiento, nos acomodamos a un segundo paso de la oración contemplativa, a lo que Teresa de Ávila llama: "la oración en silencio". A través del recogimiento, hemos apartado todos los obstáculos de nuestro corazón, todas las distracciones de nuestra mente, todas las vacilaciones de nuestro deseo. Las gracias divinas de la adoración y del amor nos limpian como si fueran olas del océano (...) Nos acomodamos en el centro de nuestro ser (...) Claro que hay silencio, pero es un silencio que debe ser escuchado. Algo muy dentro de nosotros ha despertado y busca nuestra atención. Nuestro espíritu está en puntas de pie, alerta y escuchando. A veces hay una mirada fija en el interior del corazón que contempla al Señor. Nos regodeamos en la calidez de su presencia (...) Al esperar al Señor, con gracia se nos da un espíritu que desea aprender.[21]

LA ETAPA FINAL.

La etapa final en la oración contemplativa es el *éxtasis* espiritual. La palabra éxtasis deriva de la palabra griega *ekstatis*, que en el Nuevo Testamento comúnmente aparece traducida como "trance". El éxtasis espiritual es una actividad iniciada por el Espíritu Santo donde uno es "atrapado" en el dominio del espíritu para recibir esas cosas que Dios desea dar (revelaciones, visiones, etc.). No es una actividad que asumimos, sino obra de Dios en nosotros. El éxtasis es la oración contemplativa llevada al punto de la "enésima potencia". Este paso es bastante infrecuente. Aún las reconocidas autoridades de la vida contemplativa lo encuentran más una experiencia fugaz que una práctica regular.

Entonces, ¿cómo es el éxtasis espiritual? Teodoro Brackel, un pietista holandés en el siglo XVII, registró lo mejor que pudo su propia experiencia. "Fui (...) transportado a tal estado de alegría y mis pensamientos eran elevados tan alto que, al ver a Dios con mis propios ojos, sentí (...) el ser de Dios y al mismo tiempo estaba tan lleno de alegría, paz y dulzura, que no puedo expresarlo. Estuve en el cielo totalmente, con mi espíritu durante dos o tres días."[22]

En la oración contemplativa, nuestra meta jamás debería ser el "alcanzar" el éxtasis espiritual, o siquiera buscar cualquier tipo particular de experiencia de "manifestación" espiritual. Nuestro único propósito es estar con Dios en ese lugar central en nuestros espíritus, donde Él está y sigue siendo nuestro todo, y donde vivimos para adorarlo y alabarlo, esperando paciente y humildemente por su voz, y nos regodeamos en el cálido resplandor de su amor eterno.

MÁS CERCA DE LA PRESENCIA DEL SEÑOR

Teresa de Ávila, una mística del siglo XVI, describió su viaje interno del espíritu como una progresión a través de siete "mansiones", donde cada una de ellas la acercaban más y más a la presencia de Dios hasta que finalmente en la última, el Señor mismo estaba presente en gloria. Escribió los detalles de su visión en el clásico libro *El castillo interior*. Ahí es donde nuestro viaje por alcanzar al Amante de nuestras almas nos lleva al próximo capítulo. Es otro paso en que vertemos nuestras vidas como bebida ofrecida a nuestro Señor.

Tómese del brazo de Dios y deje que Él lo acompañe mientras lo guía por este antiguo camino tan poco transitado. Guíanos, oh Rey Eterno; has abierto nuestros corazones como también has abierto el de Lidia en la antigüedad.

PREGUNTAS PARA LA REFLEXIÓN

1. *¿Qué significan las palabras contemplar o contemplativa?*

2. *¿Cuáles son las diferencias entre las prácticas de la Nueva Era y la oración contemplativa cristiana?*

3. *Describa su devocional relación de amor con su Señor... ¿Ansía ir más profundo con Él?*

LECTURAS RECOMENDADAS

• *Prayer: Finding the Heart´s True Home* [Orar: encontrando el verdadero hogar del corazón] por Richard L. Foster (Harper Collins, 1992).

• *How To Hear God´s Voice* [Cómo escuchar la voz de Dios] por Mark y Patti Virkler (Destiny Image, 1990).

• *Contemplative Prayer* [Oración Contemplativa] por Pat Gastineau (Word Of Love Ministries, 1999).

• *God Encounters* [Encuentros con Dios] por James W. Goll y Michal Ann Goll (Destiny Image 1998).

NOTAS

1. Hechos 16:14-15.
2. RAE, Diccionario de la lengua española, España, Espasa, 2001.
3. Esta discusión de las diferencias entre la oración contemplativa y la meditación oriental está adaptada de una lección de mi amigo, el doctor Steven Meeks. Steve es el pastor de la *Calvary Community Church* (Iglesia de la comunidad del calvario) en Houston, Texas. Es un Bautista del Sur y tiene un doctorado del seminario más grande del mundo en Fort Worth, Texas. Steve está mucho más avanzado que yo en el entendimiento y la experiencia de las formas contemplativas. En numerosas ocasiones pasó días en monasterios haciendo votos de silencio y realizando su búsqueda. Aprecio y respeto el peregrinaje que hace Steve. Su amistad y entendimiento han sido de gran inspiración para mí y me han alentado en mi propio viaje.
4. Mark y Patti Virkler, *How to Hear God´s Voice*, p. 83.
5. Ibíd. pp. 83-84.
6. Ibíd. pp. 84-85.
7. James Goll y Michal Ann, *God Encounters* [Encuentros con Dios], (Destiny Image, 1998).
8. 1 Juan 4:18.

9. Walter Hilton, *The Stairway of Perfection* [La escalera de la perfección], según lo cita Richard. L. Foster, *Prayer: Finding the Heart's True Home* [Orar: encontrando el verdadero hogar del corazón] (Nueva York, NY: Harper San Francisco, una División de Harper Collins Publishers, 1992), p 160.

10. Foster, *Prayer: Finding the Heart's True Home*, p. 155.

11. Bernardo de Clairvaux, «Sermon LXXXIII on Song of Songs» [Sermón LXXXIII sobre Cantar de Cantares], según lo citado en Foster, *Prayer: Finding the Heart's True Home*, p. 158.

12. Algunos de los materiales de esta sección han sido adaptados de las enseñanzas de mi amigo, el doctor Steven Meeks.

13. Salmo 46:10.

14. Colosenses 3:10.

15. François Fénelon, *The Seeking Heart* [El corazón que busca] (Sargent, GA: Christian Books Publishing House, 1962) p. 88

16. Thomas Merton, *Contemplative Prayer* [La oración contemplativa] (Nueva York, NY: Doubleday,1996), pp. 115-116

17. También aquí el material fue adaptado de las enseñanzas de mi amigo, el doctor Steven Meeks.

18. 1 Juan 1:7

19. Madame Jeanne Guyon, *Experiencing the Depth of the Lord Jesus Christ* [Experimentando la profundidad del Señor Jesucristo] citado en Foster, Prayer: *Finding the Heart's True Home*, pp. 160-161.

20. 1 Pedro 5:7.

21. Foster, Prayer: *Finding the Heart's True Home*, p. 163.

22. Teodoro Brackel, citado en Foster, Prayer: Finding the Heart's True Home [Orar: encontrando el verdadero hogar del corazón], p. 164.

CAPÍTULO 3

Viaje al castillo interior

EL VIAJE INTERIOR es una excursión por un camino cada vez más profundo hacia el centro de nuestras almas, donde habita Dios. Uno de los grandes "misterios" de la fe cristiana es la verdad de que el infinito Creador Dios puede habitar en los espíritus de su más grande creación, su pueblo. Este es el misterio al que el apóstol Pablo llama *"Cristo en ustedes, la esperanza de gloria"*.[1] ¿Cómo puede ser esto? Los creyentes han deliberado y se han preguntado esto por siglos, pero nadie ha sido capaz de explicarlo adecuadamente. Es en verdad indescriptible. Lo mejor que podemos hacer es simplemente avalarlo en fe. Una y otra vez, Pablo vuelve a este tema en sus cartas: *"... porque el templo de Dios es sagrado, y ustedes son ese templo"*.[2] *"¿Acaso no saben que su cuerpo es templo del Espíritu Santo, quien está en ustedes y al que han recibido de parte de Dios? Ustedes no son sus propios dueños."*[3] *"¿En qué concuerdan el templo de Dios y los ídolos? Porque nosotros somos templo del Dios viviente. Como él ha dicho: «Viviré con ellos y caminaré entre ellos. Yo seré su Dios, y ellos serán mi pueblo»."*[4]

El concepto de pueblo de Dios como templo vivo para que Él habite allí también era conocido para el apóstol Pedro.

Cristo es la Piedra viva, rechazada por los seres humanos pero escogida y preciosa ante Dios. Al acercarse a él, también ustedes son como piedras vivas, con las cuales se está edificando una casa espiritual.

De este modo llegan a ser un sacerdocio santo, para ofrecer sacrificios espirituales que Dios acepta por medio de Jesucristo.[5]

Lo que estas escrituras nos dicen es que somos templos del Dios vivo. Somos su "casa", donde Él ha tomado su residencia permanente. Así como las casas tienen ventanas, hay "ventanas" en nuestras almas. A Dios le gusta "limpiar" nuestras ventanas, poner su cara frente a ellas y mirar para afuera. Es así como ocurren las visiones. Cuando Dios mira a través de las "ventanas" de nuestras almas, alcanzamos vistazos de gloria porque en ese momento estamos viendo las cosas de la forma en que Dios las ve.

MÁS ALLÁ DEL PATIO EXTERIOR

Como cristianos somos templos del Dios vivo. Desafortunadamente, la mayoría de las personas y la vasta mayoría de los creyentes pasan todas sus vidas arreglando, pintando y adornando solo el exterior de la casa. Entonces muchos solo se conforman con mantenerse en el "patio exterior", sin aventurarse nunca a las habitaciones interiores y los recesos del templo, o a ese Lugar Santísimo donde Dios mismo habita en plenitud.

El deseo de Dios no es que nos mantengamos en el patio exterior; quiere que entremos completamente para que podamos disfrutar de una comunión plena con Él. Podemos ver esto en las palabras de Jesús a sus discípulos la noche anterior a ser crucificado:

No se angustien. Confíen en Dios, y confíen también en mí. En el hogar de mi Padre hay muchas viviendas; si no fuera así, ya se lo habría dicho a ustedes. Voy a prepararles un lugar. Y si me voy y se lo preparo, vendré para llevármelos conmigo. Así ustedes estarán donde yo esté.[6]

Esto ciertamente, es una referencia al Cielo y a la promesa de Jesús de volver por nosotros y llevarnos para estar con Él para siempre. De cualquier forma, para nuestros propósitos inmediatos, me gustaría echar una mirada a estos versículos desde un punto de vista diferente.

EL LUGAR MÁS INTERNO

Permítame comenzar con una pregunta: *¿Dónde* esta la casa del Padre? En el Cielo, seguro, pero de acuerdo a los versículos que ya hemos visto, la casa de Dios también está en *nosotros.* ¡Está en nosotros! ¡*Nosotros* somos su casa, su templo! En esa casa hay "muchos lugares habitables", y Jesús ya fue ahí a "preparar" un lugar para nosotros. Él reside en la totalidad de su ser en el receso más profundo de nuestro espíritu y está preparándose para *recibirnos* para Él mismo en ese lugar más interno.

Hay muchas "habitaciones" diferentes que debemos atravesar en nuestro camino al corazón de la casa de Dios. En cada habitación, todavía estamos en "la casa del Padre" y bajo la calidez de su amor y gracia, pero solo en la habitación más interna experimentaremos la comunión completa, la unidad del espíritu y los manantiales inconmensurables de su presencia. Esa es la invitación que nos extiende y el valioso tesoro que nos ofrece el viaje interior.

LA VISIÓN DE SIETE PUERTAS

Hace algunos años, estaba en Chicago enseñando en una escuela de Juventud con una Misión (JUCUM) sobre los temas de la adoración, la guerra y la intercesión. Una tarde un amigo mío y yo entramos en una habitación y pasamos un tiempo en silencio y a solas, esperando juntos al Señor. Luego de un tiempo, comencé a recibir una visión interactiva y hablé a través de ella silenciosamente con mi amigo.

En mi visión, vi una sucesión de siete puertas, ubicadas una después de la otra como en un túnel. Cada puerta estaba abierta, permitiendo acceso libre a la siguiente. Había palabras escritas en el dintel de cada puerta. Sobre la primera puerta estaban las palabras "El viaje interno". Pasé a través de esa puerta y llegué a la segunda, en la cual leí "Perdón". Esta era la "habitación" del espíritu que se ocupa de librarnos de culpas y de tener una conciencia clara y limpia.

Al pasar la segunda habitación, me encontré ante la tercera puerta, etiquetada "Limpiados por la sangre". Esta habitación iba más allá del simple perdón con respecto al tema de la santificación. El hecho de que hayamos sido perdonados no significa necesariamente que la realidad del perdón haya penetrado nuestras mentes y emociones. Puede ser que sigamos luchando contra sentimientos de culpa o condena por nuestro pecado. La tercera habitación de santificación se ocupaba de limpiar la mente a través del poder de la sangre de Jesús.

Al continuar en esta experiencia visionaria, sobre la cuarta puerta estaban las palabras "Humildad del corazón". Esta habitación era sobre la humildad, una verdadera llave al Reino de Dios. Cuando lo vemos honestamente, la única respuesta que podemos tener es la de humildad del corazón. La humildad es una de las llaves al Reino. Jesús dijo: *"Dichosos los pobres en espíritu, porque el reino de los cielos les pertenece."*[7]

En la quinta puerta estaba marcada la palabra "Gracia". Todo lo que recibamos del Cielo es por la gracia de Dios. Hubo un tiempo en el que hubiese tenido que sentarme fuera de la quinta puerta porque, a pesar de que conocía a Jesús y había sido perdonado y limpiado, no conocía por revelación lo que la gracia significaba realmente. Finalmente el Señor me ha dado ese entendimiento, así que fui capaz de atravesar la habitación de la gracia.

ME DETUVE, FALTO DE MISERICORDIA

Sobre la sexta puerta estaba la "Misericordia" con "Compasión" debajo de ella, y fue ahí, en mi visión, que tuve que detenerme. Miré a través de la sexta puerta hacia la séptima, y vi que en ella estaba marcada "Unión con Cristo". ¡Cómo deseaba y ansiaba atravesar la séptima puerta hacia una unión más grande con Cristo! Había llegado hasta aquí, pero ahora estaba paralizado frente a la puerta de la misericordia. Tal como había necesitado una revelación de gracia en la puerta anterior, ahora necesitaba una revelación de misericordia —para entenderla y trasladarla a mi vida— para atravesar la puerta y poder entrar en la sexta habitación.

Lo que necesitaba no era una revelación de Dios hacia mí, sino que yo pudiera extender misericordia a otros en el nombre y el Espíritu de Cristo. Una vez que recibimos una revelación de misericordia, comenzamos a exhibir la vida de Dios con nosotros y a liberar la vida de Dios hacia otras personas en misericordia y compasión. Ahí es donde yo estaba trabado.

El seis es el número del hombre. En el momento en el que recibí la visión, recién había atravesado un tiempo de controversia y de agitación en mi vida y todavía estaba luchando con mucho dolor emocional y decepción espiritual. Un hombre que respeto y admiro enormemente, profeta y tutor mío que ha impactado fuertemente en mi vida, había caído en dificultades y presiones mayores que resultaron en que fuera removido temporalmente del ministerio. Yo, siendo más joven en el ministerio, estaba decepcionado, desilusionado, enojado y profundamente dolido.

Ese enojo, el más profundo que jamás he experimentado en mi vida, comenzó a salpicar muchas de mis relaciones más cercanas. Nunca supe cuánto enojo existía dentro de mí. No lo quería, pero ahí estaba. En lugar de extender misericordia como lo hizo Cristo, quería tirar piedras. Me debatía entre defender la justicia y ser compasivo y afectuoso. Lo único que sabía es que me sentía rasgado, tironeado en direcciones opuestas, y mi estado emocional lo demostraba.

En mi visión, me di cuenta de que hasta que pudiera encargarme del problema de la misericordia en mi corazón, no podría progresar a través de la séptima puerta hacia una unión mayor con Cristo. Ansiaba desesperadamente esa unión, pero sabía que todavía no había llegado al lugar de entender la gran misericordia y compasión que tiene Dios por todos nosotros. Sabía que tenía un largo camino por recorrer. Por momentos me sentí sin esperanza, hasta prisionero de otros juicios que me concernían.

EL SEÑOR DIJO: LA PUERTA DE LA MISERICORDIA ESTÁ ABIERTA

Así que me embarqué en un viaje para obtener misericordia en mi vida. Comencé a leer acerca de la misericordia y a pedirle a Dios revelaciones de misericordia. Cuando estamos heridos, lastimados o decepcionados, lo que queremos hacer naturalmente es escondernos. Oré al Señor para que cambiara mi lugar más profundo y me ayudara a dejar de esconderme detrás de todas las barreras defensivas que había levantado. Necesitaba estar deseoso de volver a hacerme vulnerable.

Una mañana años después, el Espíritu Santo habló con mi corazón sobre tiempos de frescura que iba a traer el Cuerpo de Cristo a través de las naciones. Me habló de muchas cosas, pero lo último que me dijo fue algo muy personal. Dijo: "La puerta de la misericordia está abierta; entra". ¡Cómo se aceleró mi corazón y se regocijó mi espíritu cuando escuché esas palabras! Suspiré profundamente y entré con fe a la nueva habitación llena de nuevos entendimientos y caminos de Dios.

ATRAVESANDO LA PUERTA

A través de la gracia y misericordia de Dios, pude reconciliarme con este ministro profeta cuya caída me había lastimado tan profundamente. Se había restaurado gran parte de nuestra relación original. En el proceso, aprendí mucho acerca de la misericordia de Dios. Ser capaz de *recibir* misericordia es tan solo una parte de la imagen. Solo cuando aprendemos a *dar* misericordia es que realmente comenzamos a entender el corazón de Dios. Por eso la misericordia es una de las habitaciones que debemos atravesar en nuestro camino a la unión con Cristo.

Aunque haya entrado a la habitación de la misericordia, es difícil saber cuánto progresé. Porque como sucede siempre, ninguno de nosotros es un buen indicador de nuestra propia vida, así que no estoy seguro de cuán lejos he llegado. Sí sé dos cosas: no estoy donde estaba, alabado sea Dios, pero tampoco estoy donde quiero estar. A veces siento que debería volver atrás hasta la primera puerta y empezar todo el camino de nuevo. Parecería que di diez pasos hacia adelante solo para dar doce pasos hacia atrás. Sin embargo, no hay necesidad de temer o desesperar. Nuestro Padre es un Padre lleno de gracia. Su casa tiene muchas habitaciones, y cada habitación nos conduce más cerca de Él.

Mi meta es la unión con Cristo. Escuché que el caminar en el Espíritu es caminar tan cerca de Dios que solo se puede ver una sombra: la de Él. Eso es lo que quiero. Cuando mi camino y el suyo sean uno, lo único que se verá será su vida. Mi vida estará *"escondida con Cristo en Dios"*.[8]

LOS CARMELITAS ESTÁN VINIENDO

Hace algunos años, mi esposa y yo emprendimos un viaje de oración a Israel. Un día nos encontramos en el Monte de los Olivos en la Casa de Oración para todas las Naciones, con un querido amigo mío llamado Tom Hess. Tom vive en Israel y dirige esta casa de oración. Al estar orando, sentí un burbujeo en mi espíritu y comencé a profetizar. Decía: "Los Carmelitas están viniendo, los Carmelitas están viniendo". En ese momento, tenía poca noción de lo que estaba diciendo. Aunque no creía que estuviera haciendo referencia a algún tipo de caramelo —"caramelitas" o algo así— realmente no tenía idea.

Unos días después, estábamos en el Monte Carmelo, donde Elías desafió a los 450 profetas de Baal en el capítulo 18 de 1 Reyes. Estábamos en una posición profética de intercesión, llamando al Espíritu de Dios para que la próxima generación de gente joven en Israel —judíos y árabes también— pueda abrir sus ojos y sus corazones para ver a Jesús como su Mesías. Mientras estábamos orando un escuadrón de jets israelíes volaron sobre nosotros en círculos, tal vez siete veces, el número de la conclusión.

Pasaron varias semanas hasta que me reencontré con mi amigo de intercesión Tom Hess. Me preguntó si recordaba mi profecía sobre los carmelitas. Cuando le respondí que sí la recordaba, me dijo, "Desde que te fuiste, un grupo regular de oración comenzó en el Monte de los Olivos que reúne a líderes cristianos y ministros de oración de diferentes números de extracciones: la iglesia reformada holandesa, la iglesia evangélica, los carismáticos y los ortodoxos. Hay un grupo de monjas que viven cerca de nuestra casa de oración que son miembros de una orden llamada Carmelitas. Excepto una de ellas, viven una vida de clausura, escondidas de los demás. Ella está ahora con nosotros orando en el Monte de los Olivos".

Asombrado ante esta confirmación, exclamé: "Gracias Dios. ¡Los carmelitas están viniendo!".

SANTA TERESA DE ÁVILA, LÍDER EN LA RENOVACIÓN DEL MISTICISMO MEDIEVAL

¿Pero quienes *son* los carmelitas? La orden de Nuestra Señora del Monte Carmelo fue establecida en el siglo XII. Como orden mendicante, los carmelitas combinaban la vida monástica con actividades religiosas externas. Un principio de la orden era la renuncia total a toda propiedad, ya sea personal o comunitaria.

A mediados del siglo XVI, surgió en Europa un movimiento para "traer renovación personal y reforma institucional"[9] en la iglesia católica. Este movimiento, que es conocido en la historia como la Reforma Católica, era paralela e independiente a la más conocida Reforma Protestante.[10] Inicialmente como movimiento "radical", "esta corriente de renovación espiritual no habría ganado el soporte activo de papas y del prelado (…) si no fuera por el profundo shock administrado a la iglesia por la Reforma Protestante".[11]

> España fue un líder mayor en esta renovación católica, caracterizada por una piedad mística floreciente… el rasgo principal de esta espiritualidad era un quietismo autorenunciante, una elevación del alma en contemplación y oración silenciosa a Dios, hasta que se creía lograda una unión en amor divino, o en éxtasis de revelación interior. La oración es posible solo sobre la base de la renuncia a uno mismo, el olvido total de uno mismo, porque Dios solo puede llenar el alma que se ha vaciado de todo lo creado.[12]

Una de las figuras más importantes e influyentes en este movimiento pietista fue una monja española carmelita llamada Teresa de Cepeda y Ahumada (1515-1582), más conocida como santa Teresa de Ávila. Cuando entró en el convento a la edad de veinte años, santa Teresa tuvo problemas de salud la mayor parte de su vida adulta, particularmente cerca de los treinta años. A pesar de haber vivido una vida devota en el convento, aun teniendo varias experiencias sobrenaturales, en 1555 pasó por lo que llamaba una "segunda conversión" que cambió su vida espiritual de manera profunda. Luego de eso, sus visiones sobrenaturales, particularmente las visiones de Cristo, ocurrieron con mayor frecuencia que antes.

EL COMIENZO DE LAS CASAS CARMELITAS

A partir de 1562 y bajo la guía espiritual de un consejero, santa Teresa comenzó a establecer nuevas casas carmelitas dedicadas a la vida de contemplación. El primero de estos conventos de las carmelitas descalzas fue en Ávila. "Santa Teresa combinó un intenso sentido práctico con la más particular espiritualidad. Fue una excelente e incansable directora, dotada de gran encanto, tacto y una buena naturaleza incomparable".[13] Tuvo muchos seguidores durante su vida, lo cual era poco usual para una mujer en esa época, particularmente en la iglesia. Uno de sus discípulos, Juan de la Cruz, la asistió en la construcción de las nuevas casas carmelitas. Hoy en día, santa Teresa y Juan de la Cruz son recordados como dos de los místicos más grandes de la historia cristiana española.

Bastante más tarde en su vida y obedeciendo las instrucciones de sus superiores, santa Teresa comenzó a escribir sus experiencias místicas y visionarias. A pesar de haber tenido básicamente poca educación formal, demostró tener un don para escribir sobre la vida espiritual en términos simples pero elocuentes. El resultado son algunas de las obras de literatura mística más grandes que se hayan escrito.

Santa Teresa es una de muchos en la historia de la Iglesia a los cuales el Señor les ha dado la administración de la oración contemplativa. Ella y muchos otros han guardado silencio ante el Señor en esperarlo a Él y en oración de sacrificio de ayuno, y en silencio ante Él han sido elevados en el reino del Espíritu para recibir esas cosas que solo Dios puede dar. Teresa de Ávila fue uno de esos espíritus que no dudaron en verter sus vidas en el Amante de su alma.

LA REVELACIÓN DEL CASTILLO INTERIOR

El trabajo más famoso sobre la oración escrito por santa Teresa se llama *El castillo interior*. Sigue una visión extremadamente compleja y vívida. *El castillo interior* describe el viaje del alma como una progresión a través de un gran castillo de cristal con muchas habitaciones, desde las habitaciones externas a la habitación más interna, donde el alma puede unirse con Dios completamente. El alma se hace camino a través de una serie de siete habitaciones o "mansiones", donde cada una lo lleva más y más cerca de la unión con Dios. En lenguaje colorido y alegórico, *El castillo interior* representa el viaje espiritual que todos enfrentamos, con sus obstáculos y alegrías correspondientes. En las palabras de un editor del trabajo de santa Teresa, "La figura se usa para describir el curso completo de la vida mística, el progreso del alma desde la Primera mansión hasta la Séptima y su transformación de una imperfecta criatura pecadora a la novia del matrimonio espiritual".[14]

Hace unos años, cuando descubrí *El castillo interior*, me asombré de los paralelos entre la visión de santa Teresa de las siete mansiones y de mi propia visión de las siete puertas. Sé que no son exactamente iguales, pero las semejanzas son asombrosas. Santa Teresa vio siete mansiones; yo vi siete puertas. Santa Teresa vio un progreso de una habitación a la otra en el crecimiento cristiano hacia la santidad y la unión con Cristo; yo vi un progreso de una puerta a la otra del crecimiento del carácter y la gracia. En ambas visiones, el progreso es hacia la meta de completar la unión con Cristo.

Echemos una mirada más de cerca a la visión de Santa Teresa en *El castillo interior*.

LA PRIMERA MANSIÓN:
LA MANSIÓN DE LA HUMILDAD

Santa Teresa comienza su relato describiendo el castillo y las condiciones que existían en la primera mansión. La gente que entra a la primera mansión está en los primeros niveles de su camino cristiano. Son salvos, pero todavía retienen mucha influencia del mundo.

Comencé a pensar en el alma como si fuera un castillo hecho de un solo diamante o de cristal muy claro, en el cual había muchas habitaciones, así como en el Cielo hay muchas mansiones…

Imaginemos ahora que este castillo (…) contiene muchas mansiones, algunas arriba, otras abajo, otras a los costados; y que en el centro y el medio de todas estas está la habitación principal donde pasan las cosas más secretas entre Dios y el alma…

Hasta donde puedo entender, la puerta de entrada a este castillo es la oración y la meditación: no me refiero a la oración mental en lugar de la vocal, porque de todos modos es oración, pero debe ser acompañada por la meditación…

Pensemos (…) en (…) almas que eventualmente entran en el castillo. Estas están absortas en muchos asuntos mundanos; pero sus deseos son buenos; a veces, a pesar de ser poco frecuentes, se encomiendan al Señor; y piensan en el estado de sus almas, aunque no lo hagan con cuidado (…) Eventualmente entran a la primera habitación en el piso más bajo, pero tantos reptiles (pecados y placeres mundanos) entran con ellos que son incapaces de apreciar la belleza del castillo o de encontrar paz en él.[15]

Para santa Teresa, la llave al progreso a través de la primera mansión es aprender la lección de la humildad. Esta llave para abrir puertas se presenta una y otra vez.

Al hablar del alma debemos siempre pensar en que es espaciosa, amplia y sublime (...) porque la capacidad del alma es mucho más grande de lo que nos podemos dar cuenta (...) Es muy importante que ningún alma que practique la oración, sea mucha o poca, deba sujetarse a limitaciones o restricciones. Como Dios le ha dado semejante dignidad, debe permitírsele vagar por estas mansiones (...) No debe ser obligada a permanecer por largo tiempo en una habitación, a menos que sea la habitación del autoconocimiento (...) La humildad debe estar siempre haciendo su trabajo como una abeja haciendo la miel en el panal: sin humildad se perderá todo. Aun así, debemos recordar que la abeja esta constantemente volando de flor en flor, y de la misma forma (...) el alma a veces debe emerger del autoconocimiento y volar alto en meditación sobre la grandeza y majestuosidad de su Dios...

A mi manera de ver, nunca lograremos conocernos a nosotros mismos a menos que busquemos conocer a Dios: pensemos en su grandeza y volvamos a nuestras bases; al mirarlo en su pureza veremos nuestra podredumbre; al meditar en su humildad, veremos cuán lejos estamos de ser humildes.[16]

La luz de la mansión central es tenue en la primera mansión por causa de la distancia y de las preocupaciones en las cosas mundanas de sus ocupantes. Pero cuanto más procedamos con Él, recibiremos más luz.

La luz que viene del lugar ocupado por el Rey difícilmente alcanza esta primera mansión (...) no porque haya algo malo en la habitación, sino porque (...) hay muchas cosas malas, víboras

y serpientes y criaturas venenosas, que han entrado con el alma
y le impiden ver la luz.[17]

LA SEGUNDA MANSIÓN:
LA MANSIÓN DE LA PRÁCTICA DE LA ORACIÓN

Aquellos que entran en la segunda mansión han reconocido su
necesidad de dejar la primera mansión y, en respuesta a su gentil
pero persistente llamado de Dios, desean adentrarse en el castillo.
Buscan actividades y ocasiones que los ayuden a avanzar en su cometido y, porque están comenzando a aprender a resistirse a la puja
de las influencias mundanas, hay más luz y calidez aquí que en la
primera mansión.

La almas (…) que entran en la segunda mansión (…) ya han
comenzado a practicar la oración y (…) se han dado cuenta de
la importancia de no permanecer en la primera mansión…

Entonces, estas almas, pueden entender al Señor cuando los
llama; porque, al irse acercando gradualmente al lugar donde su
Majestad habita, se convierte en un muy buen vecino para ellos.
El (Señor) (…) está tan ansioso porque lo deseemos y busquemos su compañía que nos llama constantemente, una y otra vez,
a acercarnos a Él; y su voz es tan dulce que el alma pobre se consume de pena al no poder cumplir su deseo inmediatamente…

La voluntad nos inclina a amar a Aquel en quien ha visto
muchas acciones y muestras de amor, algunas de las cuales quisiera retribuir. Particularmente, la voluntad muestra al corazón
cómo este verdadero Amante nunca la abandona, sino que va
con ella a todos lados y le da vida y ser. Entonces el entendimiento va más allá y hace que el alma se dé cuenta de que,
no importa cuántos años pueda vivir, nunca podrá esperar un
amigo mejor.[18]

LA TERCERA MANSIÓN:
LAS MANSIONES DE VIDA EJEMPLAR

Las almas que entren a la tercera mansión han crecido en espíritu
al punto que han desarrollado disciplina en sus vidas y virtud en
su comportamiento. Ese es un paso positivo que a pesar de todo

acarrea el peligro de depender de una vida virtuosa más que de la gracia de Dios. La gente en la tercera mansión es gobernada más por la razón y las obligaciones que por el amor. Todavía no se han rendido totalmente en amor a Dios y, por eso, experimentan largos períodos de aridez en la oración y en otros aspectos de su vida cristiana. (¿Ha visitado alguna vez esta habitación?).

> Las almas que han entrado a la tercera mansión (…) están mayormente deseosas de no ofender a su Majestad; evitan cometer hasta los pecados veniales; aman hacer penitencia, pasan horas en recogimiento; usan bien su tiempo; practican obras de caridad hacia el prójimo; y son muy cuidadosos en su hablar y en su vestir y en el gobierno de sus propias casas si las tienen. Este, ciertamente, es un estado deseable y parecería no haber razón por la cual se nos negara la entrada a la última de las mansiones…
>
> ¿Como puede alguien decir que no desea algo tan maravilloso? (…) Seguramente nadie puede. Todos decimos que lo deseamos; pero si el Señor ha de tomar completa posesión del alma hará falta más que esto. Las palabras no alcanzan, como tampoco bastaron para el joven cuando el Señor le dijo qué hacer si deseaba ser perfecto. Desde que comencé a hablar de estas mansiones, he tenido a ese joven en mi mente, porque somos exactamente iguales a él; y esto como regla es el origen de nuestros largos períodos de aridez en la oración.[19]

LA IMPORTANCIA DE LA HUMILDAD Y LA MISERICORDIA

Otra vez, santa Teresa hace hincapié en la importancia de la humildad y el reconocimiento de que Dios es soberano; no importa lo que hagamos, Dios no nos debe ningún favor. Todo lo que recibimos de Él es puro por su amor, gracia y misericordia. ¿Entendió la palabra misericordia? Tal vez en mi encuentro estaba viendo más de lo que había percibido inicialmente.

> Puede parecernos que lo hemos hecho todo (…) y dejado todas las cosas del mundo y todo lo que teníamos por estar con Él (…) al perseverar en este desprendimiento y abandono de todo, debemos mantener nuestro objetivo. Pero debe ser en

esta condición (…) que debemos considerarnos sirvientes no remunerados (…) y darnos cuenta de que no hemos obligado de forma alguna a nuestro Señor a pagarnos tales favores; sino que, cuanto más hemos recibido de Él, más grande será nuestra deuda con Él…

Lo que importa no es si vestimos o no un hábito religioso; sino el tratar de practicar las virtudes, y rendirnos completamente a Dios y ordenar nuestras vidas como lo ordena su Majestad: no deseemos que se cumplan nuestras voluntades, sino la suya…

Aquellos (…) que, por la bondad del Señor están en este estado (…) deben dedicarse a rendirle obediencia.[20]

LA CUARTA MANSIÓN:
LA MANSIÓN DE LA ORACIÓN EN SILENCIO

En la cuarta mansión:

El elemento sobrenatural de la vida mística entra primero (…) el alma ya no gana las cosas por sus propios esfuerzos. De ahora en más, las partes del alma serán cada vez menos y la parte de Dios cada vez más. Las gracias de la cuarta mansión, a la cual nos referimos como "consuelos espirituales", se identifican con la Oración de Silencio, o la Segunda Agua, en la Vida. El alma es como una fuente construida cerca de su origen y el agua de la vida fluye en ella, no a través de acueductos, sino directamente de su manantial.[21]

Santa Teresa nos da sensibles vistas de la naturaleza del amor espiritual. No se dé por vencido en este punto. Recuerde, estos amantes de Dios a veces hablan en una hipérbole romántica, la poesía sin sentido que solo puede apreciar el que la recibe.

Si quiere progresar en el largo recorrido de este camino y ascender a la mansión de sus deseos, lo importante no es pensar mucho, sino amar mucho; haga, entonces, lo que más lo lleve a amar (…) El amor consiste no solo en la extensión de la felicidad, sino en la firmeza de sus determinaciones para tratar de complacer a Dios en todo, y esforzarse, en todas las maneras posibles, por no ofenderlo (…) Esas son las señales del amor; no se imagine que lo importante es no pensar nunca en nada más y que si su mente se distrae levemente todo está perdido.[22]

CONTINUANDO EN LA ORACIÓN DE SILENCIO

Una de las imágenes más hermosas de santa Teresa es su descripción del consuelo de Dios (también llamado Oración de Silencio) como agua de un manantial. Permita que esta descripción lo inspire a tomar de la fuente del mismo Dios.

Supongamos que estamos mirando dos fuentes, dos tinas que se pueden llenar de agua (…) estas dos grandes tinas pueden llenarse de agua de diferentes maneras: en la primera el agua viene desde muy lejos a través de numerosos acueductos y gracias a la habilidad humana; pero la otra ha sido construida cerca del nacimiento del río y se llena sin hacer ruido. Si la corriente de agua es abundante (…) fluirá un gran río igualmente aunque se hayan llenado; aquí no se necesita habilidad y no hace falta hacer acueductos, ya que el agua está fluyendo todo el tiempo. La diferencia entre esta y la que debe ser llenada a través de conductos creo que es la que voy a explicar a continuación. La primera corresponde a la dulzura espiritual que (…) es producida por la meditación. Llega a nosotros a través de los pensamientos…

La otra fuente de agua llega directamente de su origen, que es Dios y cuando es la voluntad de su Majestad y Él se agrada en ofrecernos algo de favor sobrenatural, su corriente está acompañada por la más grandiosa paz, el más grandioso silencio y la mayor dulzura para nosotros. No sé decir de dónde ni cómo surge. Y ese contenido y placer no se sienten, como los placeres terrenales en el corazón. Me refiero a que no es en el comienzo porque después la tina se llena por completo, y entonces el agua comienza a rebosar llegando a todas las mansiones y facultades, hasta que alcanza al cuerpo…

No creo que esta felicidad tenga su origen en el corazón. Surge en una parte mucho más interior, como algo con manantiales muy profundos; creo que debe ser el centro el alma (…)

Cuando el agua comienza a fluir de este origen del que estoy hablando —es decir, desde nuestras profundidades— comienza a esparcirse dentro de nosotros y causa una dilatación interior y produce bendiciones inefables, tantas que el alma misma no puede entender todo lo que recibe aquí.[23]

LA QUINTA MANSIÓN:
LA MANSIÓN DEL COMPROMISO ESPIRITUAL.
LA ORACIÓN DE UNIÓN

La quinta mansión "es el estado del (…) compromiso de Boda Espiritual, y la Oración de Unión, es decir la unión incipiente, marca un nuevo grado de contemplación infundida y muy alta. Por medio de la más célebre de sus metáforas, la del gusano de seda, santa Teresa explica hasta qué punto puede el alma preparase a sí misma para recibir lo que es esencialmente un regalo de Dios".[24] También describe cómo debe morir el gusano de seda para transformarse en una hermosa mariposa. Lea lentamente y usted también se sentirá inspirado por esta majestuosa visión.

Los gusanos de seda se alimentan de las hojas de mora hasta que están completamente crecidos, cuando la gente coloca ramitas donde, con sus bocas pequeñas, comienzan a hilar seda, haciéndose capullos muy pequeños y ajustados, en los cuales se entierran. Finalmente, el gusano que era largo y feo, sale del capullo como una hermosa mariposa blanca…

El gusano de seda es como el alma que toma vida cuando, a través del calor que proviene del Espíritu Santo, comienza a utilizar la ayuda general que Dios nos da a todos, y a hacer uso de los remedios que Dios dejó en su Iglesia, como las confesiones frecuentes, los buenos libros y sermones (…) El alma comienza a vivir y a nutrirse con esta comida y las buenas meditaciones, hasta que crece del todo (…) Cuando creció por completo, entonces (…) comienza a hilar su seda y a construir la casa en la cual ha de morir. Aquí esta casa puede entenderse como Cristo. Creo haber leído o escuchado en algún lado que nuestra vida está escondida en Cristo, o en Dios (ya que es lo mismo), o que nuestra vida es Cristo…

Que nuestra misma Majestad sea nuestra mansión ya que Él está en esta oración de unión (…) No podemos ni sustraernos ni agregarnos a Dios, pero sí podemos sustraernos y agregarnos a nosotros mismos, tal y cual lo hace el pequeño gusano de seda. Y, antes de terminar de hacer todo lo que podemos al respecto, Dios tomará este pequeño logro nuestro, lo cual no es nada en absoluto, lo unirá con su grandeza y le dará tanta importancia que la recompensa será el mismo Señor…

Apresurémonos a hacer esta tarea y a armar este capullo. Renunciemos a nuestro amor propio y a nuestra propia voluntad, y a nuestro apego por las cosas mundanas (…) Dejemos morir al gusano de seda (…) Entonces veremos a Dios y estaremos completamente escondidos en su grandeza como lo está el gusano de seda en su capullo.[25]

La transformación que ocurre luego de esta muerte al propio ser es verdaderamente maravillosa.

Y ahora veamos lo que sale de la transformación de este gusano de seda (…) Cuando está en este estado de oración y muerto al mundo, sale una pequeña mariposa blanca (…) El alma no puede pensar cómo puede haber merecido tal bendición (…) Se encuentra tan ansiosa de adorar al Señor que se consumiría gratamente y moriría mil veces por Él. Entonces se encuentra deseando sufrir grandes tribulaciones y sin capacidad de hacer otra cosa. Siente el ferviente deseo de hacer penitencia, de estar en soledad y de todo lo que sea necesario para conocer a Dios. Por lo tanto, cuando ve que algo ofende a Dios, se aflige enormemente…

Es casi increíble lo incansable que es esta pequeña mariposa ¡a pesar de que nunca estuvo más callada o en reposo en toda su vida! Aquí hay algo por lo que debemos alabar al Señor: que no sabe dónde establecerse y fijar su residencia. En comparación con la residencia que tenía antes, todo lo que ve en la tierra la deja insatisfecha, especialmente cuando Dios le ha dado una y otra vez estas alas que casi todo el tiempo le han traído nuevas bendiciones. No le da importancia por las cosas que hizo como gusano, por su gradual tejido del capullo. Ahora tiene alas: ¿Cómo puede conformarse con arrastrarse cuando puede volar?[26]

LA IGLESIA EN METAMORFOSIS

Yo también recibí en cierto punto una visión similar, solo que era más simple. En este encuentro, el Espíritu Santo me mostró el trabajo de una oruga al comenzar su proceso de tejido de su propio capullo o crisálida. De repente la oruga no se vio más, como si estuviera escondida. Pero mientras estaba en este lugar secreto, se estaba dando un enorme cambio.

Al seguir observando, vi algo nuevo que surgía de este traje de humildad. Creando una apertura, el nuevo ser asomó con las alas mojadas al aire para que se secaran. Entonces la mariposa extendió sus alas completamente, exhibiendo radiantes y brillantes colores.

Le pregunté al Señor: "¿Qué es esto?" y escuché una respuesta: "Esta es la Iglesia en metamorfosis". Aprendamos nosotros, la Iglesia, estas lecciones como que se le enseñaron a santa Teresa y a otros. Que la novia de Cristo, la Iglesia, sea adornada con el esplendor de su gran presencia, mientras aprendemos otra vez a habitar en el lugar secreto del Altísimo.

LA SEXTA MANSIÓN:
LA MANSIÓN DE LA INTIMIDAD CRECIENTE

La sexta mansión describe la intimidad creciente entre el alma y Dios, junto con el creciente nivel de aflicciones que atacan al alma todo este tiempo. Al crecer los favores del Señor, también crecen los procesos y las tentaciones. San Juan de la Cruz y otros místicos se refieren a este período como "la oscura noche del alma". Santa Teresa describe estas tribulaciones como si solo fueran comparables con las del infierno, pero el alma afligida por todo esto solo desea escapar de ellos entrando en la última mansión.

El alma ha sido herida con el amor por el Esposo y busca más oportunidad de estar a solas, tratando en todo lo posible dado su estado, de renunciar a todo lo que pueda perturbar su soledad. Esa visión de Él que ha tenido está impresa tan profundamente sobre ella que su único deseo es disfrutarlo una vez más…

El alma está ahora completamente determinada a no tomar otro esposo; pero el Esposo se muestra indiferente hacia la concreción del compromiso, deseando que se unan con lazos aún más profundos y que sus grandes bendiciones sean ganadas por el alma con algún costo propio (…) ¡Mi Dios, qué grandes son estas tribulaciones que sufrirá el alma, dentro y fuera, antes de entrar en la séptima mansión!

Porque a menudo, cuando una persona no está preparada para tal cosa, y ni siquiera está pensando en Dios, la despierta su Majestad, como si la despertara un cometa o un rayo. Aunque no se oiga ningún sonido, el alma sabe muy bien que ha sido llamada por Dios (…) Está consciente de haber sido herida, pero no puede decir cómo ni por quién; pero está segura de que esta es una experiencia preciosa y estaría alegre si esta herida nunca sanara. Se queja a su esposo con palabras de amor, y hasta llora a gritos, no siendo capaz de ayudase a sí misma, porque se da cuenta de que Él está presente, pero no se manifestará a sí mismo de tal forma que le permita disfrutar de Él (…) Ya que el Esposo, que está en la séptima mansión, parece estar llamando al alma de una forma que no incluye palabras en su discurso.[27]

LOS FAVORES OTORGADOS

Durante la sexta mansión, Santa Teresa describe muchos tipos de "favores" que el Esposo otorga a su Amada, tales como éxtasis, raptos del alma, traslados al estado del éxtasis, etc. Estos solo hacen que el dolor de la separación sea más exquisito para el alma e incrementa su deseo de unión con el Esposo. ¡A mí me suena a invitación!

¿Han sido suficientes todos estos favores que el Esposo ha otorgado al alma para satisfacer a esta pequeña (…) mariposa (…) y para hacer que se establezca en el lugar donde ha de morir? Ciertamente no; está en un estado mucho peor que el anterior; porque aunque haya estado recibiendo estos favores durante muchos años, aún está suspirando y sollozando, y cada uno de ellos le causan un fresco dolor. La razón de esto es que cuanto más conozca de la grandeza de Dios, tan lejos de Él e incapaz de disfrutar de Él, más crecerá su deseo. Porque cuanto más se le revele a ella de cuánto amor merece este gran Dios y Señor, más crecerá su amor por Él. Y gradualmente, durante estos días, crece su deseo, para poder experimentar esta gran angustia.[28]

LA SÉPTIMA MANSIÓN:
LA MANSIÓN DEL MATRIMONIO ESPIRITUAL

Finalmente, después de todo y luego de muchos procesos, el alma entra en la séptima mansión, el lugar donde habita el Rey. Aquí hay una "transformación completa y una paz perfecta e infalible; no se puede concebir un estado más alto, salvo ese de la Visión Beatífica en la vida que ha de venir".[29]

> Cuando nuestro Dios se complace en sentir compasión por esta alma que sufre y ha sufrido tanto por desearlo a Él, y a quien Él ahora ha tomado espiritualmente para que sea su esposa, la lleva a esta mansión suya, la cual es la séptima, antes de consumar el matrimonio espiritual. Porque Él debe tener un lugar para habitar permanentemente en el alma, tal como lo tiene en el Cielo, donde habita solo su Majestad (…) esta unión en secreto ocurre en el centro más profundo del alma, donde debe habitar el mismo Dios (…) El Señor aparece en el centro del alma (…) Tal cual se les apareció a los apóstoles, sin entrar a través de ninguna puerta (…) Esta comunicación instantánea de Dios con el alma es tan secreta y un favor tan sublime, y tal placer es el que siente el alma, que no sé con qué compararlo, más allá de las palabras que el Señor se complace en manifestarle al alma en ese momento la gloria que es en el Cielo…
>
> Podemos decir que la unión es como si los extremos de dos velas de cera se unieran para crear una sola luz (…) es como la lluvia que cae de los cielos a un río o un manantial; solo hay agua ahí y es imposible separar el agua del río de la que cae de los cielos. O es como si un pequeño arroyuelo fluyera al océano, de donde no encontraría forma de separarse de él, o como si en una habitación hubiese dos ventanas por la cuales entra la luz: entran de diferentes lugares pero se convierten en una sola.[30]

UN AMOR MÁS ALLÁ DE LAS PALABRAS

Muchos de los cristianos de hoy en día encontrarían que las imágenes de santa Teresa son difíciles de entender porque la intensidad de su experiencia les es desconocida. También se sentirán incómodos con el lenguaje "de dormitorio" que usa para describir sus experiencias.

¿Qué otro tipo de lenguaje podría utilizar para tratar de redactar lo que describe la relación más amorosa que alguna vez haya tenido?

Nos hemos aventurado a lo más profundo del centro de la casa de nuestro Padre y hemos visto que realmente tiene "muchas habitaciones". Quiero decirle que hay una habitación tallada a mano para cada uno de nosotros, y el Señor nos invita a sentarnos, descansar y esperar —como lo hizo María de Betania a los pies de Jesús; como lo hizo Juan apoyando su cabeza en su pecho; como Lidia abrió su corazón— y aprender de Él. No hacen falta las palabras. Es un lugar silencioso, lejos de la loca multitud, donde podemos calmar nuestra hambre con el pan del Cielo y saciar nuestra sed con el agua de la Vida. Mientras descansamos y esperamos, Él nos guía al silencio del alma. Ese lugar de reposo de esperar en Él es otra forma de expresar nuestro amor volcado de manera extravagante solamente en Él.

PREGUNTAS PARA REFLEXIONAR

1. *Describa lo que significa en Las Escrituras: "eres el templo de Dios".*

2. *¿En su casa hay alguna habitación que habría que limpiar? Si es así, ¿cuál o cuales?*

3. *¿En qué habitación le gusta quedarse por un tiempo, aquella en la que usted y Dios se sienten más cómodos?*

LECTURAS RECOMENDADAS

- *El castillo interior* por santa Teresa de Ávila. (Ed. Abraxas, Barcelona,1998).

- *Devotional Classics* [Clásicos devocionales] por Richard Foster y James Bryant Smith (Harper Collins, 1993).

- *Radiant Glory: The Life of Martha Wing Robinson* [Gloria radiante: La vida de Marta Wing Robinson] (Bread of life, 1962).

NOTAS

1. Colosenses 1:27.
2. 1 Corintios 3:17.
3. 1 Corintios 6:19.
4. 2 Corintios 6:16.
5. 1 Pedro 2:4-5.
6. Juan 14:1-3.
7. Mateo 5:3.
8. Colosenses 3:3.
9. Williston Walker, Richard A. Norris, David W. Lotz y Richard T. Handy, *A History of the Christian Church* [Historia de la Iglesia Cristiana], cuarta edición (Nueva York, Scribner, marca registrada de Simon y Shuster, 1985), p. 502.
10. Ibíd.
11. Ibíd.
12. Ibíd., p. 513.
13. Tommy Tenney, *La casa favorita de Dios* (Ed. Unilit, 2000).
14. P. Silverio de Santa Teresa, de la introducción a *El castillo interior* por Santa Teresa de Ávila, http://www.ccel.org/t/teresa/castle/castle.html., 28 de septiembre del 2000.
15. Teresa de Ávila, *El castillo interior*, http://www.ccel.org/t/teresa/castle/castle.html, 28 de septiembre de 2000.
16. Ibíd.
17. Ibíd.
18. Ibíd.
19. Ibíd.

20. Ibíd.
21. Silverio de Santa Teresa, de la introducción de *El castillo interior*.
22. Teresa de Ávila, El castillo interior.
23. Ibíd.
24. Silverio de Santa Teresa, de la introducción a *El castillo interior*.
25. Teresa de Ávila, *El castillo interior*.
26. Ibíd.
27. Ibíd.
28. Ibíd.
29. Silverio de Santa Teresa, de la introducción a *El castillo interior*.
30. Teresa de Ávila, *El castillo interior*.

CAPÍTULO 4

Adoración extravagante

¿QUIERE SER UN apasionado adorador de Jesús el Mesías? A pesar de que sinceramente deseemos adorar a nuestro Salvador con total abandono, muchos hemos crecido en un hogar religioso o en una casa con un entorno donde nunca se nos permitió ni alentó a expresar libremente nuestras emociones.

La próxima etapa de nuestro viaje hacia la práctica de la presencia de Dios nos habilitará a cruzar este puente hacia la emoción demostrativa y apasionada. Nunca seremos capaces de disfrutar completamente de la presencia de Dios mientras nos aferremos a la llave que abrirá la puerta trabada de la habitación de nuestro corazón. El lugar secreto al que Dios lo está llamando es un lugar de adoración. No estamos hablando del canto de los domingos a la mañana; se trata de elevar la totalidad de nuestro ser a un lugar sin obstáculos, sin vergüenzas y de adoración extravagante.

La adoración incluye al ser en todos sus aspectos: el corazón, la mente, la voluntad y las emociones. Mucho de lo que hemos llamado adoración en el pasado no ha sido más que rancia religiosidad. Por otra parte, la adoración extravagante implica el abandono total de nuestra voluntad, una conciencia total de lo que estamos haciendo al expresar nuestro profundo amor por Dios, echándonos por completo sobre Él en entusiastas expresiones de amor, alegría y adoración.

La emoción es el lenguaje interior del estado de una persona. Es una forma de comunicación que transmite poderosamente la intensidad de las cosas que estamos sintiendo en nuestro interior. La emoción desenfrenada nos permitirá expresar respuestas al Dios que ansía tener intimidad con nosotros de manera libre, espontánea y profunda.

DIOS QUIERE INTIMIDAD CON NOSOTROS

Dios siempre quiso estar cerca de su pueblo. En el principio, la primera pareja humana disfrutó de una intimidad y una comunión con su Creador de una manera abierta e irrompible, mientras caminaban con él *"recorriendo el jardín"*.[1] Como todos sabemos, el pecado rompió esa relación y levantó un "velo" de separación entre el Santo Dios y su propia creación. Dios anhelaba tanto estar cerca de nosotros para reparar la brecha, que se convirtió en uno de nosotros. A través de su hijo Jesucristo, *"el Verbo se hizo hombre y habitó entre nosotros. Y hemos contemplado su gloria, la gloria que corresponde al Hijo unigénito del Padre, lleno de gracia y de verdad."*[2] Por su muerte y su resurrección, Cristo derribó ese velo y abrió nuevamente el camino a la intimidad cara a cara con el Padre para cualquiera que crea. Como lo compartimos en el capítulo uno, Jesús les dijo a sus discípulos, *"En el hogar de mi Padre hay muchas viviendas; si no fuera así, ya se lo habría dicho a ustedes. Voy a prepararles un lugar. Y si me voy y se lo preparo, vendré para llevármelos conmigo. Así ustedes estarán donde yo esté"*.[3] ¡Dios quiere que compartamos con Él una comunión íntima en su casa!

Personalmente ansío un lugar llamado "hogar". Al viajar de ciudad en ciudad y de nación en nación, mi espíritu repite una pregunta intrigante y de anhelo: "¿Exactamente dónde está el hogar?".

Un viejo proverbio dice que "el hogar está donde está el corazón". Sí, es cierto que el hogar es donde nacen y crecen las relaciones íntimas. Y con excepción de Dios, nadie nos conoce mejor que los miembros de nuestra familia natural. Para casi todos, el hogar es donde podemos relajarnos y ser nosotros mismos, donde podemos "quitarnos los zapatos" y como decimos los de mi generación "quitarnos la máscara". Es este el tipo de comunión que Dios quiere que tengamos con Él. Y también es el tiempo de intimidad que hoy tantos cristianos buscan y anhelan. En su mayor parte, la Iglesia moderna no ha logrado cumplir la promesa de una relación íntima con Dios, al ofrecer rituales rígidos, chatura en la formalidad y vacías tradiciones como sustitutos baratos de lo que realmente debiera ser una relación.

¿POR QUÉ ES TAN DIFÍCIL ENCONTRAR INTIMIDAD CON DIOS?

Si la intimidad espiritual es de tan alta prioridad para Dios, además de ser un anhelo tan potente en enorme cantidad de creyentes, ¿por qué parece ser tan difícil de hallar? ¿Por qué hay tantos cristianos que no llegan a experimentar el tipo de cercanía que desean tener con Dios? Uno de los motivos podría ser la holgazanería espiritual. Preferiríamos que las bendiciones de Dios se nos sirvieran en bandeja de plata en lugar de tener que hacer algún esfuerzo por ellas. La intimidad con Dios no sucede de manera automática: lleva tiempo y requiere de nuestro compromiso, motivado por un hambre creciente de Dios. Estoy convencido de que hay además otra razón importante: muchos no nos acercamos a Dios sencillamente porque no sabemos cómo hacerlo. El arte de cultivar una relación íntima con Dios se ha perdido virtualmente para los cristianos de hoy. Todo lo queremos "ya mismo". En algún punto del camino, hemos perdido la capacidad de prestar atención en términos espirituales. Corremos y cumplimos con nuestro "tiempo a solas con Dios", como un ítem más en nuestra lista de tareas del día, para luego seguir con el ritmo vertiginoso de nuestras vidas. Es como si fuéramos de compras, apurados por conseguir lo básico ¡y sin ver que Dios ha preparado un banquete para nosotros y que está esperando que nos sentemos a disfrutarlo junto a Él! Tenemos que aprender a tomarnos el tiempo que haga falta para conocer a Dios tal como Él nos conoce a nosotros.

Me he preguntado muchas veces a quiénes consideraría Jesús sus "compinches". Sabemos que durante su ministerio en la tierra, Jesús tuvo relaciones cercanas con varias personas, pero ¿tendría amigos de verdad? Creo que sí. Entre los doce apóstoles, sabemos que Pedro, Santiago y Juan conformaban un "círculo íntimo" muy cercano a Jesús. Fuera del grupo de apóstoles, una de sus relaciones más cercanas fue con un trío de hermanos de la aldea de Betania: Lázaro y sus hermanas, Marta y María. Veamos cómo era este grupo de hermanos.

SEÑOR, SI HUBIERAS ESTADO AQUÍ

Seis días antes de la Pascua llegó Jesús a Betania, donde vivía Lázaro, a quien Jesús había resucitado. Allí se dio una cena en honor de Jesús. Marta servía, y Lázaro era uno de los que estaban a la mesa con él. María tomó entonces como medio litro de nardo puro, que era un perfume muy caro, y lo derramó sobre los pies de Jesús, secándoselos luego con sus cabellos. Y la casa se llenó de la fragancia del perfume.[4]

Intente ver la imagen en su mente. Aquí está Lázaro, a quien Jesús había resucitado poco antes, "a la mesa con él" en espíritu contemplativo. ¿Cómo se sentiría usted si, al igual que Lázaro, hubiera muerto y vuelto a la vida? Juan relata la historia en el capítulo 11 de su Evangelio. Lázaro estaba muy enfermo, y sus hermanas mandaron llamar a Jesús. Para cuando Jesús llegó con sus discípulos luego de una deliberada demora de dos días, Lázaro ya había muerto, llevaba ya cuatro días en la tumba. Envuelto en una mortaja de lino, su cuerpo estaba en un oscuro sepulcro, cuya entrada se había sellado con una gran piedra circular. Ya no había tiempo para sanarlo. ¡Lázaro estaba muerto! Y tampoco había tiempo para un milagro, porque después de cuatro días en el sepulcro, su cuerpo hedía.

Como tantas otras veces, Jesús llegó aparentemente tarde, pero en realidad había llegado justo a tiempo. De inmediato las hermanas lo confrontaron con los corazones apesadumbrados y dolidos por la pena y la confusión porque Aquel en quien confiaban, Aquel que era tan cercano, ese Amigo tan confiable, las había abandonado: "Señor, si hubieras venido cuando te mandamos llamar Lázaro todavía estaría vivo".[5] Esa sinceridad solamente es posible dentro de una relación transparente. Aunque Jesús lloró por la muerte de Lázaro y el dolor de sus hermanas, tenía un plan mucho más grande que iba más allá de una mera sanación del enfermo. Con tres palabras de autoridad: *"Lázaro ¡sal fuera!",* Jesús trajo a la vida al hombre muerto revelando el maravilloso poder de Dios, y dando gloria a su Padre.

Ahora, días más tarde Lázaro está "a la mesa" con Jesús. Imagine la maravilla, el poder de ese momento. Lázaro no salió de inmediato a lanzar su "Campaña del Espíritu Santo por la Resurrección de Lázaro". Se quedó con su Señor y Amigo, sentado a la mesa. Pareciera que a estos amigos les gustaba nada más "estar juntos". Que se habían echado de menos. ¡Tal vez quisieran hablar de lo que sucede del otro lado de la vida!

Mientras Jesús y su amigo Lázaro estaban a la mesa, *"Marta servía"*. Allí está Marta, sólida y confiable, una sierva devota que solía expresar su amor a través de prácticas obras de servicio, satisfaciendo las necesidades físicas de su Señor y Amigo. Es la misma Marta que en otra ocasión estaba tan ocupada que se quejó con Jesús porque su hermana María no la ayudaba.

—Señor, ¿no te importa que mi hermana me haya dejado sirviendo sola? ¡Dile que me ayude!

—Marta, Marta —le contestó Jesús—, estás inquieta y preocupada por muchas cosas, pero sólo una es necesaria. María ha escogido la mejor, y nadie se la quitará.[6]

UN AMOR EXTRAVAGANTE

Eso nos lleva a María. Allí está la dulce y querida María. La penitente. La que amaba mucho. La que eligió "la mejor cosa", que era sentarse a los pies de su Señor y Amigo, fascinada ante sus palabras y santa Presencia. Ahora, mientras su hermano Lázaro está a la mesa con Jesús, y su hermana Marta sirve la comida, María se conduce de otro modo. Con gran extravagancia, derrama sobre Jesús su amor, en infinita devoción, en adoración con abandono: *"María tomó entonces como medio litro de nardo puro, que era un perfume muy caro, y lo derramó sobre los pies de Jesús, secándoselos luego con sus cabellos. Y la casa se llenó de la fragancia del perfume"*.[7]

¿Qué más sabemos de esta María de Betania y de las circunstancias en torno a esta extraordinaria demostración de amor tan extravagante? Según los relatos paralelos en los Evangelios de Mateo y Marcos, esta cena para agasajar a Jesús se realizó en el hogar de un hombre de Betania, conocido como *"Simón, el leproso"*.[8] El relato además identifica a Simón como un fariseo[9]. Aunque algunos estudiantes bíblicos debaten que la historia relatada en Mateo, Marcos y Lucas es un registro de dos mujeres distintas, es posible que los cuatro relatos narren dos acciones distintas de parte de una misma persona. Pero el relato de Juan es el único que identifica a María por nombre. Los demás autores del los Evangelios solo mencionan a "una mujer". Lucas además va más allá y dice que era una "pecadora".[10] En ese contexto, la palabra pecadora (en griego *hamartolos*) se refiere específicamente a una mujer inmoral o de mala reputación. Mateo y Marcos registran que vertió perfume sobre la cabeza de Jesús[11] en tanto Lucas y Juan dicen que le lavó los pies con el perfume, añadiendo el detalle de que se los secó con sus cabellos.[12] Sabemos a partir de los distintos relatos que estaban presentes los discípulos de Jesús y otras personas más, y que fueron testigos de esta acción tan controvertida e impactante por parte de María.

Intentemos unificar estos relatos y veamos si formamos una imagen completa. Jesús está en Betania, aldea en la que viven Lázaro, María y Marta. Mientras está allí, es invitado a cenar a la casa de un fariseo conocido como Simón el leproso. Lázaro también ha sido invitado, lo mismo que los discípulos de Jesús y otras personas más, tal vez amigos de Simón. Marta sirve la comida. Y parece que no era una cena informal sino algo más, un evento grande. De repente entra en escena María con una botella de perfume muy caro. Sin prestar atención a los más de veinte testigos, María se ubica junto a los pies de Jesús, lavándolos con sus lágrimas.[13] Rompe la botella de perfume y unge primero la cabeza y luego los pies de Jesús. Luego se arrodilla y con amor seca los pies del Señor con sus cabellos.

Esta pública y dramática demostración de íntimo afecto tal vez causara un silencio incómodo en la concurrencia. Para algunos, el silencio y la vergüenza se convierten en furia, pero a María esto no le importó. Estaba enamorada de un Hombre, un Mesías, que la había perdonado y salvado, y tratado con amor, dignidad y respeto como nadie lo había hecho antes. No importaba qué hubiera sido o hecho María antes, no importaba de qué modo hubiese desperdiciado su vida, ahora ha cambiado porque Jesús la transformó. Ahora María quiere desperdiciar su vida en el Señor, en el Dios que la amó y perdonó, y no importa quién lo sepa o qué piensen los demás. Solo tiene ojos para Él. Para María el caro perfume no significa nada más que un símbolo del apasionado amor que siente en su espíritu y de su decisión, a partir de ese día, de dedicar su vida a Dios.

¿POR QUÉ DESPERDICIA EL PERFUME?

No faltó mucho para que esta expresión de amor de parte de María provocara duras críticas.

Judas Iscariote, que era uno de sus discípulos y que más tarde lo traicionaría, objetó:

—¿Por qué no se vendió este perfume, que vale muchísimo dinero, para dárselo a los pobres?

Dijo esto, no porque se interesara por los pobres sino porque era un ladrón y, como tenía a su cargo la bolsa del dinero, acostumbraba robarse lo que echaban en ella.

—Déjala en paz —respondió Jesús—. Ella ha estado guardando este perfume para el día de mi sepultura. A los pobres siempre los tendrán con ustedes, pero a mí no siempre me tendrán.[14]

Las versiones de Mateo y Marcos son esencialmente idénticas. Veamos qué dice Marcos:

Algunos de los presentes comentaban indignados:

—¿Para qué este desperdicio de perfume? Podía haberse vendido por muchísimo dinero para darlo a los pobres.

Y la reprendían con severidad.

—Déjenla en paz —dijo Jesús—. ¿Por qué la molestan? Ella ha hecho una obra hermosa conmigo. A los pobres siempre los tendrán con ustedes, y podrán ayudarlos cuando quieran; pero a mí no me van a tener siempre. Ella hizo lo que pudo. Ungió mi cuerpo de antemano, preparándolo para la sepultura. Les aseguro que en cualquier parte del mundo donde se predique el evangelio, se contará también, en memoria de esta mujer, lo que ella hizo.[15]

La diferencia esencial es que en el relato de Juan es Judas Iscariote quien da voz a la crítica, en tanto Marcos solo dice que "algunos de los presentes estaban indignados", y Mateo dice: "*Al ver esto, los discípulos se indignaron*".[16] Podemos decir entonces que hubo varias voces de crítica, y que Judas tal vez llevaba "la voz cantante".

Por fuera la crítica parece práctica y "religiosamente correcta". El perfume valía trescientos denarios, equivalentes entonces al *salario de un año* de un obrero común. Me he preguntado muchas veces cómo y de dónde obtuvo María tanto dinero. ¿Lo había ganado? ¿Se lo habían regalado? En todo caso, ¿por qué desperdiciar una esencia tan valiosa en una persona (no importa quién fuera), en solo unos segundos?

Esta es la típica respuesta de la gente "religiosa" cuando se la confronta con una acción de genuina devoción espiritual. No pueden comprenderla.[17] La mente religiosa calcula el costo de tal extravagancia y llega a la conclusión de que es un desperdicio. Estas críticas casi siempre van pintadas con un barniz de piedad: "Este perfume podría haberse *vendido* para dar el dinero a los pobres". Lo que el religioso que critica no puede entender es que las acciones extravagantes de adoración "desperdiciada" motivada por un amor por Dios que no conoce límites no necesitan justificación o explicación para los hombres. De hecho, a medida que estudio "el Libro" encuentro que la extravagancia en la adoración *siempre* vale más para Dios que el conservador y elaborado acto formal. El tema aquí es si intentamos brindar atención u *obtenerla*. Dios mira el corazón y se agrada en la adoración sincera, abierta de parte de sus hijos, no importa cómo la expresen.

Por eso Jesús defendió a María con tal celo. Dios es un Dios celoso de su gloria y de sus hijos. *"Déjala en paz —respondió Jesús—. Ella ha estado guardando este perfume para el día de mi sepultura. A los pobres siempre los tendrán con ustedes, pero a mí no siempre me tendrán".*[18] Jesús penetró la pía hipocresía para centrarse en las cosas del corazón. ¿Cuál es el verdadero objeto de nuestro amor? Jesús dijo que allí donde está nuestro tesoro también estará nuestro corazón.[19] El corazón de María estaba en el lugar correcto, y Jesús la afirmó. Una vez más María había "elegido la mejor parte" y no se le quitaría. ¡Dio todo lo que había ganado o logrado a su nuevo Señor!

¿VES A ESTA MUJER?

En el relato de Lucas de este mismo episodio, Jesús le pregunta a Simón el fariseo algo que lo hace pensar.

Al ver esto, el fariseo que lo había invitado dijo para sí: Si este hombre fuera profeta, sabría quién es la que lo está tocando, y qué clase de mujer es: una pecadora (…) Luego se volvió hacia la mujer y le dijo a Simón:

—¿Ves a esta mujer? Cuando entré en tu casa, no me diste agua para los pies, pero ella me ha bañado los pies en lágrimas y me los ha secado con sus cabellos. Tú no me besaste, pero ella, desde que entré, no ha dejado de besarme los pies. Tú no me ungiste la cabeza con aceite, pero ella me ungió los pies con perfume. Por esto te digo: si ella ha amado mucho, es que sus muchos pecados le han sido perdonados. Pero a quien poco se le perdona, poco ama.[20]

Jesús le pregunta a Simón: "¿Ves a esta mujer?". Si yo tuviera que responder por Simón, diría que no, que no la vio. Oh, claro que sabía que estaba allí y sabía *quién* era y *qué* era también, pero en realidad nunca la vio. Jesús sí. Vio más allá de su aspecto natural y externo, del "envoltorio" que todos tenemos, y miró su corazón. Vio más allá de lo que era y de quién era, hacia *lo que podía llegar a ser*. Tal vez nadie más que Jesús hubiera tenido a María en tal alta estima, y por eso ella lo amaba.

Jesús reprochó a su anfitrión la falta de hospitalidad según las costumbres de la época: el agua para lavado de pies, el beso de saludo, el aceite para quitarse el polvo del camino. Pero todo eso era un añadido. No le importaban a Jesús las atenciones sociales. Le importaba el amor, la gratitud y la adoración. Lo que Simón no le había dado, María se lo había entregado en abundancia. Jesús quería que Simón entendiera que la cuestión no era la presencia o ausencia de acciones visibles o tradiciones sino la condición interna del corazón. A quien mucho se le ha perdonado, mucho amará. Y a los que se les perdona poco, aman poco. Simón era un fariseo religioso, y es posible que no se diera cuenta de que también él necesitaba ser perdonado, y que por eso tampoco tuviera conciencia del amor de Dios o la compasión para quienes según su opinión eran peores "pecadores" que él. Simón amaba poco a Jesús, y esto se hacía evidente en sus acciones (o inacciones).

¿EN QUÉ ES DIFERENTE MARÍA?

Ahora, el tema de María era muy distinto. Ella conocía la gravedad de su pasado de pecado y la profundidad del perdón que había recibido del Señor. Ahora estaba lista para darlo todo, hasta su propio ser, para derramarlo extravagantemente sobre Él, como lo había hecho con el perfume que había "desperdiciado", derramándolo sobre sus pies y cabeza, llenando la habitación con su aroma.

Nadie sabe con certeza cómo había vivido María hasta entonces, pero como "pecadora" o mujer de mala reputación tal vez supiera por conocimiento y experiencia cómo "atraer" o acercarse a un hombre. Tal vez supiera cómo peinarse, vestirse, perfumarse y cómo moverse y mirar para atraer las miradas de un hombre (y su dinero).

Esa noche en Betania, María puede haberse acercado a Jesús, un judío fuerte y viril de poco más de treinta años, de manera similar a la que lo había hecho con otros hombres, al menos en su *conducta visible*. Se acercó a Él, se soltó el cabello y le secó los pies. Por cierto, con tal reputación esta acción tiene que haberles parecido muy sensual a los presentes. Las acciones de María tal vez despertaran todo tipo de deseos y pensamientos en los corazones del hombre promedio entonces. Pero esta vez era diferente. María lo sabía, y también, Jesús.

Quizá muchos hombres hubieran tocado a María sexualmente, y la hubieran usado y hasta abusado de ella. Eran hombres que la deseaban, pero que no la amaban. Algunos de ellos tal vez estuvieran justamente en esa habitación conteniendo la respiración para ver qué sucedía. Pero esta vez sería diferente. Nadie había tocado a María como la tocó Jesús, en su ser más íntimo. Muchos hombres había mirado a María con lujuria, pero nadie la había mirado como la miró Jesús. Su mirada penetró hasta lo más profundo de su ser: a su dolor, su culpa, su vergüenza, su anhelo por conocer el verdadero amor. Todo esto encontró alivio y plenitud en Él. Y lo más importante es que Jesús vio que la belleza interior de María pujaba por surgir. La perdonó y la liberó. Cuando Jesús vio a María tal como era, María vio a Jesús como lo que era Él: Señor, Maestro, Salvador, el Amante de su alma. Y ya no tuvo ojos para nadie más.

DESPERDICIAR NUESTRA FRAGANCIA

Cuanto más camino con el Señor, tanto más veo que soy un gran pecador. Soy más consciente de lo mucho que me he alejado de Él y en ciertos aspectos, de lo muy alejado que sigo estando. Al mismo tiempo, cuanto más camino con Él, tanto más puedo ver lo accesible que es. Al ver más y más quiénes somos como pecadores y al reconocer la magnitud de lo que Cristo hizo por nosotros, tanto más se elevarán nuestros corazones, como el corazón de María de Betania. Nos encontraremos entonces diciendo: "Señor, quiero que mi vida sea una ofrenda derramada sobre ti".

Estoy cansado de la Iglesia aburrida y del cristianismo mundano. ¿Qué hay de usted? Por favor, sepa que si la Iglesia es aburrida y mundana la culpa es nuestra, porque la Iglesia somos nosotros. Cada uno de nosotros está todo lo cerca de Dios que queramos estar. Él está siempre allí, listo para atraernos hacia Él cada vez más. ¡Oh, cómo deseo derramar mi vida como ofrenda ante Él! En cuanto a mí y mi casa, ¡queremos desperdiciar nuestras vidas en Jesús! ¿Quiere unírsenos usted?

La revelación del perdón y la justicia que Cristo nos da por gracia da como resultado adoración auténtica, radical. Pero tenemos que aprender a estar quietos ante el Señor, a tomarnos el tiempo de permitir que las lágrimas de nuestros corazones se derramen sobre Él. Cada uno de nosotros tiene una fragancia única y preciosa que solo nosotros podemos "desperdiciar" en nuestro Mesías. Aquel a quien se le perdona mucho amará mucho. ¿Cuánto se le ha perdonado a usted? ¿Qué fragancia puede usted verter en honor del Rey de reyes? Hay quien podrá pensar que su fragancia "hiede". Y tal vez eso crea usted con respecto a mi fragancia. Lo único que importa es que tomemos lo que tenemos y lo "desperdiciemos" en el Señor. No importa lo que piensen los demás de nuestras fragancias, cuando las derramamos como ofrenda de amor a Dios, para su sentido del olfato se convierten en dulce incienso, no solo aceptable ¡sino muy deseado y anhelado!

LA PUERTA HACIA LA MAYOR INTIMIDAD

Esta ofrenda de "desperdiciar" nuestras vidas en Dios, y es esta una expresión que verá con frecuencia aquí como analogía del perfume derramado sobre Jesús, es la puerta a la mayor intimidad con Él. Es una práctica de estilo de vida que, en la Iglesia moderna "de la comida rápida", no se ve desde hace muchos años. Lentamente está comenzando a volver, porque hay creyentes hambrientos en todos los lugares del mundo y denominaciones y corrientes que empiezan a redescubrir esta llave perdida a la vida más simple, más profunda. El Señor está despertándonos y trayendo a la conciencia de su pueblo y a su memoria la práctica de la entrega. Levanta a una compañía de amigos, sociedad de los corazones rotos, pero agradecidos.

No se trata de una cuestión de sexos, o de teología, doctrinas o denominaciones. Se trata del corazón. De un corazón que rebosa de amor y gratitud por aquel que se derramó y "desperdició" sobre nosotros su divina fragancia. ¿Qué mejor "desperdicio" podría haber sino que *cuando todavía éramos pecadores, Cristo murió por nosotros"?*[21]

Dios está atrayendo y llamando a su pueblo a caminar con Él, más profundo, más centrado y no solo al patio interior sino hasta el Lugar Santísimo, ese lugar seguro, calmo, interno del que solamente Él tiene la llave. Aún así, nos da esa llave y nos invita a entrar. Jesús dijo: "*Pero tú, cuando te pongas a orar, entra en tu cuarto, cierra la puerta y ora a tu Padre, que está en lo secreto. Así tu Padre, que ve lo que se hace en secreto, te recompensará".*[22] Nuestras oraciones son bienvenidas y recibidas ante Él del mismo modo en que Jesús recibió con agrado las lágrimas de María que mojaron sus pies y el perfume que ungió su cuerpo para la sepultura. Al igual que María, se está levantando un pueblo de Dios cuyo principal objetivo será el de "desperdiciar" sus vidas en Él.

SOLTÉMONOS EL CABELLO

Hace poco estaba en una reunión con Thetus Tenney, la madre de Tommy Tenney. Thetus Tenney es una mujer cristiana, maravillosa, temerosa de Dios. Ahora sé por qué Tommy lleva la presencia de Dios como la lleva: tiene ancestros excelentes, no solo a su padre y abuelo sino también a su madre.

En esta ocasión, tuve una palabra profética en torno a Thetus Tenney. Como ha vivido durante tantos años en la tradición pentecostés, sigue peinando su cabello en un apretado y prolijo rodete.

Es bueno que le agrade alguien como yo, más desprolijo, porque de otro modo yo no podría haber hecho lo que hice. Había otras personas presentes, por lo que pude hacerlo con toda tranquilidad. Le dije: "Lo que voy a hacer no lo he hecho nunca antes y tal vez no vuelva a hacerlo, pero en este momento mi acción será profética". Entonces tomé su hebilla y le solté el precioso y largo cabello, ya con canas. Le llegaba casi a la cintura. Luego dije: "Dios va a desatar el nudo de la Iglesia y nos enseñará a soltarnos el cabello en su presencia. Seremos como María de Betania, y será un sacrificio que agradará a nuestro Mesías". A Thetus no le molestó esto porque ella también es una "María" que ha vertido su vida ante el Señor. Una de las claves para vivir la vida derramándola ante Dios es aprender a entrar en ese lugar de quietud y silencio. Es el lugar de meditación, lo que muchos escritores en la antigüedad han llamado oración contemplativa. Allí es donde la verdadera intimidad y comunión espiritual llegan a su plenitud.

INVITACIÓN A ENTRAR EN SU PRESENCIA.

Lo invito y desafío a iniciar conmigo un viaje hacia ese lugar interior, hacia la vida "desperdiciada" en Jesús. Es una invitación a unirse a la sociedad de los corazones rotos, de gente llena de gratitud, mansedumbre y fe, que han sentido la cálida mirada del Señor en su ser más íntimo y han oído sus palabras de afirmación: "Sabía que eras así, desde siempre". De esa mansedumbre, de ese quebranto, surgirá una fragancia que llenará la casa, la fragancia de la "adoración desperdiciada" con todo abandono, de la vida totalmente derramada ante Dios. Esa fragancia se elevará y llegará al cielo donde un día el Mesías se agradará en verterla de nuevo para ungir a su pueblo y atraerlo a sí, para llevar sanidad a las naciones. Entonces, todos podremos volver al lugar del niño pequeño, compuesto y dormido después de haber sido amamantado en el pecho del Señor.

El camino a la verdadera intimidad con Dios es un viaje hacia adentro, para llegar a su presencia por la entrada de la quietud del alma. Es un sendero estrecho, lejos del camino transitado, casi imperceptible e ignorado por la gran mayoría de los seres humanos que corren por la vida. Aunque no es fácil de encontrar, las riquezas y recompensas bien valen el esfuerzo. ¿Me acompaña? Partamos por el camino del sendero menos transitado. Mientras andamos, encontraremos a otros valientes exploradores que nos precedieron y nos refrescaremos en los manantiales de su sabiduría y entendimiento. ¡Qué la aventura que nos espera le despierte el apetito para "desperdiciar" su vida en Jesús!

PREGUNTAS PARA REFLEXIONAR

1. *¿Qué significa para usted la extravagante adoración?*

2. *¿Por qué criticaron a María de Betania los presentes cuando vieron que desperdiciaba los ahorros de su vida en el Señor?*

3. *¿Cómo responde Dios ante la adoración extravagante?*

LECTURAS RECOMENDADAS

- *The Ancient Language of Eden* [Antiguo idioma del Edén] de Don Milan (Destiny Image, 2003).
- *La Casa favorita de Dios*, de Tommy Tenney (Unilit, ISBN: 0789908239).
- *Worship: the pattern of things in heaven* [Adoración: el patrón de las cosas en el cielo] de Joseph Garlington (Destiny Image, 1997).
- *I AM: The Unveiling of God* [YO SOY, Dios quita su velo] de Steve Fry (Multnomah, 2000).

NOTAS

1. Génesis 3:8.
2. Juan 1:14.
3. Juan 14:2-4.
4. Juan 12:1-3.
5. Ver Juan 11:21-32.
6. Lucas 10:40-42.
7. Juan 12:3.
8. Mateo 26:6; Marcos 14:3.
9. Lucas 7:36, 39.
10. Lucas 7:37.
11. Mateo 26:7; Marcos 14:3.
12. Lucas 7:38; Juan 12:3.
13. Lucas 7:38.
14. Juan 12:4-8.
15. Marcos 14:4-9.
16. Mateo 26:8.
17. Aquí utilizo la palabra *religiosa* en el sentido del "espíritu de religión", la falsa espiritualidad que nada conoce de una relación personal con el Dios vivo sino solo la tradición vacía, las formas y el ritual. La gente "religiosa" en tal sentido son quienes en palabras del apóstol Pablo "Aparentarán ser piadosos, pero su conducta desmentirá el poder de la piedad" (2 Timoteo 3:5).
18. Juan 12:78.
19. Mateo 6:21.
20. Lucas 7:39, 44-47.
21. Romanos 5:8.
22. Mateo 6:6.

SEGUNDA PARTE

El silencio del alma:

ESPERAR A DIOS

La Madre Teresa de Calcuta dijo que es necesario que encontremos a Dios, quien no puede ser hallado en medio del bullicio y la falta de paz. Lamentablemente las almas de muchos cristianos están contaminadas por el ruido, y esto les impide esperar en Dios y encontrar los pacíficos lugares del refrescante reposo espiritual y los encuentros divinos. Thomas Merton escribió en su libro sobre la oración contemplativa: "Cristo solo viene en secreto a quienes han entrado en la cámara interior del corazón, cerrando la puerta detrás de sí".[1]

En 1845 Henry David Thoreau fue a vivir y trabajar a Walden Pond, donde permaneció durante dos años y llevó un diario de sus ideas y encuentros con la naturaleza y la soledad. Así como para Thoreau hubo un Walden Pond, fuente e inspiración para gran parte de sus escritos, también lo hay para usted. Tal vez no pueda tomarse dos años de su vida para vivir como ascético en los bosques de Nueva Inglaterra, pero el Padre le ayudará a encontrar un lugar dentro de usted que será tan real como el amado Walden para Thoreau.

En esta sección, apunto a ayudarle a encontrar ese lugar. Puedo garantizarle que allí está, esperándolo. Será su propio arroyo privado y calmo, que lo llevará a la espiritualidad más profunda que haya conocido. Junto a este tranquilo arroyo, aprenderá a meditar y pensar hacia adentro y encontrará el centro de la quietud al reflexionar en las promesas que nuestro Padre nos ha dado y que están a disposición de todos.

Cuando su corazón medite en esto, la luz descenderá para iluminar su oscuridad, habrá un banquete preparado para usted en presencia de sus enemigos y sanarán todas sus heridas y quebrantos.

Y finalmente descubrirá aquello por lo que ha orado siempre: la unión con Cristo, el gran objetivo de todos los que han viajado en este viaje interior.

Oh, Tú que eres mi quietud, mi profundo reposo
mi descanso de la lucha de lenguas, mi santa colina.

Amy Carmichael

NOTAS

1. Thomas Merton, *Contemplative Prayer* [Oración contemplativa] (New York: Doubleday, 196), p. 67.

CAPÍTULO 5

Por el sendero del silencio

MUCHO SE DICE hoy sobre el "río", esas manifestaciones externas de la presencia de Dios que surgen y rompen sobre su pueblo como olas que nos envuelven en refrescante amor divino. Me gusta el "río", tanto como a cualquiera. Es grandioso beber el agua del Señor, refrescarse y llenarse hasta rebosar con el Espíritu. Pero hay otra fuente de agua espiritual que me gusta tanto como ese "río" de Dios.

Crecí en un pequeño pueblito de Missouri, de menos de trescientos habitantes. Nací en casa, y el médico del pueblo asistió a mi madre, junto a la partera que vivía en nuestra misma calle. Cuando era muy pequeño, no teníamos tuberías de agua en la casa y buscábamos el agua de un pozo que tenía una bomba manual. Por muy caluroso que fuera el día, el agua siempre salía fresca, porque provenía de lo más profundo de la tierra. Tengo vívidos recuerdos de esa bomba de agua y del chorro de agua dadora de vida que salpicaba con fuerza al llenar el cubo.

Como cristianos nos parecemos mucho a los pozos de agua. Porque dentro de cada uno de nosotros hay una "habitación", un manantial, digamos, que contiene una inacabable provisión de "agua viva". Esa fuente es Dios. Y de este tipo de agua hablaba Jesús cuando le dijo a la samaritana junto al pozo de Jacob: "... *el que beba del agua que yo le daré, no volverá a tener sed jamás, sino que dentro de él esa agua se convertirá en un manantial del que brotará vida eterna*".[1] Cuando buscamos el agua de lo más profundo de nuestras almas, cuando "llenamos nuestros cubos", nos refrescamos, renovamos y revitalizamos no solo a nosotros mismos sino también a todos aquellos con quienes la compartimos.

El Señor nos dice en Isaías: *"Con alegría sacarán ustedes agua de las fuentes de la salvación"*.[2] El manantial o fuente de agua es un lugar desde donde fluye espontáneamente el agua que hay en lo profundo de la tierra. En Juan 7:38 Jesús profetizó que fluirían "ríos de agua viva" de los corazones de quienes creen en Él. Se refería al manantial del Espíritu Santo que les sería dado luego a sus discípulos. Hasta el río más grande tiene su origen en un manantial que parece poco importante.

DEBEMOS IR HACIA ADENTRO PARA PODER IR HACIA FUERA

Para mí el manantial es la imagen de la oración contemplativa. Cuando aquieto mi alma ante Dios, estoy bajando mi cubo hasta las profundidades de mi ser interior, donde Él lo llena con su agua viva. Luego, izo mi cubo para que su agua nutra mi espíritu y rebose para llegar también a los demás. Tengo que ir hacia adentro primero si quiero ir luego hacia fuera. Creo por experiencia que esto forma parte de lo que significa *"Cristo en ustedes, la esperanza de gloria"*.[3]

Cuando aprendemos a recurrir a este manantial espiritual interior de tranquilidad y contemplación en la presencia de nuestro Dios, descubrimos una fuente de paz, fuerza y estabilidad que el mundo no conoce. Este tema surge una y otra vez en Isaías:

- *"Al de carácter firme lo guardarás en perfecta paz, porque en ti confía."*[4]

- *"En el arrepentimiento y la calma está su salvación, en la serenidad y la confianza está su fuerza."*[5]

- *"¿Acaso no lo sabes? ¿Acaso no te has enterado? El Señor es el Dios eterno, creador de los confines de la tierra. No se cansa ni se fatiga, y su inteligencia es insondable. Él fortalece al cansado y acrecienta las fuerzas del débil. Aun los jóvenes se cansan, se fatigan, y los muchachos tropiezan y caen; pero los que confían en el SEÑOR renovarán sus fuerzas; volarán como las águilas: correrán y no se fatigarán, caminarán y no se cansarán."*[6]

La forma en que acudimos a esta fuente de vida interior, de paz, fuerza y confianza es aprendiendo a callar y esperar en el Señor. En otras palabras, necesitamos aprender a practicar la presencia de Dios en nuestras vidas cotidianas. Una de mis posturas favoritas para la oración es sentarme con una manta que cubra mi cabeza, para ayudarme a eliminar tantas distracciones internas como sea posible, aquietando mi espíritu y entrando en silenciosa comunión con el Dios que vive dentro de mí. Hay un lugar y un tiempo para las posturas agresivas en la guerra espiritual y la intercesión, pero he descubierto que mi efectividad para ir hacia fuera guarda directa proporción con mi capacidad de mantener una profunda posición devocional interior, como la de María.

Jesús les dijo a sus discípulos: *"En aquel día ustedes se darán cuenta de que yo estoy en mi Padre, y ustedes en mí, y yo en ustedes"*.[7] Aun cuando Jesús está sentado a la diestra del Padre, también reside, por medio del Espíritu Santo, en cada uno de los creyentes nacidos de nuevo. El Señor de gloria ha decidido habitar nuestras "vasijas de barro" para que de ellas pueda emanar la gloriosa luz de su presencia manifiesta. Al ir hacia adentro en creciente comunión con Él, aprendemos a convocar el agua viva que tenemos dentro y a liberarla en corriente que fluye hacia fuera para transformar vidas y naciones.

AL IR HACIA DENTRO, APRENDEMOS A QUE NUESTRAS MENTES PERMANEZCAN EN JESÚS

Martha Wing Robinson fue pionera en el movimiento pentecostal y conoció muy bien en lo personal este viaje hacia el interior. Fundó la *Zion Faith Home* [Hogar de la fe], en Zion Illinois, y se lo conocía como una mujer a través de quien la presencia de Dios brillaba radiante. Esto es lo que decía sobre "el viaje interior".

Cuando Jesús prepara vasijas para que lo amen, quiere que lo vean en todo momento, y si son sinceras, que vivan también cada momento. Al principio de tal experiencia, la mayoría del tiempo oran, alaban, esperan a Dios, están en comunión con Él y si están trabajando, pueden ver a Jesús en el alma. Luego, si crecen en esta experiencia y se convierten en vasijas para que Dios las use, comienzan a buscarlo más y más, y Él llega a ser mucho más para ellos, porque eso hace con todos los que lo buscan desde el corazón. Y además comienza a atraer sus pensamientos todo el tiempo, momento a momento, hacia Él, para que lo encuentren en el interior. Este es el inicio de la vida más profunda, de la vida interior.

Cuando se da este cambio, Dios entonces enseña, y si puede logra que lo entiendan por medio de maestros o de su luz, a "practicar la presencia de Dios", es decir a que sus mentes permanezcan en Jesús, que cada pensamiento, acción, palabra o sentimiento sean reclamados (es decir, llamados) por la voluntad de la vasija en el amor de Dios.

Pero todo esto requiere de atención. Muchas veces la mente vaga por allí, lejos de las cosas de Dios. Hay que regresar la mente a Dios. Las palabras que surgen que no son inspiradas por Él habrá que controlarlas tan pronto se las recuerden cuando buscamos dentro y le decimos a Jesús que es Él quien manda, entonces actuamos, pensamos y hablamos como lo haría Él, y Él nos cuida para ayudarnos a ser así.

También hay que vigilar y orar para estar en Dios, esperar en Dios, etc. Al vivir así durante un tiempo, se produce el cambio interior que permanecerá en quien decida vivir de este modo. Si uno permanece en esta humildad, reposo y fe de estar todo el tiempo en Dios, entonces el acto voluntario de habitar en Dios, ver a Dios, pensar en Dios y permanecer en Dios se logra por medio del Espíritu Santo, quien es el verdadero interior al que todo cristiano está llamado.[8]

DAVID, EL PASTOR-REY DE ISRAEL, CONOCÍA LA PRESENCIA DE DIOS

La práctica de la presencia de Dios, de habitar en Dios, de ver a Dios, pensar en Dios, todas esas descripciones de la oración contemplativa y de esperar en silencio ante el Señor eran conocidas para David, el pastor-rey de Israel. Sus salmos dan testimonio de ello. Me inspira y alienta siempre la vida y el ejemplo de David. Si alguien tan humano y con defectos como lo era David podía gozar de la íntima comunión con Dios, ¡hay esperanza para todos nosotros!

David cometió muchos errores: fue adúltero, asesino y padre menos que efectivo. Pero a pesar de estos defectos, fue un hombre de gran fe que amaba al Señor con todo su corazón.

Dios había elegido a David en reemplazo del desobediente Saúl para que reinara sobre Israel. Cuando Samuel confrontó a Saúl por su desobediencia, le dijo al rey: *"pero ahora te digo que tu reino no permanecerá. El* Señor *ya está buscando un hombre más de su agrado, pues tú no has cumplido su mandato".*[9] Ese hombre era David. La frase "más de su agrado" es una bellísima forma de describir a una persona que disfruta de una íntima relación con Dios. Y así era David.

De lo que podemos conocer de su vida a partir de Las Escrituras y de su corazón a partir de sus salmos, David parece haber tenido una relación personal con Dios mucho más profunda que la de otras personas en su época en términos de intimidad y entendimiento espiritual. Una pequeña muestra de los Salmos revela el poder y la calidad de esta relación desde la perspectiva de David.

Por la mañana, Señor, escuchas mi clamor; por la mañana te presento mis ruegos, y quedo a la espera de tu respuesta.[10]

Señor, hazme conocer tus caminos; muéstrame tus sendas. Encamíname en tu verdad, ¡enséñame! Tú eres mi Dios y Salvador.[11]

Una sola cosa le pido al Señor, y es lo único que persigo: habitar en la casa del Señor todos los días de mi vida, para contemplar la hermosura del Señor y recrearme en su templo.[12]

Bendeciré al Señor en todo tiempo; mis labios siempre lo alabarán (...) Engrandezcan al Señor conmigo; exaltemos a una su nombre. Busqué al Señor, y él me respodió; me libró de todos mis temores. Radiantes están los que a él acuden; jamás su rostro se cubre de vergüenza. Este pobre clamó, y el Señor le oyó y lo libró de todas sus angustias. El ángel del SEÑOR acampa en torno a los que le temen; a su lado está para librarlos. Prueben y vean que el SEÑOR es bueno; dichosos los que en él se refugian.[13]

Pero Dios es mi socorro; el SEÑOR es quien me sostiene.[14]

Porque tú eres mi refugio, mi baluarte contra el enemigo. Anhelo habitar en tu casa para siempre y refugiarme debajo de tus alas.[15]

Sólo en Dios halla descanso mi alma; de él viene mi salvación.[16]

Oh Dios, tú eres mi Dios; yo te busco intensamente. Mi alma tiene sed de ti; todo mi ser te anhela, cual tierra seca, extenuada y sedienta (...) Tu amor es mejor que la vida; por eso mis labios te alabarán (...) En mi lecho me acuerdo de ti; pienso en ti toda la noche.[17]

Instrúyeme, SEÑOR, en tu camino para conducirme con fidelidad. Dame integridad de corazón para temer tu nombre.[18]

SEÑOR, tú me examinas, tú me conoces. Sabes cuándo me siento y cuándo me levanto; aun a la distancia me lees el pensamiento. Mis trajines y descansos los conoces; todos mis caminos te son familiares (...) ¡Cuán preciosos, oh Dios, me son tus pensamientos! ¡Cuán inmensa es la suma de ellos! (...) Examíname, oh Dios, y sondea mi corazón; ponme a prueba y sondea mis pensamientos. Fíjate si voy por mal camino, y guíame por el camino eterno.[19]

Traigo a la memoria los tiempos de antaño: medito en todas tus proezas, considero las obras de tus manos. Hacia ti extiendo las manos; me haces falta, como el agua a la tierra seca.[20]

Se hablará del esplendor de tu gloria y majestad, y yo meditaré en tus obras maravillosas.[21]

DAVID CONOCÍA EL GOZO DEL ÍNTIMO
AMOR CON SU PASTOR

Sin duda alguna, el Salmo 23 es la obra maestra de todas las imágenes verbales que cuelgan en la galería de los retratos que David pintó sobre su relación con Dios. Durante casi 3000 años, este salmo ha dado ánimo al que vive, fortalecido al que está próximo a morir, y dado consuelo al que sufre. Aunque para todas estas ocasiones es por supuesto muy adecuado, pienso que lo es todavía más si vemos este salmo como retrato de nuestra vida con Dios en el aquí y el ahora. David vivía en íntima relación de amor con Dios. Esa relación surgió de la práctica cotidiana durante toda una vida de adoración, oración y quieta contemplación, que David aprendió durante las largas noches en los campos cercanos a Belén cuando cuidaba las ovejas de su padre. El vínculo entre el Pastor y sus ovejas, que David describe en el Salmo 23, es una bellísima imagen del amor y la confianza que existe entre el Señor y quienes Él llama a su lado. Para David, era una descripción de su propia vida, "desperdiciada" con ansias en la adoración y devoción al Amante y Bienhechor de su alma.

"El Señor es mi pastor, nada me falta". Desde el comienzo mismo, David declara con claridad y sencillez cuál es la naturaleza de esta relación. El Señor es su pastor, y de ello no hay duda alguna. Aquel que había sido pastor de ovejas ahora escribe desde la perspectiva de la oveja. En el plano natural, las ovejas dependen por completo de su pastor en términos de alimentos, agua, refugio, seguridad y hasta de su vida misma.

Básicamente son criaturas indefensas, necesitadas. En el plano espiritual, los seres humanos dependemos de Dios y somos tan indefensos como las ovejas con respecto a su pastor. Y en muchos aspectos, también somos igual de necesitados porque muchos no llegamos a reconocer o admitir lo dependientes que somos del Señor para todo.

Esta es también una declaración de propiedad. Porque si el Señor es nuestro pastor, eso significa que somos suyos. Él nos ha comprado, pagando un precio. El décimo capítulo de Juan pinta a Jesús como "buen pastor" que da su vida por sus ovejas. [22] Nos compró con su sangre y ahora somos suyos. Este hecho de divina propiedad fue fuente de gran gozo y confianza para David, como debiera serlo también para nosotros. El gran predicador inglés Charles Spurgeon lo expresó diciendo:

> David (...) se compara con una criatura débil, indefensa y tonta, y afirma que Dios es quien provee para él, lo preserva, lo dirige y de hecho, es su todo. Nadie tiene derecho a considerarse oveja del Señor a menos que haya sido renovada su naturaleza porque la descripción bíblica de quienes no son conversos los pinta no como ovejas sino como lobos o cabras. La oveja es un animal doméstico, con dueño. No es un animal salvaje. Su propietario la valora y con frecuencia paga un alto precio por ella. Está bien saber, como lo sabía David, que pertenecemos al Señor. Hay un noble tono de confianza en esta frase. No hay un "si" o un "pero", y ni siquiera hay un "ojalá". Solo la afirmación confiada: "El Señor es mi pastor".[23]

Phillip Keller, en su clásico devocional *El Señor es mi Pastor,* escribe: "David (...) hablaba con un fuerte sentido de orgullo, devoción y admiración. Era como si se jactara en voz alta diciendo: 'Vean quién es mi pastor, mi dueño, mi auspiciante. ¡Es el Señor!'".[24] Es cuando estamos en ese tranquilo y callado lugar de comunión con Dios, espíritu con Espíritu, que *"El Espíritu mismo le asegura a nuestro espíritu que somos hijos de Dios".*[25]

David sabía que con el Señor como pastor, no le faltaría nada, por lo que podía decir con toda confianza: *"Nada me falta".* Ya sea en lo temporal o lo espiritual, toda necesidad que tengamos será satisfecha por nuestro Pastor, el gran Amante de nuestras almas, si confiamos en Él. Phillip Keller dice que la palabra *falta* aquí tiene un significado más amplio que la mera indicación de supervivencia. También implica "pleno contento al cuidado del Buen Pastor, y en consecuencia, no desear nada más".[26] Nuestro Pastor nos da mucho más que solo lo básico. Se da a sí mismo. Y cuando el Señor es nuestro pastor, nos llena con su presencia y satisface nuestros más profundos anhelos y deseos para que ya no queramos nada más ni necesitemos a nadie más que a Él. Nos satisface porque, como dijo alguien ya hace años, solamente Él llena ese "hueco con forma de Dios" que todos tenemos dentro.

Al sentarnos y esperar al Señor en la quietud del alma, una de las cosas que Él nos enseña es que cuando lo tenemos, lo tenemos *todo*. Punto final. No necesitamos nada más. Nadie más puede satisfacernos por completo, en cuerpo, alma y espíritu, como puede hacerlo Dios. Aprendí algo hace ya mucho de algunos de los más veteranos en el andar con el Señor, que es que cuanto más avanzamos en Cristo más sencillos nos volvemos y más claro se hace nuestro enfoque en que Jesús lo es todo. La verdad más profunda pero más simple de toda La Biblia es Jesucristo, crucificado y resucitado. Eso lo dice todo. Él es todo. Jesús es nuestro todo. En Él estamos completos. Nos cuesta entenderlo, o creerlo de verdad, hasta que aprendemos a separarnos mental y emocionalmente de las atracciones y distracciones del mundo. Cuando el Señor nos llama a ese lugar quieto donde podemos oír su "voz suave y tranquila", entonces lo sabemos, sin duda alguna. Sabemos que Él es todo lo que necesitamos. Es en ese lugar donde Dios nos "arruina" y donde queremos "desperdiciar" nuestra vida en Él.

DAVID CONOCÍA EL LUGAR DE VERDES PASTOS Y TRANQUILAS AGUAS.

"En verdes pastos me hace descansar. Junto a tranquilas aguas me conduce". Como pastor David conocía muy bien lo importante que es ofrecer a los rebaños abundante forraje y agua limpia y fresca. Las ovejas viven mejor en climas secos y semiáridos, pero necesitan igualmente "verdes pastos" y "tranquilas aguas", un tanto difíciles de conseguir en tales entornos. Es responsabilidad del pastor conocer dónde están esos lugares y llevar a sus ovejas hasta allí, velando por su seguridad. Como oveja del Buen Pastor David, expresaba total confianza y contento en la provisión y el cuidado de su Pastor. Es una confianza que nace de la íntima amistad.

Hay tras las palabras de David mucho más de lo que se ve. Llevar a las ovejas a los verdes pastos requiere de paciencia y constante atención por parte del pastor. Phillip Keller nos explica algo interesante en cuanto a las peculiares necesidades de las ovejas:

> Lo raro de la oveja es que por su contextura misma es casi imposible que se echen, a menos que se cumpla con cuatro requisitos:

Porque son tímidas, no se echarán a menos que estén plenamente tranquilas y sin miedo.

Por su conducta social en el rebaño una oveja no se echará a menos que no haya fricción entre las que conforman el grupo.

Si la molestan moscas o parásitos, la oveja no se echará. Solo si está libre de pestes podrá descansar.

Y por último, las ovejas no se echan si sienten hambre. Tienen que estar satisfechas.

Es importante que para poder descansar necesiten estar libres de miedo, tensión, molestias y hambre. El aspecto particular de esta imagen es que solo el pastor puede brindarles alivio de todas estas ansiedades. Todo depende de la diligencia del dueño para que su rebaño esté libre de influencias perturbadoras.[27]

LOS BENEFICIOS

Las "perturbadoras influencias" de "miedo, tensiones, molestias y hambre" desaparecen cuando al esperar en la quietud de nuestro espíritu contemplamos el rostro y carácter de nuestro Pastor, Amante de nuestras almas. Él nos lleva a los verdes y nutritivos pastos de su Palabra y a las aguas tranquilas de su Espíritu, donde hallamos reposo para el alma. En ese lugar, Él nos fortalece y reconforta y nos baña con su amor, no solo por nuestro bien sino también por el suyo para que podamos sentirnos renovados y equipados para traer a otras ovejas a su rebaño.

Charles Spurgeon, por cierto bien versado en los caminos de su Pastor, escribió:

La vida cristiana tiene dos elementos: el contemplativo y el activo, y para ambos tenemos amplia provisión. Ante todo, en el aspecto contemplativo, "en verdes pastos me hace descansar". ¿Qué son estos verdes pastos sino las Escrituras de verdad, siempre frescas, siempre ricas, inacabables? (...) Dulces y plenas son las doctrinas del evangelio, alimento para el alma, como el pasto tierno lo es para las ovejas. Cuando por fe podemos encontrar reposo en las promesas somos como las ovejas que se echan en medio del pasto.

La segunda parte de la vida cristiana vigorosa consiste en la actividad en gracia. No solamente pensamos, sino que actuamos también. No siempre nos echamos a comer, sino que viajamos hacia la perfección y por eso leemos "junto a tranquilas aguas me conduce". ¿Qué son estas tranquilas aguas sino las influencias y gracias de su bendito Espíritu? Su Espíritu nos atiende en diversas operaciones, como las aguas, en plural: para lavarnos, refrescarnos, fertilizarnos, atesorarnos. Son "aguas tranquilas", porque el Espíritu Santo ama la paz y no hace sonar trompeta de ostentación cuando obra...

"En sagrado silencio de la mente
mi cielo y allí mi Dios encuentro"...

Las aguas tranquilas son las más profundas (...) Es un silencio de oro en verdad, donde el Espíritu Santo se encuentra con las almas de sus santos. No son las aguas turbulentas de la lucha sino los pacíficos arroyos del amor santo donde el Espíritu de Dios lleva a las ovejas escogidas (...) Nuestro Señor nos conduce junto a estas "tranquilas aguas" donde no podríamos ir por nuestros propios medios. Necesitamos que Él nos guíe, y por eso dice "me conduce".[28]

Así como Marta se afanaba sirviendo y María escuchaba en silencio, y ambas agradaban al Señor,[29] la contemplación y la acción son las dos caras de la misma moneda. La vida cristiana saludable necesita de ambas. Nathanael Hardy, un estudioso de La Biblia perteneciente a una generación anterior a la nuestra, escribió: "María sentada escuchando y Marta sirviendo la comida son los emblemas de la contemplación y la acción, y al habitar en una casa, muestran qué ha de habitar nuestros corazones".[30] La contemplación es *hacia dentro*, y la acción, *hacia fuera*. La contemplación hacia dentro que no surge en acción externa se estanca y pierda vida, como el agua del Mar Muerto, porque no tiene salida. Por otro lado, la acción externa que no se ve precedida por la contemplación interna no tendrá revelación.

La quietud es la incubadora del Espíritu de revelación. ¿Quiere oír mejor a Dios? ¿Quiere entrar en comunión con Él más a menudo? Entonces confíe en el Buen Pastor y échese en sus verdes pastos, y descanse junto a sus tranquilas aguas.

NUNCA DESCANSAREMOS HASTA ENCONTRAR NUESTRO REPOSO EN DIOS

Sentarse junto a un tranquilo arroyo es una de las mejores medicinas en esta sociedad vertiginosa de microondas y diversas ocupaciones. La sencillez y la soledad son artes perdidos en nuestra cultura, aun entre los cristianos, y es esta una de las razones por las que tantos creyentes se quejan de que Dios les parece tan distante, tan poco real. Necesitamos renovado énfasis en esta faceta de nuestra vida espiritual. Es hora de redescubrir el poder de la contemplación, de volver a las tranquilas aguas y dejar que el Buen Pastor restaure nuestras almas.

¿Ha salido a caminar y luego se sentó junto a un arroyo cristalino? Lo que hará enseguida es quitarse los zapatos para meter los pies en el agua fresca y limpia. Al principio tal vez le parezca que el agua está muy fría, pero después de un rato, no solo se acostumbra a la temperatura sino que siente que el agua le alivia las plantas de los pies. Es más que "un momento Kodak". Puede ser una verdadera experiencia de vida.

Sí, Dios nos conduce junto a las aguas tranquilas. Es allí donde restaura nuestras almas. ¿Necesita un descanso? Entonces, pulse el botón de pausa durante un momento y sumerja su alma en el océano del amor de Dios, y descanse allí un rato. Luego se sentirá renovado para levantarse y seguir en la próxima etapa del viaje.

DESCANSO: EL PASAJE A LA INTIMIDAD

La vida de David estuvo llena de montañas y valles, altibajos en su historia. Pecó, y mucho, pero más grande fue el perdón que recibió. Casi siempre gobernó bien y con sabiduría, pero en ocasiones demostró gran necedad. Sufrió a causa de la familia disfuncional que formó, de la división, las intrigas, la rebeldía y la tragedia, pero en el trono le sucedió un amado hijo que fue el hombre más sabio que haya existido. Y todo el tiempo, el corazón de David permaneció firme en su Pastor, el Amante de su alma, que lo había llamado de los campos de su padre para ser "pastor" de la nación de Israel.

Como resultado David disfrutaba de una intimidad y comunión con Dios como nadie más conocía en su momento.

¿Qué significaba todo esto para David? ¿Cómo se sentía respecto de su relación con Dios? Creo que una de sus mejores descripciones está en el Salmo 16:

> Tú, Señor, eres mi porción y mi copa; eres tú quien ha afirmado mi suerte. Bellos lugares me han tocado en suerte; ¡preciosa herencia me ha correspondido! Bendeciré al Señor, que me aconseja; aun de noche me reprende mi conciencia. Siempre tengo presente al Señor; con él a mi derecha, nada me hará caer. Por eso mi corazón se alegra, y se regocijan mis entrañas; todo mi ser se llena de confianza. No dejarás que mi vida termine en el sepulcro; no permitirás que sufra corrupción tu siervo fiel. Me has dado a conocer la senda de la vida; me llenarás de alegría en tu presencia, y de dicha eterna a tu derecha.[31]

Le pregunté una vez a mi buen amigo Mahesh Chavda: "Mahesh, sé que oyes la voz del Espíritu de Dios. ¿Cómo llega a ti? ¿Cómo es?". Sonrió y me dijo: "Jim, cuanto más me acerco a Él, más suave es su voz".

Es cierto. Cuanto más nos acercamos al Señor, tanto más suave se hace su voz. Cuanto más aprendemos a escuchar, más fácil es oírlo hablar. Es siempre un camino de fe. A veces podemos sentir que no sucede nada, pero en realidad estamos empapándonos de su presencia. Entonces, cuando menos lo esperamos, y cuando Dios lo decide, Él "abre la válvula", y a borbotones fluye entonces la bendición y la gloria, tanta como no imaginamos que podría haber allí.

Pienso que David lo resumió bien cuando escribió: "*Guarda silencio ante el Señor y espera en él con paciencia (...) Refrena tu enojo, abandona la ira; no te irrites, pues esto conduce al mal (...) Pero los desposeídos heredarán la tierra y disfrutarán de gran bienestar*".[32]

Dios nos creó para que tengamos una relación íntima con Él y jamás estaremos satisfechos con menos que eso. David lo sabía y por eso amó y buscó a Dios con todo su corazón. El Señor nos ha llamado a hacer lo mismo. Es nuestro propósito y nuestro destino y tal vez nadie lo definió mejor que San Agustín:

"¡Oh Dios! Nos creaste para Ti y nuestras almas no descansan buscándote, hasta encontrar reposo al encontrarte".[33]

Jesús lo dijo así: *"Las zorras tienen madrigueras y las aves tienen nidos (...) pero el Hijo del hombre no tiene dónde recostar la cabeza"*.[34] Es verdad. Jamás encontraremos reposo de verdad hasta que encontremos a Dios y descansemos en Él. Pero hay otra verdad también. Hemos de ser nosotros el lugar donde reposa Dios.

Venga a caminar conmigo junto a las tranquilas aguas y démosle a Dios un lugar donde pueda descansar su cabeza: ¡sobre sus amados!

PREGUNTAS PARA LA REFLEXIÓN.

1. *¿Alguna vez metió los pies cansados en un arroyo o lago de agua fresca? ¿Qué sintió?*

2. *Cuando ora, ¿cómo maneja las distracciones?*

3. *¿Qué quiso decir Jesús al afirmar: "De su interior fluirán ríos de agua viva?".*

LECTURAS RECOMENDADAS

- *El Señor es mi pastor,* Phillip Keller (Ed. Vida, 2005).

- *Consecrated Contemplative Prayer* [Oración contemplativa consagrada], de James W. Goll (Ministry to the Nations, 2000).

- *Enjoying the Presence of God* [Disfrutemos de la presencia de Dios], de Martin Lloyd-Jones (Servant, 1991).

NOTAS

1. Juan 4:14.
2. Isaías 12:3.
3. Colosenses 1:27.
4. Isaías 26:3.
5. Isaías 30:15.
6. Isaías 40:28-31.
7. Juan 14:20.
8. De una enseñanza en *Zion Faith Home*, Zion, Illinois.
9. 1 Samuel 13:14.
10. Salmo 5:3.
11. Salmo 25:4-5.
12. Salmo 27:4.
13. Salmo 34:1, 3-8.
14. Salmo 54:4.
15. Salmo 61:3-4.
16. Salmo 62:1.
17. Salmo 63:1, 3, 6.
18. Salmo 86:11.
19. Salmo 139:1-3, 17, 23-24.
20. Salmo 143:5-6.
21. Salmo 145:4-5.
22. Juan 10:11.
23. Charles H. Spurgeon, *El Tesoro de David*, Vol. 1. (Ed. Clie, 2003).
24. Phillip Keller, *El Señor es mi pastor*, (Ed. Vida, 2005).
25. Romanos 8:16.
26. Keller, *El Señor es mi pastor.*
27. Ibíd.
28. Spurgeon, *El tesoro de David.*
29. Lucas 10:3842.
30. Nathanael Hardy, citado por Spurgeon en *El tesoro de David.*
31. Salmo 16:511.
32. Salmo 37:7, 8, 11.
33. San Agustín, citado por Keller en *El Señor es mi pastor.*
34. Mateo 8:20.

CAPÍTULO 6

El centro del silencio

EL HURACÁN ES una de las fuerzas naturales más peligrosas y destructivas que existen. Las lluvias torrenciales, acompañadas de ráfagas de viento que pueden alcanzar más de 120 km por hora suelen devastar a su paso islas enteras y regiones costeras. La cantidad de muertos horroriza. En 1900 un huracán azotó la comunidad isleña de Galveston, Texas, destrozando casi toda la isla. Unos 10.000 o más habitantes de Galveston fueron arrasados por la inesperada catástrofe.

Una de las particularidades del huracán es su ojo, el centro de calma en torno al cual rotan las lluvias y los vientos. Muchas personas que han sufrido la tragedia de un huracán describen el ojo como un período de ominosa calma. Los vientos se calman, y la tormenta se aplaca, en tanto el cielo se despeja, y durante horas hay tranquilidad hasta que llega el revés de la tormenta que alimenta nuevamente al viento y la lluvia en dirección opuesta a la fase anterior.

Así como en el plano natural hay un ojo de calma, un centro de quietud en medio de todo huracán, lo mismo sucede en el plano del Espíritu. Hay un refugio al que podemos acudir para refugiarnos de las tormentas y presiones de la vida. Así como había en el tabernáculo de Moisés un progreso del patio exterior al Lugar Santísimo, lo hay dentro de cada creyente a través de las tempestades de la vida, hacia un lugar de quieta comunión en el Espíritu. Ese es el lugar donde habita Dios, y en Él hay perfecta paz.

Pero ¿cómo llegamos allí? ¿Cómo pasamos por el torbellino de nuestras mentes y la actividad de nuestras ajetreadas vidas, para entrar en el centro de quietud? Ya me he referido a esto al pasar en capítulos anteriores, pero aquí quisiera hablar de algunos de los aspectos prácticos del proceso. Aunque en última instancia, es el Señor quien a través de su Espíritu nos atrae al centro de quietud con Él, hay ciertas cosas específicas que podemos hacer para prepararnos física y mentalmente para entrar en el estado de contemplación.

HAY CINCO INGREDIENTES ESENCIALES EN EL ESTADO DE CONTEMPLACIÓN-MEDITACIÓN

En su maravilloso libro *How to Hear God's Voice*, Mark y Patti Virkler ofrecen consejos prácticos para que aprendamos a entrar en estado de meditación. Son consejos que atañen a los aspectos de la preparación física, mental y espiritual.

Los cinco ingredientes principales del estado de contemplación o meditación son la calma física, la atención centrada, el dejar ir todo lo que nos preocupa, la receptividad y el fluir espontáneo. Lo contrario a estas características es: tensión física, distracción, excesivo control, actividad y pensamiento analítico...

Las Escrituras nos mandan a meditar y por eso también nos aconsejan tomar en cuenta estos elementos que conforman la preparación para tal estado.[1]

El primer ingrediente es la *calma física*.[2] "*Por consiguiente, queda todavía un reposo especial para el pueblo de Dios; porque el que entra en el reposo de Dios descansa también de sus obras, así como Dios descansó de las suyas. Esforcémonos, pues, por entrar en ese reposo, para que nadie caiga al seguir aquel ejemplo de desobediencia*".[3] "*¿Y a quiénes juró Dios que jamás entrarían en su reposo, sino a los que desobedecieron? Como podemos ver, no pudieron entrar por causa de su incredulidad*".[4] Entrar en el reposo de Dios requiere de fe y obediencia. La calma física es un inicio importante, que no se dará automáticamente sino a partir de nuestra decisión deliberada. Entre las características de este estado, se cuentan: el ritmo cardíaco firme y relajado, el ritmo respiratorio calmo, los músculos relajados y la falta de tensión.

La *atención centrada* es el siguiente elemento en el estado de contemplación. *"Por tanto, también nosotros (...) despojémonos del lastre que nos estorba, (...) del pecado que nos asedia, (...) Fijemos la mirada en Jesús, el iniciador y perfeccionador de nuestra fe".*[5] *"Ciertamente les aseguro que el hijo no puede hacer nada por su propia cuenta, sino solamente lo que ve que su padre hace, porque cualquier cosa que hace el padre, la hace también el hijo".*[6] Hemos de fijar la mirada de nuestro corazón firmemente en Jesucristo, Amante de nuestras almas. Las características de la atención centrada incluyen: pensamientos ordenados, mente clara, enfocada y que no se distrae con facilidad, y claras prioridades y objetivos.

El tercer componente del estado contemplativo es el de *dejar ir toda preocupación*. *"Quédense quietos, reconozcan que yo soy Dios".*[7] *"No se inquieten por nada; más bien, en toda ocasión, con oración y ruego, presenten sus peticiones a Dios y denle gracias. Y la paz de Dios, que sobrepasa todo entendimiento, cuidará sus corazones y sus pensamientos en Cristo Jesús".*[8] Entre las características de este dejar atrás las preocupaciones, se incluyen el no dejarse llevar por nuestros deseos, el poder apartar de la mente problemas o situaciones sobre los que no tenemos control directo o inmediato, y el ser pacientes.

La *receptividad* es el cuarto elemento en la postura contemplativa. *"Permanezcan en mí, y yo permaneceré en ustedes. Así como ninguna rama puede dar fruto por sí misma, sino que tiene que permanecer en la vid, así tampoco ustedes pueden dar fruto si no permanecen en mí. Yo soy la vid y ustedes son las ramas. El que permanece en mí, como yo en él, dará mucho fruto; separados de mí no pueden ustedes hacer nada".*[9] La única forma en que podemos ser y seguir siendo receptivos al Señor es permaneciendo "pegados" a Él. Las cualidades de la receptividad incluyen la conciencia de Dios que fluye en nosotros, el reconocimiento de que toda nuestra capacidad, fuerza, sabiduría y entendimiento vienen de Dios, y el sentido de total dependencia del Espíritu Santo en la vida cotidiana.

El ingrediente final en el estado meditativo es el *fluir espontáneo*. *"De aquel que cree en mí, como dice la Escritura, brotarán ríos de agua viva. Con esto se refería al Espíritu que habrían de recibir más tarde los que creyeran en él".*[10] Este río de agua viva tiene su origen en Dios mismo pero fluirá espontáneamente desde adentro de nosotros tal como el río natural fluye espontáneamente del manantial. Las características del fluir espontáneo incluyen la sensibilidad y disposición a seguir los llamados interiores, la conciencia de la expresión creativa que fluye desde dentro y el sentirse incómodo viviendo en "cajas".

Dios ha puesto un río de agua viva –su Espíritu– dentro de cada uno de nosotros. Él quiere que ese río surja desde nuestro interior aún más de lo que lo deseamos nosotros. La forma en que llegamos a ese río es entrando en el centro de quietud. Allí podemos orar por que del manantial surja no un arroyuelo, sino un torrente de agua viva de modo que podamos ser un jardín bien regado y un pozo refrescante donde otros puedan venir a renovarse en el fluir dador de vida del Señor.

LA ORACIÓN SIGNIFICA HACERSE AMIGO DE DIOS

Toda amistad que se va formando pasará por varias etapas. Lo mismo sucede cuando formamos amistad con Dios. Avanzamos a niveles cada vez más elevados y profundos hacia el objetivo de la perfecta unión con Cristo. Este era el tema principal de *El Castillo Interior* de santa Teresa de Ávila.

Tal vez podríamos definirlo como "dos amantes que comparten".[11] Si esta frase le parece demasiado íntima, tal vez sea porque todavía nos cuesta pensar en Dios en términos personales, o considerar nuestra relación con Él como relación amorosa. Muchos cristianos no sienten que Dios los ama *de veras*. Si es usted uno de ellos, permítame asegurarle que en realidad sucede todo lo contrario. Dios lo ama mucho más de lo que puede usted abarcar con su comprensión. Su amor por todos nosotros no conoce límites.

¡Una de las glorias del Cielo será la oportunidad de pasar una eternidad conociendo el amor eterno de nuestro eterno Dios!

Mientras tanto tenemos la oportunidad aquí en la tierra de *hacernos amigos* de Dios. Hay quienes han identificado cinco etapas de la amistad[12] que se cumplen sea en términos de las relaciones humanas como en los de nuestra relación con Dios. La primera etapa es la *informal*, en que hablamos de cosas en general: deportes, el clima, pasatiempos, política, etc.

Se trata de un diálogo básicamente superficial, pero que echa las bases para una relación más profunda. La segunda etapa es la del *comienzo de la confianza*, donde empezamos a hablar de nuestros sentimientos y pensamientos personales. A medida que avanza la amistad, pasamos a la tercera etapa de la *confianza profunda*. Este es el nivel en que hablamos de nuestros sueños, errores y frustraciones. La amistad ha crecido al punto en que podemos contarle a nuestro Amigo cuáles son nuestros puntos vulnerables. En la cuarta etapa, entramos en la *verdadera intimidad* por primera vez, y nos sentamos en silencio con nuestro Amigo, sintiendo su Presencia más allá de las palabras. La última etapa es la *unión*, en que nos hacemos uno solo con nuestro Amigo, sintiendo lo mismo que Él y actuando como Él actúa.

Jesús dijo: *"Ya no los llamo siervos, porque el siervo no está al tanto de lo que hace su amo; los he llamado amigos, porque todo lo que a mi Padre le oí decir se lo he dado a conocer a ustedes"*.[13] ¡Qué maravillosa bendición y privilegio es que el Señor nos llame amigos! Llegamos a conocer a nuestro Amigo a través de la oración. Mark y Patti Virkler dicen: "La oración no es hacer algo sino estar con Alguien hasta llegar a ser uno con Él, hasta llegar a ser la expresión de Jesús".[14]

La oración también se describe como deseo expresado. En cada petición, en cada intercesión, en cada ruego y al recordarle a Dios su Palabra, estemos seguros de "dar a conocer a Dios nuestros pedidos", expresando nuestro deseo de una amistad más grande con Él.

En todo momento, debemos seguir tomados de la mano de Dios, siempre hacia Él, en tanto nuestra fe se extiende hacia los demás. Esto significa que cuando nos aferramos a la mano de Dios en amistad, tenemos seguridad, poder y confianza para ir adelante en las expresiones externas del ministerio.

JESÚS CONOCÍA EL VALOR DE LA SOLEDAD

"Oración de Reposo". Esta es otra de las formas de referirnos a ese centro de quietud. Hay tres prácticas bien conocidas que podemos seguir para llegar a la Oración de Reposo: la soledad, el silencio y el recogimiento. Muchas personas evitan la soledad porque temen estar a solas. Puede ser que hayan descubierto que cuando están a solas y en silencio todos sus miedos y dudas surgen a la superficie con furia, gritando su angustia. Tal vez los perturbe una conciencia intranquila que los condena cuando están a solas. Esa soledad amplía su conciencia de estar separados de Dios o les muestra lo vacías que son sus vidas. Sea cual fuere la razón, la soledad les incomoda.

Creo que en la Iglesia necesitamos redescubrir los beneficios espirituales de la soledad. Proponernos pasar tiempo a solas para estar con Dios no solo es saludable para nuestras almas, sino que también es bíblico. Jesús enseñó la soledad, de palabra y con su ejemplo: *"Muy de madrugada, cuando todavía estaba oscuro, Jesús se levantó, salió de la casa y se fue a un lugar solitario, donde se puso a orar."*[15]

En su libro *A center of quiet: hearing God when life is noisy* [Centro de quietud: cómo oír a Dios en medio del ruido de la vida], el sacerdote anglicano David Runcorn declara:

Él (Jesús) hacía del silencio y la soledad sus compañeros especiales. Cada vez que se sentía exigido buscaba un momento y lugar donde estar a solas. Su ministerio y enseñar a las multitudes siempre se intercalaban con estos momentos en que se retiraba a solas. Antes de cada uno de los sucesos importantes de su vida, lo encontramos preparándose en soledad. Su mi misterio comenzó en el desierto (Mateo 4:1-11). Eligió a sus discípulos luego de pasar una noche en oración, a solas (Lucas 6:12). Cuando murió Juan el Bautista, Jesús pasó tiempo en soledad (Mateo 14:13). Antes de la gloria de la transfiguración y la oscuridad de la cruz, lo encontramos a solas, en oración (Mateo 17:1-9; 26:36-46). En esos lugares solitarios, los profundos manantiales de la vida del Espíritu lo revivían, la voluntad del Padre lo fortalecía y el amor del Padre lo inspiraba.

Les enseñó a los discípulos a hacer lo mismo. Luego de un período intenso de enseñar y ministrar, les dijo: "Vengan conmigo ustedes solos a un lugar tranquilo y descansen un poco. Así que se fueron solos en la barca a un lugar solitario" (Marcos 6:31-32). [16]

TODOS NECESITAMOS UN TIEMPO A SOLAS CON DIOS

Jesús también promovió la soledad como mandamiento:

> *"Pero tú, cuando te pongas a orar, entra en tu cuarto, cierra la puerta y ora a tu Padre, que está en lo secreto. Así tu Padre, que ve lo que se hace en secreto, te recompensará".*[17]

Recordará usted que en el capítulo 3 vimos que "la casa del Padre" está dentro de nosotros y que tiene "muchas habitaciones". Cuanto más nos retiremos a nuestra "habitación interior" para estar en comunión con el Señor, tantas más "habitaciones" descubriremos en nuestros corazones, donde hallaremos oraciones que Él nos da. Mi esposa aprendió esto hace unos años. Un día el Espíritu Santo se hacía sentir con intensidad en su interior, y ella se sentía tan plena, tan llena de Dios que no podía entenderlo. Luego el Señor empezó a preguntarle: "¿Puedes con más por Alemania? ¿Puedes con más por Albania? ¿Puedes con más? ¿Puedes con más?". A cada pregunta, ella buscaba en lo más profundo de su corazón y descubrió otra "habitación" que ni siquiera conocía. Encontró que sí, que podía con más. El Señor entonces llenó esas "habitaciones" con una porción de su corazón, con oraciones por la gente de esas naciones.

Lo que quiero decir es sencillamente que cuanto más tiempo pasamos orando en nuestra "habitación interior", tanto mayor será nuestra capacidad para orar. Cuanto más le entreguemos de nosotros mismos al Señor en oración, tanto más de su corazón podrá confiarnos Él.

La soledad nos ayuda a centrar nuestros corazones en Dios. Dallas Willard, en su libro *The Spirit of the Disciplines* [El espíritu de las disciplinas] dice:

> Tenemos que poner énfasis de nuevo en esto: el "desierto" o "armario" es el primer lugar donde el principiante encuentra fuerzas, así como lo fue para Cristo y para Pablo. Nos muestran con su ejemplo lo que tenemos que hacer. En total soledad es posible tener silencio, estar quietos y conocer que Jehová es Dios en verdad (Salmo 46:10), para que el Señor esté ante nuestras

mentes con suficiente intensidad y duración como para que podamos centrarnos en Él, con nuestros corazones fijos y confiados (Salmo 112:7-8), aun cuando luego estemos en la oficina, en la tienda o en casa.[18]

Tiempo atrás pasé tres días en soledad en un centro de retiros de San Francisco de Asís. No hablé con nadie porque ese era el propósito, claro está. (Además, no conocía a nadie allí). Mi lugar favorito era una habitación para orar que habían cavado a mano en el suelo. Era como una enorme caverna, usada como lugar de soledad y silencio, donde se podía ir para buscar al Señor. La luz solo provenía de una vela y de unas pocas lamparitas. Allí pasé un par de benditas horas con Dios. Todo estaba muy tranquilo, muy lleno de paz. Pasé varias horas allí alejado de las distracciones del mundo y encontré que dentro de mí crecía la vida del Reino de Dios. Dejé todo atrás y dejé que el Espíritu de Dios alimentara mi alma. Fue maravilloso.

François Fénelon, un prelado y escritor francés del siglo XVII, en su libro *El corazón que busca,* describe los beneficios y las recompensas de pasar tiempo a solas con Dios.

Si dejas de lado todas esas cosas que despiertan tu curiosidad y echan a andar los engranajes de tu mente, tendrás tiempo más que suficiente para pasarlo con Dios y ocuparte de tus cosas. Si vives tu vida en oración, tu mente estará clara y en calma, pase lo que pase. Tu naturaleza humana es demasiado activa, impulsiva, siempre busca algo que está fuera de tu alcance.

Pero Dios, obrando en tu espíritu, produce un corazón calmo y fiel, lleno de fe, que el mundo no puede tocar. Realmente quiero que te tomes un tiempo para pasarlo a solas con Dios para que puedas refrescar tu espíritu. Toda ocupación te vacía, te resta energías. Jesús llevó a sus discípulos aparte para estar a solas e interrumpió así sus ocupaciones más urgentes. A veces se alejaba de las multitudes que habían venido a verlo desde lejos, solo para estar con su Padre. Te sugiero que lo hagas porque no basta con dar hacia fuera. También es importante que aprendas a recibir de Dios.[19]

¿Por qué es tan importante la soledad? Alguien lo definió a la perfección: "Necesitas el recogimiento porque de lo contrario, recogerán tus pedazos".

EL SILENCIO ES DE ORO

Otra práctica antigua para entrar en la Oración de Reposo es el silencio, o acallar en nuestro interior aquello que se da en llamara "actividad propia de la criatura".

Dallas Willard nos da consejos prácticos al respecto:

> Se dice que lo último que perdemos antes de morir es el sentido del oído. El sonido siempre está perturbándonos el alma. Así que, por la salud de nuestras almas, necesitamos momentos sin teléfono, radio, televisión o aparatos de otro tipo. Necesitamos alejarnos del ruido de la calle. Deberíamos tratar de descubrir hasta qué punto podemos silenciar nuestro mundo, haciendo lo que haga falta para lograrlo.[20]

Cuentan que Susannah Wesley, madre de John y Charles Wesley (y de diecisiete hijos más, ocho de los cuales murieron en su infancia) les enseñaba a sus hijos a dejarla a solas cada vez que la vieran con el delantal cubriéndole la cabeza. Ese era su lugar de oración. Como dije antes, para orar me gusta apartarme y cubrirme con una manta. Quiero alentarlo a buscar su propio lugar de oración, una silla, un sillón o una habitación tal vez. Puede ser cualquier lugar donde esté a solas y en silencio ante Dios. Donde vivimos hoy en las colinas del condado de Williamson, tenemos un "lugar de oración" en uno de los extremos del terreno. Cuando me aparto para estar allí, puedo ver un pedacito de la creación de Dios y luego, en silencio y soledad, entro en comunión con el Creador.

David Runcorn dice:

> Si tiene usted a mano un periódico o una revista, intente leer un artículo sin los signos de puntuación. No tendrá mucho sentido lo que lea, ¿verdad? Todo se confunde, como si se tratara de un torrente de palabras. Se pierde el significado y el rumbo. El propósito de los signos de puntuación es guiar

al lector hacia el significado de las palabras y frases, para que podamos entender. La puntuación también les da vida y propósito a las palabras. La próxima vez que vea a su artista favorito en televisión, observe cómo utiliza los tiempos, con pausas y espacio, para que las palabras adquieran potencia y significado.

La puntuación nos ayuda a pensar en la relación que tenía Jesús con el silencio y la soledad. El tiempo que pasaba a solas representa las comas, las pausas y los puntos en la historia de su vida. Le daban al resto de su vida estructura, rumbo y equilibrio. Sus palabras y obras nacían de esas horas de esperar en Dios en silencio.[21]

Richard Foster en su magistral libro *Prayer: finding the heart's true home*, dice:

Esto significa no tanto un silencio de palabras sino más un silencio de nuestro control sobre la gente y las situaciones. Significa pararnos firmes en contra de nuestra codependencia que nos impulsa a controlar a todos y tratar de arreglarlo todo. Esta actividad agitada de la criatura impide que Dios obre en nosotros. En el silencio entonces, aquietamos todo movimiento que no tenga sus raíces en Dios (...) Dejamos atrás toda distracción hasta llegar al centro. Permitimos que Dios vuelva a mezclar nuestras prioridades y elimine entonces toda espuma innecesaria.[22]

NUESTRO OBJETIVO ES UNIRNOS MÁS A CRISTO

El tercer paso para entrar en la Oración de Reposo es el recogimiento, del cual hablamos en el capítulo 2. Significa entrar en la calma de la mente, el corazón y el espíritu, todo en perfecto equilibrio. La Oración de Reposo es el lugar donde podemos crecer y sanar.

¿Con qué objeto entramos en la Oración de Reposo? ¿Qué buscamos? Nada más ni nada menos que una mayor unión con Cristo. Sé que ya hemos dicho esto varias veces, pero es porque tiene mucha importancia y es muy fundamental en relación con todo lo que estamos viendo aquí. Nuestro objetivo en la oración contemplativa es el de entrar en una unión más grande con Cristo y experimentar los crecientes niveles de intimidad espiritual con Él.

Juliana de Norwich, una mística inglesa de siglo XIV, dijo: "La razón por la que oramos es unirnos en la visión y contemplación de Aquel a quien oramos". Bonaventura, seguidor de san Francisco de Asís, declaró: "Nuestro objetivo final es la unión con Dios, que es una relación pura en la que no vemos nada".

Desde mi experiencia al intentar aprender más sobre la tan olvidada contemplación, descubrí que al empezar a aquietar mi alma ante el Señor primero tenía que aprender a someter las fortalezas de mi mente a Cristo Jesús, y que cada uno de mis pensamientos se sujetara en obediencia a Él. Eso me llevó un tiempo y fue bastante difícil. Pero luego pasé la etapa del recogimiento y pude entrar en comunión con Dios.

Este lugar también se conoce como "oración de escucha". Es donde podemos empezar a oír al Señor y a ver en el plano del Espíritu Santo. Muchas veces, estando en reflexión, he podido activar el don del discernimiento de espíritus. En esta habitación, a veces veo luces que destellan, como estallidos de color. Imagino que se parece a la descripción que hace Apocalipsis del arco iris que rodea al trono de Dios. Cuando veo esto, sé que representa la presencia de Dios y que ¡estoy ante Él!

Sería muy fácil permanecer en ese lugar, en esa habitación donde vemos con ojos espirituales y oímos con oídos espirituales. Pero aunque es una habitación maravillosa, hay otra que lo es aún más. Hay una habitación más profunda que la de los dones y es el lugar de comunión con Dios. Allí, no hace falta decir nada. Es el "centro de quietud", el lugar donde está Dios. Más que una habitación de dones, es la habitación del Dador de Dones. Por eso es mucho mejor. Podríamos permanecer en la habitación de los dones, pero Cristo nos llama a ir más profundo. No sé qué hay de usted, pero ¡yo quiero seguir adelante! Mi alma espera a Dios y solamente a Dios. No quiero nada menos que la unión con Él en ese centro de quietud donde no se pronuncian palabras y no se oyen sonidos, donde Él y yo estamos en comunión silenciosa, Amigo con amigo, en una intimidad demasiado profunda y preciosa como para expresarla con palabras.

SABIDURÍA PARA EL VIAJE

Nuestra vieja amiga Madame Guyon tiene algo que decirnos con respecto a nuestra unión con Cristo.

Al entrar en el nivel más profundo del conocimiento del Señor, eventualmente descubrirá un principio que yo llamo la ley de la tendencia central. A medida que sigue profundizando su alma hacia el interior descubrirá que Dios tiene la cualidad de un imán. ¡Dios es magnético! El Señor lo atraerá con toda naturalidad, más y más hacia sí.

Ahora llegamos a la etapa suprema de la experiencia cristiana, la Divina Unión. No se puede lograr por experiencia propia y ya. Tampoco con la meditación. Ni con amor, adoración, rumbo o sacrificio. Hace falta que Dios actúe para que la Unión sea una realidad.

Entonces, pongámonos de acuerdo sobre lo siguiente: existe una Unión Divina, y existe un camino. Ese camino tiene un inicio, un recorrido y un punto de llegada. Además, cuanto más se acerque a la consumación tanto más dejará de lado las cosas que le ayudaron a comenzar a andar.

Claro que hay también un recorrido porque no se puede pasar del principio al fin sin un espacio intermedio. Pero si el final es bueno, santo y necesario, y si la entrada también es buena, ¡podrá estar seguro de que el viaje entre ambos puntos también lo será![23]

De hecho, es un viaje bueno y vale la pena. Cuando el Señor con toda paciencia y amor nos atrae al centro de quietud con Él, podemos reposar en Él y disfrutar de su presencia, y al mismo tiempo podemos reflexionar en la grandeza de nuestro Dios y sus preciosas promesas, meditando en nuestros corazones sobre sus potentes caminos.

ORACIÓN DE QUIETUD

En su libro *Prayers from the heart* [Oraciones desde el corazón], Richard Foster nos ofrece una Oración de quietud que creo que es muy adecuada como idea de cierre para este capítulo porque nos habla de cómo vivimos.

Tengo, oh Señor, un corazón ruidoso. Y al entrar en el silencio exterior, no puedo acallar el clamor interior. De hecho, pareciera que empeora. Cuando estoy, muy activo el ruido interior es solo un murmullo distante, pero cuando me aquieto ese murmullo se hace más fuerte. Y no es como el majestuoso sonido de una sinfonía in crescendo sino como el ruido ensordecedor de ollas y sartenes que se golpean con un enorme cucharón. ¡Qué bochinche! Y lo peor de todo es que me siento incapaz de acallar ese pandemonio interior.

Querido Señor Jesús, hablaste calma al viento y las olas. Te pido que hables tu shalom a mi corazón. Espero en silencio, con paciencia. Recibo en el centro de mi ser tu amoroso mandamiento: "Paz, quédate quieto". Amén.[24]

PREGUNTAS PARA LA REFLEXIÓN

1. *¿Qué hay en el centro de un huracán?*

2. *¿Qué grupo protestante histórico puso énfasis en "centrarse" como parte de su teología?*

3. *¿Cómo mantener paz en medio de las tormentas de la vida?*

LECTURAS RECOMENDADAS

• *The Center of Quiet* [El centro de quietud], de David Runcorn (InterVarsity Press, 1990).

• *Listening Prayer* [Oración que escucha], de Mary Ruth Swope (Whitaker, 1987).

• *Secret Prayer* [Oración secreta], de Pat Gastineau (Word of Love Ministries, 1998).

NOTAS

1. Mark y Patti Virkler, *How to Hear God's Voice*, p. 49.
2. Los cinco ingredientes de la meditación que tratamos en esta sección han sido tomados y adaptados del libro de Virkler, *How to hear God's Voice*.
3. Hebreos 4:9-11.
4. Hebreos 3:18-19.
5. Hebreos 12:1-2.
6. Juan 5:19.
7. Salmo 46:10.
8. Filipenses 4:6-7.
9. Juan 15:4-5.
10. Juan 7:38-39.
11. Virkler, *How to hear God's voice*.
12. Ibíd.
13. Juan 15:15.
14. Virkler, *How to hear God's voice*.
15. Marcos 1:35.
16. David Runcorn, *A Center of Quiet: Hearing God When Life is Noisy* [Centro de quietud: Escuchando a Dios cuando la vida es ruidosa], pp. 4-5.
17. Mateo 6:6.
18. Dallas Willard, *The spirit of the disciplines: understanding how God changes lives* [El espíritu de las disciplinas: entendamos cómo cambia Dios nuestras vidas] (New York, NY: Harper San Francisco, A Division of Harper Collins Publishers, 1991), p. 62.

19. Francois Fénelon, *El corazón que busca*.

20. Willard, *The spirit of the disciplines*, p. 63.

21. Runcorn, *A center of quiet*, p. 5

22. Richard. L. Foster, *Prayer: Finding the Heart´s True Home*.

23. Madame Jean Guyon, *Experiencing the Depths of Jesus Christ* [Experimentar la profundidad de Jesucristo] (Sargent, GA: Christian Books Publishing House, 1962), p. 53.

24. Richard L. Foster, *Prayers from the heart* [Oraciones desde el corazón] (London, England, Hodder and Stoughton, 1996), p. 59.

CAPÍTULO 7

Reflexionar en el Dios que promete

AL EXPLORAR EL mundo de la literatura mística cristiana y sumergirme en las profundidades de las artes contemplativas del cristianismo, me siento a menudo como el arqueólogo que acaba de desenterrar un artefacto invalorable y olvidado, o como el buscador de diamantes que encuentra una gema de singular belleza y pureza. Cada cosa que encuentro despierta mis ansias de seguir cavando para encontrar más y más sabiendo que el tesoro que descubrí es de veras muy rico y casi interminable.

Una de las "gemas" que para mí tiene valor muy particular es la disciplina espiritual conocida como meditación u oración cristiana meditativa. Enterrada bajo el polvo de la historia es un arte casi perdido entre los creyentes de hoy. Una de las cosas que intento transmitir en este libro es la importancia de la meditación y de otras artes contemplativas para la Iglesia de nuestros días, y cómo creo que Dios desea que en su pueblo se recuperen estas prácticas. La mejor manera de aprender es escuchando las palabras de maestros antiguos y presentes.

LA MEDITACIÓN ES UNA GEMA CON MUCHAS FACETAS

No es fácil definir o explicar lo que es la meditación, ya que como sucede con un diamante o con cualquier gema preciosa, se apreciará mejor al examinarla desde distintos ángulos. Básicamente, la palabra *meditar* significa "pensar en profundidad" o "reflexionar". Y esto implica *contemplar*, pensar con lo más recóndito y profundo que tenemos. Al decir *contemplar*, pensamos también en una mirada intensa. Todos estos términos apenas logran mostrarnos la superficie de lo que significa meditar. A veces veremos algo desde un ángulo, que desde otro no percibimos, y esto nos ayuda a entender. Por eso pienso que la mejor forma de entender la meditación (además de ponerla en práctica) es examinar lo que dicen al respecto los "expertos", que son personas que viven la vida de meditación y la conocen por experiencia.

Elmer L. Towns, vicepresidente de la Universidad Liberty, ha escrito un libro fenomenal sobre este tema, llamado *Christian Meditation for Spiritual Breakthrough* [Meditación cristiana para el avance espiritual]. He estado explorando la riqueza de esta mina durante un tiempo, y las palabras de sabiduría de este autor provienen de alguien que evidentemente no es un "teólogo de sillón", sino un hombre que habla a partir de su propia experiencia. Aquí está lo que dice sobre la meditación cristiana:

> La meditación cristiana no tiene que ver con los métodos que usemos ni con la posición que asumamos ni con lo que se cante o con cómo se concentre uno. La meditación cristiana tiene que ver con Dios. Es meditación que cambia la vida porque uno se concentra en Dios, y cuando experimentamos a Dios, Dios nos cambia.[1]

Lo que está diciendo Towns es que a diferencia de otras formas de meditación, la meditación cristiana no se ocupa del método, del mantra o postura, sino que por el contrario, se centra en una Persona, el Dios vivo. Cuando nuestra meditación nos lleva a estar cara a cara con Dios, no podemos evitar el cambio en nuestras vidas.

Richard Foster, autor y maestro cuáquero que ya conocimos en capítulos anteriores, dice:

> ... A lo largo de la historia todos los maestros devocionales han visto la *meditatio Scripturarum*, o meditación en las Escrituras,

como punto de referencia central por medio del cual se mantienen en perspectiva adecuada todas las otras formas de la meditación.

En la oración de meditación la Biblia deja de ser un diccionario de citas y se convierte en "maravillosas palabras de vida" que nos llevan a La Palabra de Vida. Se diferencia aun del estudio de las Escrituras porque mientras el estudio se centra en la exégesis, la meditación de las Escrituras busca la internalización y personalización del pasaje. La Palabra escrita se convierte en palabra viva, dirigida a cada uno de nosotros.[2]

EL PORQUÉ DE LA INTERNALIZACIÓN Y PERSONALIZACIÓN

Una de las razones por las que tantos creyentes sienten que a Las Escrituras les falta vida es porque no se toman el tiempo de "internalizar" y "personalizar" lo que leen. Sus corazones no están condicionados para oír lo que el Señor les dice.

El autor Peter Toon, en *Meditating as a Christian* [Meditación para el cristiano] dice:

La meditacion es (...) pensar, reflexionar, considerar, tomarse a pecho, leer lenta y cuidadosamente, internalizar en oración y humildemente recibir en la mente, el corazón y la voluntad aquello que Dios ha revelado. La meditación cristiana está guiada e inspirada por el Espíritu de Cristo que habita en nosotros al mostrarnos y hacernos considerar la revelación de Dios.[3]

Es decir que la meditación cristiana se centra en la revelación de Dios y depende de su Espíritu para la comprensión.

Dietrich Bonhoeffer, pastor y teólogo alemán ejecutado por los nazis en 1945, compara la meditación con la forma en que recibimos lo que nos dice alguien a quien amamos.

Así como no siempre analizamos el valor de alguien a quien amamos, sino que lo aceptamos tal como lo vemos, debemos aceptar la Palabra de las Escrituras y meditarlas en nuestros corazones como lo hizo María. Eso es todo. Eso es la meditación.[4]

Aquí Bonhoeffer está hablando de algo más que escuchar las palabras con la mente. Está hablando de escuchar *con el corazón*. Si todos pudiéramos aprender a poner esto en práctica en todas nuestras relaciones, a escucharlo todo con el corazón y no solo con la mente, ¡todo sería muy diferente!

El Dr. Sam Storms, ex director del *Grace Training Center* [Centro de Capacitación Gracia] de la ciudad de Kansas y hoy instructor en el *Wheaton College*, ve la meditación como clave para la renovación espiritual de nuestras mentes.

> La meditación, entonces, es prestar atención a Dios. Es un compromiso continuo y consciente de la mente hacia Dios. Esta renovación de la mente (Romanos 12:12) forma parte del proceso mediante el cual la Palabra de Dios penetra en el alma y el espíritu con la luz de la iluminación y el poder de la transformación.[5]

En su excelente libro *The Soul at Rest* [El alma en reposo], Tricia McCary Rhodes describe la oración meditativa con una metáfora tomada de la jardinería.

> En la oración meditativa la Biblia no es un manual con instrucciones y reglas, ni una lección de historia o un tratado que debamos analizar. Llegamos al autor con los corazones abiertos y el deseo de acercarnos a Él. Podemos ocultar la Palabra de Dios en nuestros corazones por medio de la oración en meditación. Al buscar el rostro de Dios queremos entender a la persona que escribió estas palabras tan potentes. Nuestros corazones son el suelo donde se planta la Palabra. Todo el ser se une para nutrir a las semillas de verdad hasta que germinan y dan vida al alma.[6]

Pat Gastineau, líder de oración de *Word of Love Ministries* [Ministerios Palabra de Amor], es una amiga personal a quien mi esposa y yo consideramos mentora en el área de la oración y la intercesión. Ha escrito varios folletos sobre los distintos aspectos de la vida de oración del cristiano. Pat es una mujer que vive lo que escribe. A continuación incluyo algunos de sus pensamientos sobre la meditación cristiana.

Como la meditación es más que nada para la mente y la voluntad, toda meditación que se centre en Cristo someterá a la mente al lugar de amorosa atención a Dios. La meditación puede hacer que la mente guarde ideas y pensamientos. Cuando uno centra la atención en determinados aspectos de Dios, la mente se entrena a concentrarse durante un lapso de tiempo. La meditación nos da disciplina, y por eso es una de las respuestas a la mente que suele distraerse o vagar con rumbos diferentes. Las Escrituras se refieren a la salvación del alma, y la mente necesita que la reprogramemos para pensar correctamente. La meditación contribuye a la salud de la mente, para que sea sana y sobria.[7]

Según J. Adams, autor de *Ready to Restore* [Preparado para restaurar] y de muchos otros recursos de consejería cristiana, la meditación busca aplicar La Palabra de Dios a las circunstancias y la vida cotidiana.

La meditación es reflexionar en los versículos o pasajes de las Escrituras de modo que la Palabra de Dios que está escrita sea la Palabra de Dios que el Espíritu Santo aplica a nuestros corazones. Las dos palabras principales para meditación en la Biblia significan "murmurar o pronunciar" y "hablarle uno a su propio ser". Entonces, la medicación es el proceso de pensar más allá del lenguaje, un proceso que ocurre en el corazón o la vida interior. La verdad meditada pasa de la boca (murmurar) a la mente (pensamiento en reflexión) y finalmente al corazón (acción visible). La persona que medita busca entender cómo relacionar la verdad de la Biblia con la vida.[8]

NECESITAMOS APRENDER DE LA VACA

Adams define la meditación como "pensar", "reflexionar", "considerar", "murmurar". Todos estos términos nos sugieren un proceso de atención y análisis de La Palabra de Dios, como si la "masticáramos", por definirlo de modo sencillo. Cuando meditamos "masticamos" La Palabra de Dios hasta digerirla por completo. Entonces puede nutrir nuestras almas. Creo que una de las mejores ilustraciones para entender esto es pensar en el proceso digestivo de la vaca.

Las vacas son rumiantes, lo que significa que regurgitan y vuelven a masticar el alimento. Si conoce el sistema digestivo de la vaca, sabe que hay más de una cámara en sus estómagos. ¿Ha visto alguna vez a una vieja vaca, masticando? Es como si tuviera goma de mascar, porque mastica y mastica hasta que por fin traga lo que tiene en la boca. Pero este alimento volverá a su boca para que lo mastique de nuevo y lo trague otra vez. El proceso se llama "rumiar".

También utilizamos este verbo para referirnos al plano del pensamiento. Decimos que quien piensa en algo y lo considera desde varios ángulos está "rumiando". Equivale a decir que lo contempla desde diversos lugares. En su libro *Prayer: Finding the Heart's True Home,* Richard Foster explica la analogía entre el proceso digestivo de la vaca y la meditación cristiana.

> ¿Alguna vez ha visto cómo mastican su alimento las vacas? Este animal tan manso llena su estómago con pasto y alimento de distintos tipos y luego se dispone con toda calma a masticar, regurgitar, volver a masticar y dar vueltas al bolo de alimento en su boca. Así puede asimilar del todo lo que ha consumido. Y su alimento se transforma luego en leche rica y cremosa.
>
> Lo mismo sucede con la oración en meditación. La verdad que se medita pasa de la boca a la mente y luego al corazón, donde rumiando en calma, regurgitándolo por así decirlo, produce en la persona que ora una respuesta de amor, llena de fe.[9]

TODO DEPENDE DE CÓMO SE LO MASTIQUE

La meditación en Las Escrituras no se trata tanto de cuánto leemos sino de cómo lo masticamos. Puede no ser más que un solo versículo y hasta solo un fragmento de un versículo. O tal vez unas pocas palabras, como en "junto a tranquilas aguas". Esa es una frase que el Señor me hizo masticar durante mucho tiempo. La pensé, volví a reflexionar en esta frase y seguí pensando en ella durante meses.

Mi madre dice que fui uno de los niños más curiosos que puedan haber existido porque siempre estaba formulando preguntas. Y hasta cierto punto, sigo siendo así. Pero ahora le pregunto todo a Dios, y no por confusión o incredulidad (eso espero) sino a partir de mi asombro, mi maravilla e insaciable curiosidad. *¿Qué significa eso? Mmm, veámoslo desde otro ángulo.* Creo que entiende usted lo que quiero decir, ¿verdad? Es una forma de meditar.

En el libro de los Hechos, cuando los apóstoles instruyeron a la iglesia de Jerusalén para que eligieran sirvientes o diáconos que se ocuparan de las viudas y supervisaran la distribución de alimento, dieron su razón para tal mandato:

> ... No está bien que nosotros los apóstoles descuidemos el ministerio de la palabra de Dios para servir las mesas. Hermanos, escojan de entre ustedes a siete hombres de buena reputación, llenos del Espíritu y de sabiduría, para encargarles esta responsabilidad. Así nosotros nos dedicaremos de lleno a la oración y al ministerio de la palabra.[10]

Observe el orden que hay aquí. Los apóstoles se dedicarían "*a la oración y el ministerio de la palabra*". No al revés. No es el ministerio de la Palabra y la oración, sino la oración y el ministerio de la Palabra. Quiero decir lo siguiente: la oración baña La Palabra de Dios, y luego La Palabra de Dios libera revelación a nuestras vidas. Es así como debiéramos acercarnos a La Palabra de Dios y es de lo que trata la oración en meditación cristiana. Es una forma de acercarse a La Palabra de Dios.

PODEMOS APRENDER DE JOSUÉ A MEDITAR EN LAS PROMESAS DE DIOS

Hay muchas formas diferentes de aproximarse y practicar la meditación cristiana. Cada uno deberá encontrar la forma que mejor funcione en su caso. Lo que funciona para mí tal vez no sea lo mejor para usted, y viceversa. Cada uno tiene características diferentes, y debemos encontrar la forma de orar, meditar y adorar que mejor sintonice con nuestra personalidad y configuración, y que sea más efectiva para ayudarnos a entrar en la presencia de Dios.

En *Christian Meditation for Spiritual Breakthrough,* Elmer Towns presenta diez modelos de meditación diferentes basados en diez personalidades distintas en La Biblia. No podemos dedicarnos a ampliar el tema por completo en este espacio, pero con una breve descripción de algunas, entenderá el concepto. Por ejemplo, está el "Modelo de María: Meditar en la Persona de Jesús". Veremos este modelo en mayor detalle en el próximo capítulo. Luego está "El Modelo de San Pablo: imitando a Cristo", que veremos en el capítulo 10. En el presente capítulo, quiero echar una mirada al modelo de meditación que se basa en la vida de Josué, sucesor de Moisés.

Elmer Towns lo llama "Modelo de Josué: Centrarse en los principios bíblicos".[11] Y escribe:

> Quienes siguen el Modelo de meditación de Josué reflexionan en las promesas y los principios de La Palabra de Dios para recibir éxito y prosperidad. "Recita siempre el libro de la ley y medita en él de día y de noche; cumple con cuidado todo lo que en él está escrito. Así prosperarás y tendrás éxito" (Josué 1:8).
>
> Josué masticaba las palabras que Dios le daba a través de Moisés y así halló el éxito. ¿No debiéramos aprender también este arte de la meditación de centrarnos en los principios bíblicos para poder dar mucho fruto?[12]

LA FE DE JOSUÉ EN DIOS LO PREPARÓ PARA EL ÉXITO

Aún una somera revisión de lo que nos dicen Las Escrituras sobre Josué revela a un hombre cuya vida toda fue un avance progresivo hacia una mayor comunión, intimidad y unión con Dios. La primera vez que se lo menciona en La Biblia vemos a Josué como sirviente y auxiliar de Moisés, el "amigo" de Dios.[13] *"Entonces Moisés le ordenó a Josué: «Escoge algunos de nuestros hombres y sal a combatir a los amalecitas»".*[14] El Señor le dio a Josué gran victoria en la batalla. Aparentemente, en esta primera etapa de la carrera de Josué, toda palabra del Señor a Josué llegaba a través de Moisés. Todavía no tenía comunicación directa con el Todopoderoso: *"Entonces el SEÑOR le dijo a Moisés: «Pon esto por escrito en un rollo de cuero, para que se recuerde, y que lo oiga bien Josué: Yo borraré por completo, bajo el cielo, todo rastro de los amalecitas"* (Énfasis añadido por el autor).[15]

Volvemos a ver a Josué luego acompañando a Moisés a la "montaña de Dios". *"Moisés subió al monte de Dios, acompañado por su asistente Josué".*[16] Aunque Moisés y Josué fueron juntos a la montaña, solo Moisés entró en la nube de la presencia y la gloria de Dios donde pasó cuarenta días y sus noches en comunión con el Señor y recibiendo la Ley.

MINISTRO DE LA PRESENCIA

Parece que cada vez que vemos a Josué, su fe y celo por el Señor han crecido y madurado desde la vez anterior. La Biblia nos da una pista de la creciente fe de Josué, poco después de que él y Moisés bajaran de la montaña, cuando los israelitas pecaban con el becerro de oro. *"Y hablaba el SEÑOR con Moisés cara a cara, como quien habla con un amigo. Después de eso, Moisés regresaba al campamento; pero Josué, su joven asistente, nunca se apartaba de la Tienda de reunión".*[17] Josué servía en el sentido de realizar un servicio espiritual. Lo cual es también "ministrar". Aunque Josué no era un "hombre joven" en términos de su edad (tal vez tuviera unos 50 años), el término "joven" se aplicaba a quienes realizaban un servicio espiritual.

La siguiente clave que nos da indicios de su creciente compromiso es que *"Josué nunca se apartaba de la Tienda de reunión".* Esta tienda era seguramente un lugar especial levantado para adorar al Señor. Aunque en algunas versiones aparece traducido como *tabernáculo,* el tabernáculo de Moisés para el cual Dios le dio instrucciones en la montaña todavía no se había levantado. Esto significa que Josué estaba en el lugar de adoración y servicio espiritual, *y no se apartaba de allí.* Josué tal vez no estuviera consciente de ello en ese momento, pero se estaba preparando para suceder a Moisés como líder de Israel.

La vida de Josué exhibe siempre su fe y lealtad a Dios. Fue uno de los doce espías que Moisés eligió para que reconocieran la tierra de Canaán,[18] y uno de los solamente dos (Caleb era el otro) que volvió con un informe favorable y alentador. Cuando el pueblo de Israel se negó a obedecer al Señor y entrar en esa tierra, Josué se apenó mucho.

Allí estaban también Josué hijo de Nun y Caleb hijo de Jefone, los cuales habían participado en la exploración de la tierra. Ambos se rasgaron las vestiduras en señal de duelo y le dijeron a toda la comunidad israelita:

—La tierra que recorrimos y exploramos es increíblemente buena. Si el Señor se agrada de nosotros, nos hará entrar en ella. ¡Nos va a dar una tierra donde abundan la leche y la miel! Así que no se rebelen contra el Señor ni tengan miedo de la gente que habita en esa tierra. ¡Ya son pan comido! No tienen quién los proteja, porque el Señor está de parte nuestra. Así que, ¡no les tengan miedo!

Pero como toda la comunidad hablaba de apedrearlos, la gloria del Señor se manifestó en la Tienda, frente a todos los israelitas.[19]

GRADUADO, POR SU FIDELIDAD

Fue la fidelidad de Josué la causa por la que Dios prometió que entraría en la tierra de Canaán. Él y Caleb únicamente de entre toda la generación de israelitas que tuvieran 20 años o más, vivirían en la tierra de Canaán.[20] Todos los demás, a causa de su incredulidad y rebeldía, morirían en el desierto durante los siguientes cuarenta años. Cuando se aproximaba ya el momento de transferir el liderazgo, la preparación de Josué se hizo más intensa. Fue ungido en público como sucesor de Moisés.

El Señor le dijo a Moisés:

—Toma a Josué hijo de Nun, que es un hombre de gran espíritu. Pon tus manos sobre él (...) Lo investirás con algunas de tus atribuciones, para que toda la comunidad israelita le obedezca. Se presentará ante el sacerdote Eleazar, quien mediante el *urim* consultará al Señor. Cuando Josué ordene ir a la guerra, la comunidad entera saldrá con él, y cuando le ordene volver, volverá.

Moisés hizo lo que el Señor le ordenó. Tomó a Josué y lo puso delante del sacerdote Eleazar y de toda la comunidad.[21]

REFLEXIONAR EN EL DIOS QUE PROMETE

Josué recibió palabras de instrucción y ánimo del Señor.

El Señor le dijo a Moisés: «Ya se acerca el día de tu muerte. Llama a Josué, y preséntate con él en la Tienda de reunión para que reciba mis órdenes».

Fue así como Moisés y Josué se presentaron allí. Entonces el Señor se apareció a la entrada de la Tienda de reunión, en una columna de nube (...) Y el Señor le dio a Josué hijo de Nun esta orden: «Esfuérzate y sé valiente, porque tú conducirás a los israelitas al territorio que juré darles, y yo mismo estaré contigo»".[22]

Es la primera vez que se registra que el Señor le hablara directamente a Josué, aunque Moisés está presente. Todavía no se ha transferido el liderazgo, pero ¡qué gran promesa!: *"Yo mismo estaré contigo"*. ¡No puedo sino maravillarme ante el tipo de comunión con Dios del que disfrutó Josué durante todos esos años en sus momentos privados de adoración!

LA OBEDIENCIA DE JOSUÉ A DIOS GARANTIZÓ SU EXITO

A la muerte de Moisés se completó la transferencia. *"Entonces Josué hijo de Nun fue lleno de espíritu de sabiduría, porque Moisés puso sus manos sobre él. Los israelitas, por su parte, obedecieron a Josué e hicieron lo que el Señor le había ordenado a Moisés."*[23] Josué había pasado la mayor parte de su vida preparándose para este momento. Durante toda una vida de fidelidad, adoración y comunión con el Señor Josué se preparó para el éxito como líder de la nación den Israel hacia la Tierra Prometida. Y ahora por fin el Señor le habló directamente a Josué por primera vez sin que estuviera presente Moisés. En virtud de su posición y gracias al crecimiento de su íntima relación con Dios Josué fue favorecido desde ese momento con la palabra directa del Señor. Escuche las promesas que Dios le dio a Josué y tome en cuenta las instrucciones que le dio a este nuevo líder.

Después de la muerte de Moisés, siervo del Señor, Dios le dijo a Josué hijo de Nun, asistente de Moisés: «Mi siervo Moisés ha muerto. Por eso tú y todo este pueblo deberán prepararse para cruzar el río Jordán y entrar a la tierra que les daré a ustedes los israelitas. Tal como le prometí a Moisés, yo les entregaré a ustedes todo lugar que toquen sus pies. Su territorio se extenderá desde el desierto hasta el Líbano, y desde el gran río Éufrates, territorio de los hititas, hasta el mar Mediterráneo, que se encuentra al oeste. Durante todos los días de tu vida, nadie será capaz de enfrentarse a ti. Así como estuve con Moisés, también estaré contigo; no te dejaré ni te abandonaré. Sé fuerte y valiente, porque tú harás que este pueblo herede la tierra que les prometí a sus antepasados. Sólo te pido que tengas mucho valor y firmeza para obedecer toda la ley que mi siervo Moisés te mandó. No te apartes de ella para nada; sólo así tendrás éxito dondequiera que vayas. Recita siempre el libro de la ley y medita en él de día y de noche; cumple con cuidado todo lo que en él está escrito. Así prosperarás y tendrás éxito. Ya te lo he ordenado: ¡Sé fuerte y valiente! ¡No tengas miedo ni te desanimes! Porque el Señor tu Dios te acompañará dondequiera que vayas».[24]

LA COMISIÓN: MEDITA EN MI PALABRA

El Señor prometió que su Presencia y poder estarían con Josué dondequiera que fuera: *"Estaré contigo; no te dejaré ni te abandonaré".* ¡Qué promesa! No habría enemigo ni obstáculo que pudiera derrotar a Josué y a los israelitas cuando entraran en Canaán para tomar posesión de la tierra. El Señor les daría la victoria, tal como se lo había prometido a Moisés y ahora le daba esta promesa a Josué. La condición fue absoluta obediencia: *"Sólo te pido que tengas mucho valor y firmeza para obedecer toda la ley que mi siervo Moisés te mandó. No te apartes de ella para nada; sólo así tendrás éxito dondequiera que vayas".* Por eso el Señor podía alentar a Josué, tres veces diciéndole que fuera *"fuerte y valiente".*

Luego, observe lo que el Señor le dice a Josué en el capítulo 1 versículo 8: *"Recita siempre el libro de la ley y medita en él de día y de noche; cumple con cuidado todo lo que en él está escrito. Así prosperarás y tendrás éxito".* Creo que es significativo que Dios le diera a Josué tres órdenes básicas: sé fuerte y valiente, sé obediente y *medita mi Palabra.*

No debía apartar su boca de La Palabra de Dios. Josué debía

"masticar" la Palabra día y noche, murmurándola, pronunciándola, rumiándola como lo hacen las vacas, meditándola. Debía hablarla a su corazón y su alma, dejarse poseer por la Palabra de Dios. De esta manera Josué conocería y entendería lo que Dios le mandaba hacer. Eran estos los prerrequisitos de la obediencia. No podemos obedecer La Palabra del Señor si no conocemos La Palabra del Señor.

Todo el libro de Josué es un registro de su fiel y atenta obediencia al Dios que lo había llamado, preparado y formado, al Dios al que amaba con todo su corazón. Por eso Él cumplía sus promesas. Josué era victorioso y exitoso dondequiera que iba y al mismo tiempo se acercaba cada vez más al corazón de ese Dios al que amaba. Para ver tan solo un ejemplo, considere lo siguiente:

Para ayudar a Israel en el cumplimiento de un tratado y la derrota de sus enemigos en una gran batalla, Dios obró un gran milagro a pedido de Josué, cumpliendo así su promesa de estar siempre con él, de nunca dejarlo ni abandonarlo, y de darle éxito.

> Ese día en que el SEÑOR entregó a los amorreos en manos de los israelitas, Josué le dijo al SEÑOR en presencia de todo el pueblo: «Sol, detente en Gabaón, luna, párate sobre Ayalón». El sol se detuvo y la luna se paró, hasta que Israel se vengó de sus adversarios. Esto está escrito en el libro de Jaser. Y, en efecto, el sol se detuvo en el cenit y no se movió de allí por casi un día entero. Nunca antes ni después ha habido un día como aquél; fue el día en que el SEÑOR obedeció la orden de un ser humano. ¡No cabe duda de que el SEÑOR estaba peleando por Israel![25]

CUANDO DIOS ESCUCHA LA VOZ DE UN HOMBRE

¿Por qué "escuchó Dios la voz" de Josué? Ante todo, para honrar su propio nombre y sus promesas. En segundo lugar, para honrar a un hombre que con todo el corazón le obedecía y lo amaba. Solo alguien en íntima comunión y unión con Dios tendría la valentía y confianza de pedirle tal cosa. ¡Josué lo hizo, y Dios le respondió!

En el análisis final, ¿cuál fue el testimonio de la vida de Josué? Creo que podemos resumirlo en tres afirmaciones, una de parte de Josué y las otras dos, de otras personas con respecto a él.

1. Josué era completo en su obediencia: "*Así como el* SEÑOR *había ordenado a su siervo Moisés, también Moisés se lo ordenó a Josué. Y éste, por su parte, cumplió al pie de la letra todo lo que el* SEÑOR *le había ordenado a Moisés*".[26]

2. Josué era completamente devoto a Dios: "*Por mi parte, mi familia y yo serviremos al* SEÑOR".[27]

3. Josué influyó en la nación para bien mientras vivió: "*Durante toda la vida de Josué, el pueblo de Israel había servido al* SEÑOR *Así sucedió también durante el tiempo en que estuvieron al frente de Israel los jefes que habían compartido el liderazgo con Josué y que sabían todo lo que el* SEÑOR *había hecho a favor de su pueblo*".[28]

Josué aprendió a meditar en las promesas de Dios pero lo más importante es que aprendió a meditar en el Dios de las promesas. Esa es la lección de la vida de Josué. En pocas palabras, ¡la *meta*, el *propósito*, el *objeto* y la *fuente* de nuestra meditación es Dios mismo!

PREGUNTAS PARA REFLEXIONAR

1. *¿Cuál es el objetivo de la oración cristiana en meditación?*

2. *¿Qué puede aprender usted de la vida de Josué en lo que atañe al arte de la meditación?*

3. *¿Cuáles son algunos de los pasos prácticos, necesarios para cultivar la oración en meditación?*

LECTURAS RECOMENDADAS

- *Christian meditation for spiritual breakthrough* [Meditación cristiana para el avance espiritual], de Elmer Towns (Regal Books, 1999).

- *The soul at rest* [Alma en reposo], de Tricia McCary Rhodes (Bethany House Publishers, 1996).

- *Disciplines of the Holy Spirit* [Disciplinas del Espíritu Santo], del Dr. SiangYang Tan (Zondervan Publishing House, 1997).

NOTAS

1. Elmer L. Towns, *Christian Meditation for Spiritual Breakthrough* [Meditación cristiana para el avance espiritual] (Ventura, CA: Regal Books, 1999), p. 21.
2. Richard Foster, Prayer: Finding the Heart's True Home, p. 146.
3. Peter Toon, *Meditating as a Christian* [Meditación para el cristiano] (London: Collins Religions Department, part of Harper Collins Publishing, 1991), p. 61.
4. Dietrich Bonhoeffer, *The Way to Freedom* [Camino hacia la libertad] (New York: Harper and Row, 1966), p. 263.
5. Sam Storms, *Devotional Life Class Notes* [Apuntes de la vida devocional] Grace Training Center, Kansas City, 1996.
6. Tricia McCary Rhodes, *The Soul at Rest* [El alma en reposo] (Minneapolis, MN: Bethany House Publishers, 1996), pp. 53-54.
7. Pat Gastinau, *Contemplative Prayer* [Oración contemplativa] (Word of Love Ministries, 1999), pp. 8-9.
8. J. Adams, Ready to Restore: *The Layman's Guide to Christian Counseling* [Preparados para restaurar, guía para la consejería cristiana] (Grand Rapids, MI: Baker, 1981), pp. 64-65.
9. Foster, *Prayer: finding the heart's true home*, p. 143.
10. Hechos 6:24.
11. Towns, *Christian meditation for spiritual breakthrough*, pp. 29-31.
12. Ibíd.
13. Éxodo 33:11.

14. Éxodo 17:9.
15. Éxodo 17:14.
16. Éxodo 24:13.
17. Éxodo 33:11.
18. Números 13:16.
19. Números 14:6-10.
20. Números 14:30.
21. Números 27:18, 20-22.
22. Deuteronomio 31:14-15, 23.
23. Deuteronomio 34:9.
24. Josué 1:1-9.
25. Josué 10:12-14.
26. Josué 11:15.
27. Josué 24:15.
28. Josué 24:31.

CAPÍTULO 8

Las meditaciones del corazón

JOSUÉ AMABA AL Señor con todo su corazón y le sirvió todos los días de su vida. A través de la adoración, Josué, conocía el amor de Dios. A través de la obediencia, conocía la presencia y el poder de Dios. Y al reflexionar en el Dios que promete, Josué llegó a conocer a Dios de manera íntima y personal. La adoración, la obediencia y la reflexión van juntas. Cada una es una parte indispensable, esencial para poder conocer al Señor y caminar con Él.

La reflexión, pensar en silencio y en calma centrándonos específicamente, es una faceta de la meditación. Es otra faceta que se considera, que equivale a "pensar en profundidad y con calma" o "sopesar en la mente". Implica "Examinar con atención el pro y el contra de un asunto".[1] Josué reflexionaba en Dios. Como Jesucristo es "Dios hecho carne", el equivalente en el Nuevo Testamento sería reflexionar, o sopesar y meditar en la Persona de Jesús. Este es otro potente modelo de meditación, y encontramos su más perfecta ilustración en la vida de María, la madre de Jesús.[2]

Veamos ahora el Modelo de María, y las palabras de Elmer Towns nos ayudarán a enfocar y dirigir nuestros pensamientos:

¿Puede siquiera imaginar usted lo que sopesaba María? Piénselo nada más: el Hijo de Dios, creciendo en su vientre. Siente usted sus latidos, cómo se mueven sus piecitos, y ¡da a luz al Hijo de Dios! En verdad, una de las personas que más cerca de Jesús estuvo fue María, su madre. "María, por su parte, guardaba todas estas cosas en su corazón y meditaba acerca de ellas" (Lucas 2:19). Lo conocía mejor que nadie pero, al igual que todos nosotros, quería conocerlo todavía mejor. María se convierte en ejemplo de lo que significa conocer de veras a Cristo, entrar en intimidad con el amante de nuestras almas. Unámonos a ella, en su forma de meditar en la persona de Cristo Jesús.[3]

Como hombre no puedo identificarme con María tanto como lo lograría mi esposa. Sin embargo, recuerdo haber visto cómo el piecito de nuestro hijo Justin se dejaba ver por debajo de la piel del vientre de su madre, y mi pensamiento de entonces: "Ese es Justin o Grace Ann". También recuerdo sentir un codito que presionaba contra su piel, y asombrado sentí en ese momento: "Ese es Tyler o Rachel". Recuerdo que apoyaba mi cabeza sobre su vientre, tratando de oír algo, lo que fuera. Y a veces les hacía oír música clásica, aunque no habían nacido todavía. Así que aunque no puedo conectarme plenamente con María, sí puedo entender hasta dónde llegaban sus sentimientos porque viví los cuatro pequeños milagros que crecían dentro de mi esposa, además de haber presenciado los partos.

Claro que poder identificarse con María como madre no es el único punto de conexión para meditar en la Persona de Jesucristo. Es solo uno entre muchos puntos de partida. Pero creo que hay mucho que podemos aprender del ejemplo de María, que nos ayudará en nuestro viaje hacia una vida más profunda con Cristo.

MARÍA MEDITABA EN LA DECISIÓN DE DIOS DE ESCOGERLA PARA QUE DIERA A LUZ A SU HIJO

¿Puede usted imaginar lo que habrá sentido María, una virgen de tal vez solo quince años, ese día en Nazaret cuando el ángel la visitó?

A los seis meses, Dios envió al ángel Gabriel a Nazaret, pueblo de Galilea, a visitar a una joven virgen comprometida para casarse con un hombre que se llamaba José, descendiente de David. La virgen se llamaba María. El ángel se acercó a ella y le dijo:

—¡Te saludo, tú que has recibido el favor de Dios! El Señor está contigo.

Ante estas palabras, María se perturbó, y se preguntaba qué podría significar este saludo.

—No tengas miedo, María; Dios te ha concedido su favor —le dijo el ángel—. Quedarás encinta y darás a luz un hijo, y le pondrás por nombre Jesús. Él será un gran hombre, y lo llamarán Hijo del Altísimo. Dios el Señor le dará el trono de su padre David, y reinará sobre el pueblo de Jacob para siempre. Su reinado no tendrá fin.[4]

¿Qué pasaría por la mente de María en ese momento? El texto nos dice que estaba perturbada y que se preguntaba qué podía significar lo que le decía el ángel. Gabriel le dio paz diciéndole: "No tengas miedo". Reflexione por un momento en lo que dijo a continuación: "Dios te ha concedido su favor". ¡Qué declaración increíblemente bella y maravillosa! ¿Puede haber mayor gozo o sensación de maravilla al saber que disfrutamos del *favor* de Dios? Y no por algo que hayamos hecho sino como acto de pura gracia divina. Esto fue así para María. En su divina soberanía, Dios decidió favorecer a María. ¡Y este favor consistía en confiarle la encarnación de su Hijo unigénito! ¡Qué privilegio, dar a luz al Hijo de Dios! ¡Y qué enorme responsabilidad! Aun así, Dios había visto en María las cualidades de fe y carácter que estaba buscando. Esto se revela en la respuesta de María al anuncio de Gabriel:

—¿Cómo podrá suceder esto —le preguntó María al ángel—, puesto que soy virgen?

—El Espíritu Santo vendrá sobre ti, y el poder del Altísimo te cubrirá con su sombra. Así que al santo niño que va a nacer lo llamarán Hijo de Dios. También tu parienta Elisabet va a tener un hijo en su vejez; de hecho, la que decían que era estéril ya está en el sexto mes de embarazo. Porque para Dios no hay nada imposible.

—Aquí tienes a la sierva del Señor —contestó María—. Que él haga conmigo como me has dicho.

Con esto, el ángel la dejó.[5]

María pregunta: "¿Cómo puede ser...?" no porque no creyera o en son de desafío, sino a causa de su asombro. Estaba maravillada, y no creo que dudara del poder de Dios. Es que no sabía *de qué manera* lo haría Él. Tal vez también se preguntara por qué Dios la había elegido a ella. Es aquí donde encontramos su humildad, su fe sencilla.

Habiendo tranquilizado Gabriel a María y respondido su pregunta, ella revela su carácter y lo que hay en su corazón con lo que afirma entonces. María no se jacta, orgullosa por haber sido "escogida" por el Señor, sino que dice: "Aquí tienes *a la sierva del Señor*. Que Él haga conmigo como me has dicho". Estaba diciendo: "Le pertenezco a Dios y vivo para hacer su voluntad". No estaba resignándose a una fatalidad sino ¡expresando su voluntad de obedecer con gozo al Señor!

María no entendía del todo lo que sucedía, pero su corazón le pertenecía al Señor. Pasara lo que pasara en el futuro, confiaba en que Él estaría con ella y se cumpliría todo lo que le había dicho.

MARÍA MEDITÓ EN LA OBRA DE SU HIJO POR NACER

Después del anuncio de Gabriel, María tuvo mucho tiempo para reflexionar en lo que se le había dicho y para meditar en lo que significaba este hijo que crecía en su vientre. Durante una visita a su prima Elisabet, quien estaba encinta y sería la madre de Juan el Bautista, María estaba extasiada y alababa a Dios, y meditaba sobre la llegada de su hijo como cumplimiento de las promesas de Dios a Israel a lo largo de tantas generaciones.

Entonces dijo María:
—Mi alma glorifica al Señor,
Y mi espíritu se regocija en Dios mi Salvador,
porque se ha dignado fijarse en su humilde sierva.
Desde ahora me llamarán dichosa todas las generaciones,
porque el Poderoso ha hecho grandes cosas por mí.
¡Santo es su nombre!
De generación en generación
se extiende su misericordia a los que le temen.
Hizo proezas con su brazo;

desbarató las intrigas de los soberbios.
De sus tronos derrocó a los poderosos,
mientras que ha exaltado a los humildes.
A los hambrientos los colmó de bienes,
y a los ricos los despidió con las manos vacías.
Acudió en ayuda de su siervo Israel
y, cumpliendo su promesa a nuestros padres,
mostró su misericordia a Abraham
y a su descendencia para siempre.[6]

María comenzaba a entender de a poco la magnitud del plan de Dios. Reconocía que el bebé que crecía en su vientre era la continuación del eterno patrón de Dios, de bendiciones, redención y promesas cumplidas para su pueblo. En cuanto a su role en el plan de Dios, un rol para el que Dios mismo la había escogido, María se consideraba grandemente bendecida. Por fin, después de siglos de la fidelidad de Dios para con su pueblo, Él "acudió en ayuda de su siervo Israel", y María formaba parte de ello. ¡Estaba dispuesta a "desperdiciar" su vida en Jesús!

MARÍA MEDITABA EN LA NATURALEZA DE SU HIJO RECIÉN NACIDO

Los hechos en torno al nacimiento de Jesús le dieron a María otra ocasión para meditar en la actividad de Dios en su vida y en el mundo. Sería difícil concebir condiciones más humildes que aquellas bajo las cuales llegó Jesús: nacido de padres pobres, en una aldea pequeña y sin importancia, llena de gente a causa del censo, al punto que el único lugar disponible para el parto era una cueva usada como establo. No hubo fanfarria, fiesta ni gran celebración para anunciar el nacimiento de un Rey, al menos no de parte de la mano del hombre.

En algún punto durante la noche, María y José recibieron a unos humildes visitantes, pastores de los campos cercanos, que les contaron una historia asombrosa. Los había visitado un ángel, que les anunció "... *buenas noticias que serán motivo de mucha alegría para todo el pueblo. Hoy les ha nacido en la ciudad de David un Salvador, que es Cristo el Señor*".[7] El ángel les dijo que encontrarían al bebé en un pesebre. Entonces apareció un *ejército* de ángeles que proclamó:

"Gloria a Dios en las alturas, y en la tierra paz a los que gozan de su buena voluntad".[8] Después de este anuncio, los pastores no perdieron tiempo. Lucas cuenta:

> Cuando los ángeles se fueron al cielo, los pastores se dijeron unos a otros: «Vamos a Belén, a ver esto que ha pasado y que el Señor nos ha dado a conocer». Así que fueron de prisa y encontraron a María y a José, y al niño que estaba acostado en el pesebre. Cuando vieron al niño, contaron lo que les habían dicho acerca de él, y cuantos lo oyeron se asombraron de lo que los pastores decían. María, por su parte, guardaba todas estas cosas en su corazón y meditaba acerca de ellas.[9]

¿Qué cosas guardaba María y meditaba en su corazón? Ante todo, el hecho de que el nacimiento de su hijo fuera "buenas noticias de gran gozo para todo el pueblo". Me pregunto qué pensaría maría a la luz de las humildes condiciones del momento. En segundo lugar, que su hijo Jesús era "el Salvador, Cristo el Señor". En ese momento, ¿tendría María idea siquiera de que su hijo iba a tener que morir para cumplir con su rol de Salvador? Y en tercer lugar, María meditaba acerca de que el nacimiento humilde de su hijo era lo suficientemente importante como para ser anunciado por un coro de ángeles del Cielo. ¿Se preguntaba cómo sería su papel de madre del Hijo de Dios?

MARÍA MEDITABA ACERCA DEL DESTINO DE SU HIJO

El primer milagro público de Jesús fue durante una boda, y María su madre estaba allí. De hecho, fue ella la que lo inició.

> Al tercer día se celebró una boda en Caná de Galilea, y la madre de Jesús se encontraba allí. También habían sido invitados a la boda Jesús y sus discípulos. Cuando el vino se acabó, la madre de Jesús le dijo:
> —Ya no tienen vino.
> —Mujer, ¿eso qué tiene que ver conmigo? —respondió Jesús—. Todavía no ha llegado mi hora.
> Su madre dijo a los sirvientes:

—Hagan lo que él les ordene.

Había allí seis tinajas de piedra, de las que usan los judíos en sus ceremonias de purificación. En cada una cabían unos cien litros.

Jesús dijo a los sirvientes:

—Llenen de agua las tinajas.

Y los sirvientes las llenaron hasta el borde.

—Ahora saquen un poco y llévenlo al encargado del banquete —les dijo Jesús.

Así lo hicieron. El encargado del banquete probó el agua convertida en vino sin saber de dónde había salido, aunque sí lo sabían los sirvientes que habían sacado el agua. Entonces llamó aparte al novio y le dijo:

—Todos sirven primero el mejor vino, y cuando los invitados ya han bebido mucho, entonces sirven el más barato; pero tú has guardado el mejor vino hasta ahora.

Ésta, la primera de sus señales, la hizo Jesús en Caná de Galilea. Así reveló su gloria, y sus discípulos creyeron en él.[10]

Cuando se terminó el vino, ¿por qué acudió María a su hijo Jesús en busca de una solución? Por lo que sabemos a partir del registro bíblico, todavía no había visto a su hijo obrar ningún milagro. Y Jesús mismo le dijo que su "hora" todavía no había llegado. Es posible que para este momento, José hubiera fallecido ya, y que Jesús, siendo el mayor, fuera cabeza del hogar. Además, María había tenido treinta años para meditar acerca del destino de su hijo según lo anunciado en su nacimiento, además de que había podido observar que su vida era única por su condición de estar libre de pecado.[11] ¿Cómo habrá sido vivir día tras día con un hijo *sin pecado*, un hijo respetuoso y obediente que jamás contestaba mal ni merecía reproche o castigo alguno? ¿Cómo se sentiría María, habiendo pasado treinta años continuamente en presencia del divino Hijo de Dios, viéndolo crecer desde su más tierna infancia, pasar por una adolescencia incómoda hasta la madurez, como hombre fuerte, maduro y viril?

Sea cual sea la razón, es obvio que María sentía confianza en que Jesús podía hacer algo con respecto al vino. La respuesta de

Jesús no fue falta de respeto ni negación. La llamó "mujer", como muestra de afecto y respeto. "Su pregunta busca llevarnos a ver la conexión entre la revelación de su gloria y el milagro-señal que iba a obrar. La respuesta de María indica que Jesús hará algo con respecto a la necesidad que se descubre allí".[12]

Los años de meditar acerca de la Persona de Jesús parecen haber convencido a María de que su hijo tenía un destino único para cumplir y una misión singular para concretar. ¿Entendía entonces que esto llevaría a su muerte?

Aparte de satisfacer una necesidad verdadera en una situación social donde el anfitrión podría pasar vergüenza, la acción de Jesús de convertir el agua en vino fue el anuncio de su entrada al ministerio público. En cierto aspecto, fue un acto simbólico. "El vino tradicionalmente habla del gozo de la vida espiritual. Con la llegada de Jesús, ha llegado por fin lo mejor de Dios (...) Jesús convierte el agua en vino, en gozosa celebración de una nueva era".[13] ¿Entendía esto María? ¿Por eso acudió a Jesús cuando se acabó el vino? Tal vez sus meditaciones la llevaron a creer que sí había llegado la "hora" de su hijo.

MARÍA MEDITABA ACERCA DE LA MUERTE DE SU HIJO

¿Cómo podría terminar todo tan pronto? ¿Es que había nacido para morir de manera tan horrible? Dios, ¿esto es parte de tu plan? ¿Cómo puede ser? Nadie sabe qué pensamientos pasaban por la mente de María, qué apenaba su corazón mientras estaba allí en el Calvario y meditaba acerca de Jesús, colgado en la cruz. ¿Entendía en ese momento que su amado hijo era el Cordero de Dios que moriría para quitar el pecado del mundo, o lo entendió más tarde? ¿Repasó entonces en su mente todas las promesas y profecías, todas las esperanzas y los sueños que había guardado durante los últimos treinta y tres años? ¿Intentó sumarlo todo para ver si el resultado era la crucifixión?

> Junto a la cruz de Jesús estaban su madre, la hermana de su madre, María la esposa de Cleofas, y María Magdalena. Cuando Jesús vio a su madre, y a su lado al discípulo a quien él amaba, dijo a su madre:

—Mujer, ahí tienes a tu hijo.

Luego dijo al discípulo:

—Ahí tienes a tu madre.

Y desde aquel momento ese discípulo la recibió en su casa.[14]

No sabemos qué pensaba María, pero sí que Jesús pensó en ella. Tal vez como cabeza del hogar, Jesús era responsable del bienestar de su madre. Como ya no podría estar con ella, la puso al cuidado de Juan, "el discípulo a quien amaba". Desde ese día, Juan consideró a María como su propia madre, y ella a él, como a su propio hijo. ¿Por qué no le encargó Jesús a alguno de sus hermanos que cuidaran de María? Ante todo, parece que no estaban presentes. Y en segundo lugar, al momento de la muerte de Jesús, ninguno de sus hermanos creía que Él era el Mesías. Jesús puso a su madre, creyente, a cargo de Juan, también creyente.

Las meditaciones de María acerca de la Persona de Jesús en la cruz le enseñaron que el camino al gozo, la comunión y la plena unión con Dios inevitablemente nos llevan por bosques de dolor, pena y angustia de corazón.

MARÍA MEDITABA ACERCA DE LA VICTORIA DE SU HIJO RESUCITADO

Al igual que los discípulos de Jesús y otros seguidores, María tal vez no esperara volver a ver a su hijo después que lo sacaron de la cruz y lo sepultaron. Parece que ninguno de los seguidores de Jesús esperaba que resucitara de entre los muertos. Al descubrir el sepulcro vacío, se sorprendieron tanto como cualquiera. Y solo cuando Jesús se les apareció visiblemente y hecho carne, desaparecieron sus dudas. Aunque el Nuevo Testamento no indica específicamente que el Jesús resucitado apareciera ante su madre, María, no puedo aceptar la idea de que no se mostrara a la única persona en la tierra que estaba más cerca de Él que cualquier otro ser humano. En 1 Corintios Pablo habla de las apariciones de Jesús después de la resurrección.

Porque ante todo les transmití a ustedes lo que yo mismo recibí: que Cristo murió por nuestros pecados según las Escrituras, que fue sepultado, que resucitó al tercer día según las Escrituras, y que se apareció a Cefas, y luego a los doce. Después se apareció a más de quinientos hermanos a la vez, la mayoría de los cuales vive todavía, aunque algunos han muerto. Luego se apareció a Jacobo, más tarde a todos los apóstoles, y por último, como a uno nacido fuera de tiempo, se me apareció también a mí.[15]

Por cierto ¡María tiene que haberse contado entre estas personas! Creo que los hermanos de Jesús también estarían allí. De hecho, el "Jacobo" al que se refiere Pablo, quien luego fue líder de la iglesia de Jerusalén, era medio hermano de Jesús. Antes de la resurrección, no hay evidencia alguna de que los hermanos de Jesús creyeran en Él como Señor y Salvador. Pero después aparecen junto con María entre quienes estaban en el "aposento alto" en Jerusalén, esperando la venida del Espíritu Santo. ¿Qué puede haber sido lo que causó el cambio en ellos, si no el ver a Jesús resucitado, de carne y hueso?

LA EXPERIENCIA EN EL APOSENTO ALTO

Justo antes de su ascensión, Jesús mandó a sus seguidores que permanecieran en Jerusalén hasta que viniera el Espíritu Santo. Luego, imbuidos del poder del Espíritu, llevarían el mensaje del evangelio a los confines de la tierra. Habiendo dicho estas cosas, Jesús partió al Cielo.

Entonces regresaron a Jerusalén desde el monte llamado de los Olivos, situado aproximadamente a un kilómetro de la ciudad. Cuando llegaron, subieron al lugar donde se alojaban. Estaban allí Pedro, Juan, Jacobo, Andrés, Felipe, Tomás, Bartolomé, Mateo, Jacobo hijo de Alfeo, Simón el Zelote y Judas hijo de Jacobo. Todos, en un mismo espíritu, se dedicaban a la oración, junto con las mujeres y con los hermanos de Jesús y su madre María.[16]

¿En qué pensaba María mientras oraba y esperaba junto a los otros en ese aposento alto? Había visto morir a Jesús ¡y ahora lo había

LAS MEDITACIONES DEL CORAZÓN

visto resucitado! De niño Jesús se había sometido a su autoridad de madre y ahora ella se sometía a la autoridad de Él, como su Señor. ¿Adquiría sentido todo esto ahora para María? ¿Comprendía la profundidad y amplitud del eterno plan de Dios? El día de Pentecostés, cuando descendió sobre ella la "lengua como de fuego", y cuando la divina y santa Presencia descendió para habitar en ella, borboteando desde su espíritu, ¿pudo entender por fin María quién era Él, este Jesús al que ella solía llamar "hijo" y a quien ahora llamaba "Señor"?

Una vida entera de meditar en la Persona de Jesús produjo maravilla, riqueza y un tesoro indecible en el espíritu de María. Como había dicho hacía ya tantos años, el Todopoderoso había hecho por ella grandes cosas ¡y toda generación la consideraría bendita *en exceso*!

CUANDO VEMOS A JESÚS TAL COMO ES ÉL, YA NADA MÁS IMPORTA

Meditar en la Persona de Jesucristo nos ayuda a poner todo lo demás en la vida en su relación justa porque cuando vemos a Jesús tal como es Él, nuestra perspectiva cambia para siempre. Tres de los discípulos de Jesús lo descubrieron de manera vívida el día en que lo acompañaron a la cima de un monte.

Y añadió:

—Les aseguro que algunos de los aquí presentes no sufrirán la muerte sin antes haber visto el reino de Dios llegar con poder. Seis días después Jesús tomó consigo a Pedro, a Jacobo y a Juan, y los llevó a una montaña alta, donde estaban solos. Allí se transfiguró en presencia de ellos. Su ropa se volvió de un blanco resplandeciente como nadie en el mundo podría blanquearla. Y se les aparecieron Elías y Moisés, los cuales conversaban con Jesús. Tomando la palabra, Pedro le dijo a Jesús:

—Rabí, ¡qué bien que estemos aquí! Podemos levantar tres albergues: uno para ti, otro para Moisés y otro para Elías.

No sabía qué decir, porque todos estaban asustados. Entonces apareció una nube que los envolvió, de la cual salió una voz que dijo: «Éste es mi Hijo amado. ¡Escúchenlo!»

De repente, cuando miraron a su alrededor, ya no vieron a nadie más que a Jesús.[17]

Cuando Pedro, Santiago y Juan subieron a la montaña con Jesús, Él "se transfiguró" delante de ellos. Durante unos minutos casi hipnóticos, los tres discípulos vieron a su Maestro como no lo habían visto antes jamás. Se les permitió un vistazo de su gloria, la gloria que le pertenecía como Hijo de Dios. Al mismo tiempo, aparecieron las figuras de Moisés y Elías, quienes hablaban con Jesús. ¿Cómo supieron los discípulos que se trataba de Moisés y Elías? Creo que tal vez fue por revelación divina, aunque puede haber habido claves visibles.

Además de su presencia literal, creo que la aparición de Moisés y Elías también tenía un significado simbólico. Moisés representaba la Ley, y Elías, a los Profetas. Para un judío devoto, la Ley y los Profetas comprendían la suma total de la vida. Jesús era el cumplimiento y la concreción de ambas cosas.

Pedro, atónito, se disponía ya a acampar en la cima de la montaña. El pasaje dice que los tres discípulos estaban "asustados", pero que Pedro dijo: "Qué bien que estemos aquí". Es decir que tenían "temor reverencial", un temor que solo conocen los que se han hallado en la Presencia del Todopoderoso. Pedro era hablador, y ofreció levantar tres tiendas para las tres figuras exaltadas que se presentaban ante sus ojos. Podría haberle resultado fácil hablar con Moisés y Elías sobre la actividad de Dios, pasada y presente. Pero no era momento de *hablar*. Era momento para *escuchar*. Los rodeó una nube, y la voz de Dios salió de ella diciendo: "*Este es mi Hijo amado. ¡Escúchenlo!*". En ese momento, Pedro, Santiago y Juan ya no vieron a nadie más que a Jesús. Moisés y Elías ya no estaban. Por cierto, el dador de la ley y el profeta habían desaparecido de su vista, pero creo que aquí también hay un significado simbólico. Las Escrituras nos muestran a un Padre celoso de su Hijo y demuestran su gran anhelo por hablar con nosotros. Para poder oír a Dios, tenemos que concentrarnos mucho en Él como para que todo lo demás pase a segundo plano. En cierto sentido, Pedro, Santiago y Juan ya no veían a Moisés y Elías porque el Padre había dirigido sus miradas para que solo vieran a Jesús. Cuando meditamos en la Persona de Jesús, aprendemos a centrar nuestras mentes, corazones y pensamientos en Él, y excluimos todo lo demás.

CUANDO VEMOS A JESÚS TAL COMO ES ÉL, NUESTRA MIRADA CAMBIA PARA SIEMPRE

Estoy seguro de que Pedro, Santiago y Juan ya nunca más miraron a Jesús como lo hacían antes de esta experiencia en la montaña. Ver a Jesús tal como realmente era Él les reveló su gloria y cambió la perspectiva de estos hombres para siempre.

Desafortunadamente, no hay registro escrito que indique cómo vio a Jesús el apóstol Santiago, con sus propias palabras. No hay escritos suyos en el Nuevo Testamento, y fue el primero de los apóstoles en morir, hecho mártir por orden del rey Herodes Agripa, cerca del año 44 d.C.

Pero con Pedro y Juan es diferente. El Nuevo Testamento ha preservado parte de sus impresiones y descripciones de Jesús inspiradas por el Espíritu, fruto de años de contemplación, meditación, reflexión acerca de su Persona.

Así veía Pedro a Jesús:

- *"... a este Jesús, a quien ustedes crucificaron, Dios lo ha hecho Señor y Mesías".*[18]

- *"Jesucristo es 'la piedra que desecharon ustedes los constructores, y que ha llegado a ser la piedra angular". De hecho, en ningún otro hay salvación, porque no hay bajo el cielo otro nombre dado a los hombres mediante el cual podamos ser salvos".*[19]

- *"Para esto fueron llamados, porque Cristo sufrió por ustedes, dándoles ejemplo para que sigan sus pasos. «Él no cometió ningún pecado, ni hubo engaño en su boca.» (...) Él mismo, en su cuerpo, llevó al madero nuestros pecados, para que muramos al pecado y vivamos para la justicia. Por sus heridas ustedes han sido sanados".*[20]

- *"Cuando les dimos a conocer la venida de nuestro Señor Jesucristo en todo su poder, no estábamos siguiendo sutiles cuentos supersticiosos sino dando testimonio de su grandeza, que vimos con nuestros propios ojos. Él recibió honor y gloria de parte de Dios el Padre, cuando desde la majestuosa gloria se le dirigió aquella voz que dijo: «Éste es mi Hijo amado; estoy muy complacido con él». Nosotros mismos oímos esa voz que vino del cielo cuando estábamos con él en el monte santo".*[21]

En ciertos aspectos, el entendimiento que Juan tenía de Jesús era aún más profundo que el de Pedro. Y esto tal vez se deba en parte al hecho de que Juan escribió unos sesenta años después de la muerte de Jesús, con lo cual tuvo mucho tiempo para que su meditación adquiriera forma y sentido.

- *"En el principio ya existía el Verbo, y el Verbo estaba con Dios, y el Verbo era Dios. Él estaba con Dios en el principio. Por medio de él todas las cosas fueron creadas; sin él, nada de lo creado llegó a existir. En él estaba la vida, y la vida era la luz de la humanidad (...) Mas a cuantos lo recibieron, a los que creen en su nombre, les dio el derecho de ser hijos de Dios".*[22]

- *"Y el Verbo se hizo hombre y habitó entre nosotros. Y hemos contemplado su gloria, la gloria que corresponde al Hijo unigénito del Padre, lleno de gracia y de verdad".*[23]

Meditar en la Persona de Cristo Jesús es un importante modelo de meditación para nosotros, porque es al reflexionar y meditar acerca de Jesús que podemos realmente comenzar a conocerlo tal como Él se revela ante nosotros. Solo al conocer a Jesús podemos vivir en imitación con Él, y este es el propósito de nuestro andar en la fe cada día.

UNA TRANSFORMACIÓN RADICAL

¿Anhela un cambio? ¿Quiere ir hacia lo más profundo junto a Dios? ¡Las Meditaciones del Corazón entonces son para usted! Al meditar en las maravillas y los milagros de este hombre Cristo Jesús, al buscar más alto y más profundo al Amante de nuestras almas, encontraremos que nuestras vidas cambian. Este antiguo método es una manera más de "desperdiciarnos" en Jesús. Y nos lleva a la transformación radical.

Sí, al buscar una vida en imitación de Cristo, nos acercamos a Él en una unión mayor. El apóstol Pablo lo comprendía y por eso hizo de esta búsqueda el centro de su vida.

PREGUNTAS PARA LA REFLEXIÓN

1. *¿Qué cosas meditaba en su corazón María, la madre de Jesús?*

2. *¿Qué lecciones puede aprender a partir de la vida de María?*

3. *¿Qué cosas son las que usted más medita y atesora en su corazón?*

LECTURAS RECOMENDADAS

- *Waiting on God* [Esperemos en Dios], Andrew Murray (Whitaker, 1981).

- *Arrodillados sobre sus promesas*, de Jim W. Goll (Ed. Peniel, 2005).

- *The way of the heart* (El camino del corazón), de Henri Nouwen (Ballantine, 1983).

NOTAS
1. http://www.rae2.es/sopesar.
2. Elmer Towns, *Christian Meditation for Spiritual Breakthrough*, pp. 29-31.
3. Ibíd.
4. Lucas 1:26-33.
5. Lucas 1:34-38.
6. Lucas 1:46-55.
7. Lucas 2:10-11.

8. Lucas 2:14.

9. Lucas 2:15-19.

10. Juan 2:1-11.

11. Traducción libre de la cita del autor de *New Commentary on the Whote Bible, New Testament Volume* [Comentario de la Biblia], basado en el comentario de Jamieson, Fauseet y Brown; J. D. Doublas, gan. ed., Philip W. Comfort, New Testament, (versión impresa) Wheaton, IL: Tyndale House Publishers, Inc., Electronic version, Quick Verse 6.0, Parsons Technology.

12. *The Believer's Study Bible* [Biblia de estudio para el creyente], W. A. Criswell, ed., Daniel L. Akin, New Testament ed., Criswell Center for Biblical Studies, 1991; Electronic Edition STEP Files, Cedar Rapids, IA: Parsons Technology, Inc., 1998.

13. Ibíd.

14. Juan 19:25-27.

15. 1 Corintios 15:38.

16. Hechos 1:12-14.

17. Marcos 9:1-8.

18. Hechos 2:36.

19. Hechos 4:11-12.

20. 1 Pedro 2:21-22, 24.

21. 2 Pedro 1:16-18.

22. Juan 1:1-4, 12.

23. Juan 1:14.

CAPÍTULO 9

Hacia una unión mayor con Cristo

¿RECUERDA QUE EN un capítulo anterior le conté sobre mi visión con las siete puertas consecutivas? Sobre el dintel de la sexta puerta, el cartel decía "Misericordia", y esto tenía que ver con la revelación de Dios que obra en mi (nuestras) vida(s). Hace falta un corazón con gran compasión para poder seguir avanzando desde aquí.

A medida que se develaba la visión, vi que sobre la séptima puerta decía "Unión con Cristo". ¡Cómo anhelaba mi corazón la intimidad de esta unión en mi vida! A partir de esa experiencia, he buscado en Las Escrituras una forma nueva de este místico matrimonio que solemos llamar "unión mayor" y le pedí al Señor tutores y mentores para que me guiaran en ello.

Una vez más el Espíritu Santo se mostró fiel y me guió a las epístolas escritas por Pablo, siervo del Señor Jesucristo. Este hombre de veras se dejó consumir por y con Dios. Luego, mi amoroso Señor me guió con un sueño en el que me llevaban de viaje al Río San Lorenzo [N. del T. St. Lawrence, en inglés], que separa al Canadá y los Estados Unidos. Se me indicó que metiera los pies en las aguas del San Lorenzo. Al despertar supe que me esperaba una cita con los escritos del Hermano Lawrence [N. del T. Hermano Lorenzo es la traducción al español]. Y además está mi amigo Andrew Murray (a quien no conozco personalmente, ¡pero cuyos libros he devorado!).

¡Qué gran Maestro tenemos! Sigamos buscando al Amante de nuestras almas, bebiendo un sorbo de las aguas del Espíritu que nos ofrecen los siervos del Señor: Pablo, el maestro apostólico, y el Hermano Lawrence, a las puertas de su Presencia. En el camino, beberemos también un trago aquí y allí, de los que nos ofrecen otros escritores contemplativos.

DECLARACIÓN DE MISIÓN DEL APÓSTOL PABLO

Si tuviéramos que identificar una "declaración de misión" de la vida del apóstol Pablo a partir de sus escritos en el Nuevo Testamento, tal vez sería la siguiente: *"Porque para mí el vivir es Cristo y el morir es ganancia"*.[1] Pablo se identificaba con Cristo a tal punto que su propia vida no era nada en comparación. Después de presentar a los filipenses sus "credenciales" como judío y fariseo, Pablo lo ubica todo en la perspectiva correcta:

> Sin embargo, todo aquello que para mí era ganancia, ahora lo considero pérdida por causa de Cristo. Es más, todo lo considero pérdida por razón del incomparable valor de conocer a Cristo Jesús, mi Señor. Por él lo he perdido todo, y lo tengo por estiércol, a fin de ganar a Cristo y encontrarme unido a él. No quiero mi propia justicia que procede de la ley, sino la que se obtiene mediante la fe en Cristo, la justicia que procede de Dios, basada en la fe. Lo he perdido todo a fin de conocer a Cristo, experimentar el poder que se manifestó en su resurrección, participar en sus sufrimientos y llegar a ser semejante a él en su muerte. Así espero alcanzar la resurrección de entre los muertos.[2]

Es decir que Pablo consideraba que todos sus logros y su posición en la vida eran "pérdida" y "estiércol" comparados con "el incomparable valor de conocer a Cristo Jesús". Para Pablo, el objetivo en la vida era la unión con Cristo. E ir en pos de tal objetivo implicaba un proceso diario de buscar ser más y más parecido a Cristo. A los ojos de Pablo, la unión con Cristo significaba crecer cada día en la imitación de Cristo.

Veamos la intimidad en que describe esta unión. Pablo no solo quiere "ganar a Cristo", no quiere el conocimiento intelectual o conciencia de la Persona de Cristo sino identificarse plenamente con Cristo tanto en el "poder de su resurrección" como en la "participación de sus sufrimientos". Está dispuesto a aceptar lo malo junto con lo bueno porque sabe que unirse a Cristo quiere decir enemistarse con el mundo. Así como el mundo odió a Cristo, odiará a quienes lo sigan. Para Pablo esto estaba ya en el "paquete". Nadie puede vivir la plena unión con Cristo a menos que esté dispuesto a identificarse con la *muerte* de Cristo, así como con su *vida*. Por eso Pablo se consideraba "semejante" a Cristo en su muerte.

Hay para nosotros una lección importante en esto. Es muy fácil sentir gozo ante las bendiciones, los dones y los aspectos de "bienestar" de la vida en el Espíritu, al punto de que lleguemos a olvidar que el llamado al discipulado en Cristo es un llamado a la disciplina, la autonegación y la vida en sacrificio. Muchos cristianos sienten hambre y claman por lo primero, pero no quieren tener nada que ver con lo segundo. Una mayor unión con Cristo requerirá de ambas cosas. Jesús dijo: *"Si alguien quiere ser mi discípulo, que se niegue a sí mismo, lleve su cruz cada día y me siga"*.[3] En *The cost of discipleship* [El costo del discipulado], el pastor y teólogo alemán Dietrich Bonhoeffer escribe: "Al ser llamados a seguir a Cristo se nos llama a un apego exclusivo a su Persona".[4] Y dice también: "Cuando Cristo llama a una persona, le está pidiendo que venga y muera".[5]

PARA PABLO CRISTO LO ERA TODO

Parte de lo último que tenemos escrito por Pablo resume su vida: *"Yo, por mi parte, ya estoy a punto de ser ofrecido como un sacrificio, y el tiempo de mi partida ha llegado. He peleado la buena batalla, he terminado la carrera, me he mantenido en la fe"*.[6] Pablo ya hacía tiempo que consideraba toda búsqueda del propio ser como "pérdida" y "estiércol" en comparación con Cristo y se consideraba *"muertos al pecado, pero vivos para Dios en Cristo Jesús"*.[7] Ahora se veía como "sacrificio" que se vertía para Dios. Pablo consideraba que no importaba "desperdiciarse" en Jesús, porque no había cosa mejor que eso y para él, *vivir era Cristo*. Cristo era *su todo*.

IDENTIFICACIÓN TOTAL

Esta total identificación con Cristo se trasluce en todas las epístolas de Pablo en el Nuevo Testamento. Siempre se refiere a ello, de una u otra forma. Veamos algunos ejemplos:

- Imítenme a mí, como yo imito a Cristo.[8]

- Me propuse más bien, estando entre ustedes, no saber de cosa alguna, excepto de Jesucristo, y de éste crucificado.[9]

- He sido crucificado con Cristo, y ya no vivo yo sino que Cristo vive en mí. Lo que ahora vivo en el cuerpo, lo vivo por la fe en el Hijo de Dios, quien me amó y dio su vida por mí.[10]

- En cuanto a mí, jamás se me ocurra jactarme de otra cosa sino de la cruz de nuestro Señor Jesucristo, por quien el mundo ha sido crucificado para mí, y yo para el mundo.[11]

- La actitud de ustedes debe ser como la de Cristo Jesús, quien, siendo por naturaleza Dios, no consideró el ser igual a Dios como algo a qué aferrarse. Por el contrario, se rebajó voluntariamente, tomando la naturaleza de siervo y haciéndose semejante a los seres humanos. Y al manifestarse como hombre, se humilló a sí mismo y se hizo obediente hasta la muerte, ¡y muerte de cruz![12]

- Ya que han resucitado con Cristo, busquen las cosas de arriba, donde está Cristo sentado a la derecha de Dios. Concentren su atención en las cosas de arriba, no en las de la tierra, pues ustedes han muerto y su vida está escondida con Cristo en Dios. Cuando Cristo, que es la vida de ustedes, se manifieste, entonces también ustedes serán manifestados con él en gloria.[13]

- Dejen de mentirse unos a otros, ahora que se han quitado el ropaje de la vieja naturaleza con sus vicios, y se han puesto el de la nueva naturaleza, que se va renovando en conocimiento a imagen de su Creador. En esta nueva naturaleza no hay griego ni judío, circunciso ni incircunciso, culto ni inculto, esclavo ni libre, sino que Cristo es todo y está en todos.[14]

PARA PABLO EL LLAMADO ERA A SER COMO CRISTO

Pablo también urge constantemente en sus cartas a hablar, pensar y vivir de manera que reflejemos el corazón y la mente de Cristo. Veamos otros pasajes de Las Escrituras para verificar esto según su fundamento.

- Asegúrense de que nadie pague mal por mal; más bien, esfuércense siempre por hacer el bien, no sólo entre ustedes sino a todos. Estén siempre alegres, oren sin cesar, den gracias a Dios en toda situación, porque esta es su voluntad para ustedes en Cristo Jesús. No apaguen el Espíritu, no desprecien las profecías, sométanlo todo a prueba, aférrense a lo bueno, eviten toda clase de mal.[15]

- Eviten toda conversación obscena. Por el contrario, que sus palabras contribuyan a la necesaria edificación y sean de bendición para quienes escuchan.[16]

- Por lo tanto, hermanos, tomando en cuenta la misericordia de Dios, les ruego que cada uno de ustedes, en adoración espiritual, ofrezca su cuerpo como sacrificio vivo, santo y agradable a Dios. No se amolden al mundo actual, sino sean transformados mediante la renovación de su mente. Así podrán comprobar cuál es la voluntad de Dios, buena, agradable y perfecta.[17]

- Por último, hermanos, consideren bien todo lo verdadero, todo lo respetable, todo lo justo, todo lo puro, todo lo amable, todo lo digno de admiración, en fin, todo lo que sea excelente o merezca elogio.[18]

El énfasis que pone Pablo en la imitación de Cristo no surgió por casualidad ni accidente. Creo que al menos en parte fue producto de la deliberada y centrada atención y contemplación de Pablo sobre la persona de Jesucristo y su obra de propiciación en la cruz. Saulo (cuyo nombre luego fue Pablo) se encontró con Jesús en el camino a Damasco donde el glorioso interceptor emitió el llamado para que lo siguiera.

Instintivamente, Saulo supo sin duda alguna que recibir esta invitación significaba dejarlo todo atrás, incluso su propia vida. Ese es el precio de la unión con Cristo. A Saulo lo impulsaba su búsqueda de ser semejante a Cristo. Su motivación era el amor por su Señor y el reconocimiento de todo lo que Cristo había hecho por él. En su opinión, la única respuesta razonable ante este amor divino, ante la gracia y misericordia de Dios, era una vida de completa entrega y obediencia. Consideraba que entregar o "desperdiciar" su vida en Jesús era un precio muy bajo para pagar por el Amante de su alma, quien lo había dejado todo por él.

JESUCRISTO ES EL PRINCIPIO Y EL FIN

Pablo iba con toda intención en busca de la imitación de Cristo porque sabía que separado de Él no sería nada, y que su vida tampoco sería nada. La razón por la que importa tanto la unión con Cristo es que no hay vida fuera de Él. Cristo lo es todo, o no es nada. O es vida, o es muerte. Jesús mismo con sus palabras no deja lugar a dudas al respecto:

- «Yo soy el Alfa y la Omega —dice el Señor Dios—, el que es y que era y que ha de venir, el Todopoderoso».[19]

- Yo soy el Alfa y la Omega, el Primero y el Último, el Principio y el Fin.[20]

- También me dijo: «Ya todo está hecho. Yo soy el Alfa y la Omega, el Principio y el Fin. Al que tenga sed le daré a beber gratuitamente de la fuente del agua de la vida...».[21]

- Ciertamente les aseguro que, antes de que Abraham naciera, ¡yo soy![22]

- Entonces Jesús le dijo: "Yo soy la resurrección y la vida. El que cree en mí vivirá, aunque muera; y todo el que vive y cree en mí no morirá jamás. ¿Crees esto?".[23]

- Yo soy el camino, la verdad y la vida —le contestó Jesús—. Nadie llega al Padre sino por mí.[24]

Los escritores del Nuevo Testamento afirman estas mismas verdades acerca de Jesús.

- En él estaba la vida, y la vida era la luz de la humanidad.[25]

- El que tiene al Hijo, tiene la vida; el que no tiene al Hijo de Dios, no tiene la vida. Les escribo estas cosas a ustedes que creen en el nombre del Hijo de Dios, para que sepan que tienen vida eterna.[26]

Pedro dijo, en referencia a Jesús:

- De hecho, en ningún otro hay salvación, porque no hay bajo el cielo otro nombre dado a los hombres mediante el cual podamos ser salvos.[27]

¿Por qué nos hace falta esta unión con Cristo? ¿Y por qué debiéramos buscar la íntima comunión con Él? Porque solo en Él encontramos la vida. Jesucristo es vida. Solo en Él encontramos propósito y sentido. Jesucristo es el alfa y el omega. Es el principio y el fin, y todo lo que hay en el medio. Es el premio y la meta. Por eso Pablo escribió:

No es que ya lo haya conseguido todo, o que ya sea perfecto. Sin embargo, sigo adelante esperando alcanzar aquello para lo cual Cristo Jesús me alcanzó a mí. Hermanos, no pienso que yo mismo lo haya logrado ya. Más bien, una cosa hago: olvidando lo que queda atrás y esforzándome por alcanzar lo que está delante, sigo avanzando hacia la meta para ganar el premio que Dios ofrece mediante su llamamiento celestial en Cristo Jesús.[28]

Y en el mismo sentido el escritor del libro de los Hebreos nos exhorta:

... despojémonos del lastre que nos estorba, en especial del pecado que nos asedia, y corramos con perseverancia la carrera que tenemos por delante. Fijemos la mirada en Jesús, el iniciador y perfeccionador de nuestra fe...[29]

OIGAMOS LOS LATIDOS DEL CORAZÓN DE DIOS

Los latidos del corazón son segura señal de vida. Mientras el corazón late, hay vida. Jesucristo es para nosotros el latido mismo del corazón del Padre. Recordará, del capítulo uno, que Juan, el apóstol amado apoyó su cabeza sobre el pecho de Jesús durante la Última Cena. Juan tuvo el privilegio de oír los latidos de Dios. Más tarde, Juan escribiría: "*A Dios nadie lo ha visto nunca; el Hijo unigénito, que es Dios y que vive en unión íntima con el Padre, nos lo ha dado a conocer*".[30]

Jesús, quien está "en el pecho del Padre", es el latido del Padre y se ha dado a conocer. A través de Jesús, conocemos al Padre. Cuando el Padre nos envió a Jesús, nos dio lo mejor de sí. Envió su corazón. En Juan capítulo 17, Jesús ora por todos los que creen en Él: "*para que todos sean uno. Padre, así como tú estás en mí y yo en ti, permite que ellos también estén en nosotros*".[31] De esto se trata la mayor unión con Cristo. Porque el Padre y el Hijo son uno, somos uno con el Padre, en y a través del Hijo. Su corazón ahora late en nosotros. Estamos en sus pensamientos, en su mente y en su plan. Dios busca formar en nosotros al compañero adecuado para su corazón. La santa intimidad, la santa unión y el santo matrimonio. ¡Y que el hombre no separe lo que Dios ha unido!

LA UNIÓN CON CRISTO SIGNIFICA PERMANECER EN ÉL

Jesús mismo nos ofrece una de las imágenes más bellas y adecuadas de lo que significa la unión con Él. Quiere que nos peguemos, que estemos adheridos a Él, moldeados en imitación de Él, y quiere estar en nosotros.

> Permanezcan en mí, y yo permaneceré en ustedes. Así como ninguna rama puede dar fruto por sí misma, sino que tiene que permanecer en la vid, así tampoco ustedes pueden dar fruto si no permanecen en mí. Yo soy la vid y ustedes son las ramas. El que permanece en mí, como yo en él, dará mucho fruto; separados de mí no pueden ustedes hacer nada (...) Si permanecen en mí y mis palabras permanecen en ustedes, pidan lo que quieran, y se les concederá. Mi Padre es glorificado cuando ustedes dan mucho fruto y muestran así que son mis discípulos.

La única función de la rama es la de dar el fruto producido por la vid. La vida está en la vid, no en la rama. La vid sobrevivirá sin la rama, pero la rama morirá si no está unida a la vid. La rama comparte la vida de la vid siempre y cuando siga unida a ella, pegada a ella. Separados de Jesús nada podemos hacer. Pero si permanecemos en Él, Él produce su fruto en nosotros. Recuerde las palabras de Pablo: *"En cambio, el fruto del Espíritu es amor, alegría, paz, paciencia, amabilidad, bondad, fidelidad, humildad y dominio propio. No hay ley que condene estas cosas"*.[33] Ese fruto glorifica al Padre y bendice a quienes nos rodean. Los demás sabrán que estamos unidos a Cristo cuando vean su fruto en nuestras vidas.

"DÁSELOS A ANDREW"

Hace años el Señor le habló a uno de mis tutores intercesores, llamado Dick Simmons, un hombre muy querido del secreto lugar. El Señor le hablaba a Dick sobre la gran cosecha de almas que llegaría un día. El Espíritu Santo dijo: "Dáselos a Andrew". Dick no estaba del todo seguro de lo que significaba esto entonces, pero años después vio que el Señor hablaba de la pureza de las palabras de Andrew Murray.

"Dáselos a Andrew". Las palabras de este gran maestro han sido utilizadas de manera potente para dar forma a mi vida. Cuando llegue al cielo, una de las primeras personas a las que quiero conocer (después de Jesús, claro está) es Andrew Murray. Que los escritos de este hombre y otros más impacten en usted, como lo han hecho en mí.

En su clásico libro devocional *Abide in Christ* [Permanecer en Cristo], Andrew Murray describe esta conexión entre permanecer en Jesús y dar fruto. Aunque los escribió hace cien años, los libros de este ministro de la iglesia reformada holandesa de Sudáfrica han marcado mi vida más que los de cualquier autor moderno. Alabo a Dios por la revelación que le dio a Andrew Murray.

Todos sabemos lo que es el fruto: es producto de la rama, que refresca y nutre a los hombres. El fruto no es por el bien de la rama sino de aquellos que vienen a llevárselo. Tan pronto está maduro el fruto, la rama lo entrega para comenzar de nuevo su tarea de beneficencia y prepararse otra vez para dar fruto en la siguiente estación. El árbol que da fruto no vive para sí sino enteramente para aquellos a quienes sus frutos dan vida y frescura. Y así la rama existe única y enteramente para dar fruto. Para alegrar el corazón del jardinero. Este es su objetivo, su seguridad y su gloria.

¡Bella imagen del creyente que permanece en Cristo! No solo crece en fuerzas, asegurando y afirmando la unión con la Vid, sino que también da fruto, sí, mucho fruto. Tiene el poder de ofrecer a otros aquello que puedan comer para vivir. Entre todos los que lo rodean se convierte en algo así como un árbol de vida de donde pueden probar para refrescarse. Es en su círculo un centro de vida y bendición y eso, sencillamente porque permanece en Cristo y recibe de Él el Espíritu y la vida, que puede impartirles a los demás. Sepamos entonces que podemos bendecir a otros permaneciendo en Cristo y que si permanecemos en Él, ¡seguramente seremos de bendición! Tan seguro como que la rama que permanece en la vid fructífera dará fruto, y tan seguramente, más que seguramente, será de bendición el alma que permanece en Cristo con la plenitud de bendición de Él.[34]

Murray aquí nos recuerda, entre otras cosas, que el Señor no nos bendice solo por nosotros sino para que podamos ser de bendición a otros. El viaje interior de avanzar hacia su presencia y la quietud del alma al esperar ante Él no están completos hasta tanto y a menos que den como resultado un viaje hacia fuera que lleve el fuego de su amor a las personas que están tiritando en la oscuridad.

LA UNIÓN CON CRISTO SIGNIFICA APRENDER A PRACTICAR LA PRESENCIA DE DIOS

Una de las cosas que más faltan en las vidas de muchos, muchos cristianos de hoy, es la continua y diaria conciencia de la presencia de Dios. La vida tan ocupada, el atractivo del mundo y el estilo de vida sin disciplina contribuyen a insensibilizarnos a la presencia del Señor. Aprender a enfocarnos en Cristo en medio de la vida cotidiana es un desafío que todos enfrentamos. Y de eso trata este libro. Recuerde: pulse el botón de pausa.

Podemos animarnos en el viaje porque podemos recurrir a la sabiduría y experiencia de quienes nos han precedido. Una de estas personas fue un francés del siglo xvii, llamado Nicholas Herman. Herman se convirtió cuando tenía 18 años y pasó un tiempo en el ejército francés durante la Guerra de los Treinta Años, en que fue herido de gravedad. Luego pasó muchos años al servicio de una autoridad local. Cuando tenía más o menos 50 años, Herman entró en el monasterio de las Carmelitas Descalzas (la misma orden de Sta. Teresa de Ávila), en París, como hermano laico. Cambió su nombre por el de "Hermano Lawrence", y pasó el resto de su vida (treinta y seis años) trabajando entre las ollas y sartenes de la cocina del monasterio. Fue en estas humildes circunstancias que el Hermano Lawrence aprendió a practicar la presencia de Dios.

El Hermano Lawrence se ganó su reputación tanto dentro como fuera del monasterio, y muchas personas acudían a él como consejero espiritual, fuera en persona o por carta. Sus palabras de sabiduría y consejos están preservadas en *La práctica de la presencia de Dios*, un clásico de la devoción espiritual que sigue inspirando a los creyentes en nuestros días.

El Hermano Lawrence comenzó donde todos debemos comenzar: entregándose por completo a Dios.

Habiendo encontrado en varios libros diferentes métodos para ir hacia Dios, y diversas prácticas de la vida espiritual, pensé que esto me serviría más para confundirme que para hacerme más fácil aquello que estaba buscando, que no era más que saber cómo entregarme por completo a Dios. Por eso resolví dar el todo por el todo, así que habiéndome entregado por completo a Dios, para que Él se llevara mis pecados, *renuncié por amor a Él a todo lo que no fuera Él y empecé a vivir como si no hubiera nadie más que Él y yo en el mundo.*

A veces me consideraba a mí mismo ante Él como pobre criminal a los pies de su juez y otras veces lo veía en mi corazón como mi Padre, como mi Dios. Lo adoraba con tanta frecuencia como me fuera posible, manteniendo mi mente en su santa

Presencia y recordándola tan pronto descubría que mi mente se apartaba de Él.[35]

Al crecer en esta gracia de la presencia de Dios, el Hermano Lawrence descubrió una maravillosa libertad y familiaridad con Dios.

Sin embargo, si nos mantenemos fieles para permanecer en su santa presencia y siempre ponemos a Dios ante nosotros, esto no solo impide que lo ofendamos o hagamos algo que lo apene, al menos a propósito, sino que también hace nacer en nosotros una santa libertad y, si se me permite decirlo, una familiaridad con Dios por medio de la cual pedimos y con éxito, aquellas gracias que necesitamos. Con el tiempo y al repetir estas acciones con frecuencia, se hacen hábitos, y la presencia de Dios nos es *natural*.[36]

LA PRÁCTICA DE LA PRESENCIA DE DIOS TRAE GRAN DULZURA AL ALMA

En el corazón de la práctica del Hermano Lawrence, había una continua "conversación secreta" con Dios que le daba gran gozo y dulzura en el alma.

He abandonado toda forma de devoción y oraciones preestablecidas, manteniendo solo aquellas a las que me obliga mi posición. Y me ocupo solo de perseverar en su santa presencia, donde me mantengo mediante simple atención y alta estima de Dios, lo cual podría llamar presencia real de Dios, o para decirlo mejor, una conversación habitual, silenciosa y secreta del alma con Dios, que con frecuencia causa en mí gozo y rapto interior, y a veces también exterior, porque es tan grande que me obliga a utilizar métodos para moderarlo e impedir que se hagan evidentes ante los demás.

Mi método más útil es esta simple atención y esta apasionada estima en general hacia Dios, a quien me hallo muchas veces apegado con mayor dulzura y deleite que el de un bebé prendido al pecho de su madre. De modo que si se me permite utilizar la expresión, elegiría llamar a este estado el pecho de Dios por la inexpresable dulzura que saboreo y siento allí.[37]

UNA ADVERTENCIA PARA EL CAMINO

Pero el Hermano Lawrence nos advierte en contra de buscar la presencia de Dios a partir del deseo del placer personal.

Sé que para que esta práctica sea correcta el corazón debe vaciarse de todas las otras cosas porque Dios quiere ser el único que posea nuestros corazones. Y no puede poseerlo solo Él si no los vaciamos de todo lo demás, como tampoco puede obrar allí y hacer en nuestros corazones lo que le plazca a menos que los vaciemos de toda otra cosa.

No hay en el mundo vida más dulce y dichosa que la de la continua conversación con Dios. Solo pueden comprenderla quienes la practican y viven, pero no aconsejo que se lo haga por ese motivo. No es placer lo que debemos buscar en este ejercicio, sino que debemos hacerlo a partir de un principio de amor, y porque Dios quiere que seamos suyos.[38]

LA PRÁCTICA DE LA PRESENCIA DE DIOS SIGNIFICA QUE DIOS ES NUESTRO ÚNICO DESEO

Muchos cristianos hoy viven vidas ajetreadas, con poca conciencia o hambre de algo mas profundo. Lo mismo sucedía en los tiempos del Hermano Lawrence, y él no podía entenderlo.

No puedo imaginar cómo las personas religiosas pueden vivir satisfechas sin practicar la presencia de Dios. Por mi parte, me mantengo retirado con Él en el fondo o centro de mi alma, tanto como puedo y mientras estoy así con Él nada temo, aunque la idea de apartarme de Él me es insoportable...

Es (...) necesario que pongamos toda nuestra confianza en Dios dejando de lado toda otra preocupación y aun ciertas formas de devoción en particular que, aunque son buenas en sí mismas, a veces podemos practicarlas de manera irracional porque dichas devociones son solo medios para llegar al fin. Así que cuando por este ejercicio de la *presencia de Dios* estamos *con Él*, que es nuestro fin, es inútil volver a los medios. Pero podemos continuar con Él nuestro intercambio de amor, perseverando en su santa presencia, de a momentos en alabanza, o en adoración, o en deseo, o mediante acción de resignación o agradecimiento y de todas las formas que pueda inventar nuestro espíritu.[39]

El Hermano Lawrence dijo que cuanto más conocemos a Dios, tanto más lo amamos, y que a fin de cuentas, es la fe la que nos acerca más a Dios.

Que nuestra ocupación toda sea la de *conocer* a Dios, cuanto más lo conocemos tanto más *deseamos* conocerlo. Y el *conocimiento*, al ser medida del amor, cuanto más profundo y amplio, tanto mayor *conocimiento* es, tanto mayor es nuestro amor. Y si nuestro amor por Dios es grande, lo amaremos por igual en el sufrimiento como en el placer.

No nos contentemos con amar a Dios por los meros favores, que grandes y elevados pueden ser, y de los que nos ha otorgado muchísimos. Tales favores, aunque grandes, no pueden llevarnos tan cerca de Él como lo logra la fe en un simple acto. Busquémoslo a menudo por la fe. Él está en nosotros. No lo busquemos en ningún otro lugar...

Comencemos a ser devotos a Dios con toda sinceridad. Echemos fuera de nuestros corazones todo lo demás. Él quiere ser el único dueño de nuestros corazones. Roguémosle este favor. Si hacemos lo que podemos hacer, pronto veremos en nosotros ese cambio que tanto aspiramos.[40]

Aquello a lo que aspiramos es la unión con Cristo, el "ser uno" *con* Él y *en* Él. Esta *no* es la "unión" del "nirvana" del budismo, con su extinción del deseo y la conciencia individual y la absorción en el universo. Por el contrario, el "ser uno" en Cristo realza y completa nuestra condición de personas. Richard Foster lo dice de la siguiente manera:

La unión con Dios no significa perder nuestra individualidad. Lejos de causar pérdida de identidad, la unión produce una plenitud personal mayor. Nos convertimos entonces en todo aquello para lo que Dios nos creó. Los contemplativos a veces hablan de su unión con Dios usando la analogía de un tronco en el fuego: el tronco ardiente se une tanto con el fuego que se vuelve fuego mientras, a la vez, sigue siendo madera. Hay otros que lo comparan con un hierro candente en la fundición: "Nuestras personalidades se transforman, y no se pierden, en el horno del amor de Dios[41]".[42]

MÁS QUE UN DON

La unión con Cristo no significa apropiarnos de un don. Significa entrar en íntima comunión con una Persona. Para Pablo significaba parecerse cada día más y más a Jesús y para el Hermano Lawrence significaba una comunicación continua y diaria con Dios. Más allá de cómo lo describamos, la unión con Cristo es el objetivo de nuestro viaje interior.

Es probable que mostremos que desperdiciamos nuestras vidas en Jesús, con lágrimas, de manera controversial y extravagante en apasionada adoración. Pero la manifestación no es necesariamente el fruto que da la medida. ¿Su corazón arde? ¿Arde con el deseo de Dios? ¡Búsquelo entonces! ¡Aquiete su alma ante Él! Que su corazón ruegue y desee estar con Dios así como el ciervo sediento desea el agua. Pídale que lo lleve a una unión mayor con Cristo Jesús.

El calor de su gran amor nos consumirá y transformará, mientras esperamos al Señor en su presencia. Entonces, con el fuego de su amor aún en brasas dentro de nuestros corazones, estaremos ya listos para el viaje hacia fuera, que nos llevará a los barrios y naciones en vidas de servicio y sacrificio. Oh, Padre ¡danos la gracia de que produzcamos una sola sombra!

PREGUNTAS PARA LA REFLEXIÓN

1. *¿Qué significa "permanecer en Cristo"?*

2. *Según el Hermano Lawrence, ¿cómo practicamos la presencia de Jesús?*

3. *De los escritos de Pablo el apóstol, ¿cuáles son algunas de las escrituras clave que nos hablan de la unión con Cristo?*

LECTURAS RECOMENDADAS

- *Experiencing the depths of the Lord Jesus Christ* [Experimentemos las profundidades del Señor Jesucristo], de Madame Jeanne Guyon (Whitaker House, 1994).

- *The lost passions of Jesus* [Pasiones perdidas de Jesús], de Donald L. Milam, Jr. (Destiny Image, 1999).

- *La práctica de la presencia de Dios*, del Hermano Lawrence (Ed. Peniel, 2006).

NOTAS

1. Filipenses 1:21.
2. Filipenses 3:7-11.
3. Lucas 9:23.
4. Dietrich Bonhoeffer, *The Cost of Discipleship* [El costo del discipulado] (New York: The Macmillan Company, 1963), p. 63.
5. Ibíd. p. 99.
6. 2 Timoteo 4:6-7.

7. Romanos 6:11.
8. 1 Corintios 11:1.
9. 1 Corintios 2:2.
10. Gálatas 2:20.
11. Gálatas 6:14.
12. Filipenses 2:5-8.
13. Colosenses 3:1-4.
14. Colosenses 3:9-11.
15. 1 Tesalonicenses 5:15-22.
16. Efesios 4:29.
17. Romanos 12:1-2.
18. Filipenses 4:8.
19. Apocalipsis 1:8.
20. Apocalipsis 22:13.
21. Apocalipsis 21:6.
22. Juan 8:58.
23. Juan 11:25-26.
24. Juan 14:6.
25. Juan 1:4.
26. 1 Juan 5:12-13.
27. Hechos 4:12.
28. Filipenses 3:12-14.
29. Hebreos 12:1-2.
30. Juan 1:18.
31. Juan 17:21.
32. Juan 15:4-5, 7-8.
33. Gálatas 5:22-23.
34. Andrew Murray, *Abide in Christ* [Permanecer en Cristo] (Springdale, PA: Whitaker House, 1979), pp. 127128.
35. Hermano Lawrence, *La práctica de la presencia de Dios*, (Ed. Peniel, 2006).
36. Ibíd.
37. Ibíd.
38. Ibíd.
39. Ibíd.
40. Ibíd.
41. John Dalrymple, *Simple Prayer* [Oración simple] (Wilmington,

DE: Michael Glazier, 1984), pp. 109110, citado por Richard Foster en *Prayer: Finding the heart's true home*, p. 160.

42. Richard Foster, *Prayer: Finding the heart's true home*.

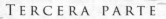

TERCERA PARTE

El viaje hacia fuera:

EL FUEGO DE SU AMOR

Al dar vuelta a la esquina, en nuestro viaje hacia la tercera parte de este libro, que es "El viaje hacia fuera: el fuego de su amor", nos apoyaremos en todo lo estudiado hasta aquí. Le presentaré el desafío de practicar la presencia de Dios, llamándolo a radicales acciones de obediencia y servicio. Pero recuerde que ¡todo lo bueno que hagamos es porque Él nos amó primero!

Marcos, uno de los autores de los Evangelios, nos dice que Jesús llamó a los discípulos para que lo acompañaran primero y que luego les envió: "*Designó a doce, a quienes nombró apóstoles, para que lo acompañaran y para enviarlos a predicar*" (Marcos 3:14). Así que este es el orden: primero debemos viajar hacia el interior y desde allí entonces podremos comenzar el viaje hacia fuera. Si invertimos el orden, yendo hacia fuera antes de haber entrado, el resultado solo puede ser una tragedia. Pero hay aquí otra tragedia y es la pena de nunca iniciar el viaje hacia fuera. Todos hemos sido llamados al interior para luego ser enviados hacia el exterior.

Madame Guyon fue una de las escritoras espirituales más sobresalientes del siglo XVII. Conocida por su profunda percepción espiritual y por su búsqueda de la unión con Dios, se la conoció sin embargo más por sus escritos espirituales, pero además, por su compasión por los pobres y necesitados. Lea en su autobiografía lo que dice:

> En acciones de caridad fui asidua. Tanta era mi ternura por los pobres que quería suplir todas sus necesidades (...) Dios me usó para rescatar a varios de las vidas desordenadas que llevaban. Fui a visitar a los enfermos, a consolarlos, a hacer sus camas. Hice ungüentos, vendé sus heridas, enterré a los muertos. Equipé a comerciantes y mecánicos entre ellos para que pudieran trabajar. Mi corazón se abrió mucho hacia mis congéneres más necesitados.[1]

A fines de los siglos XVI y XVII, el movimiento pietista se expandió por Europa oriental y eventualmente llegó a la costa oriental de Norteamérica. Fue un movimiento de reforma que se dio mayormente dentro de la iglesia luterana, y una de sus figuras centrales, August Francke, insistía en que se diera mayor valor a "una gota de amor sincero más que a un océano de conocimiento". Sobre el fundamento de este movimiento, los cuáqueros del siglo xix basaron su pasión por los pobres y marginados de la sociedad. Insistían en que la vida de paz interior tenía que estar inevitablemente asociada con su activa expresión exterior en el mundo. Y así fue.

En esta sección quiero llevarlo desde el lugar interior a un lugar de "espiritualidad activa", comenzando primero con el desarrollo de una vida de ayuno. Luego lo llevaré por el tabernáculo y le mostraré el poder de la intercesión profética. Y finalmente, estará usted ante el altar donde sentirá las brasas de fuego de Isaías para que pueda decir, en armonía con él: "Señor, envíame".

NOTA

1. Abbie C. Morrow, *Sweet Smelling Myrrh* [Mirra de dulce aroma], (Salem, OH: Schmul Publishing, 1996), p. 65.

CAPÍTULO 10

La vida de ayuno

DIOS ESTÁ SIEMPRE obrando en nosotros. Todo lo que hace tiene propósito, sentido y significado porque Dios nunca hace nada "porque sí". A lo largo de la historia, cada vez que Dios se ha preparado para obrar algo especial en la tierra o para iniciar el siguiente paso o fase de su plan, siempre les reveló sus intenciones a aquellos siervos suyos que por fe y obediencia caminaron en íntima comunión con Él. Cuando se aprestaba a destruir Sodoma y Gomorra dijo: "... ¿*Le ocultaré a Abraham lo que estoy por hacer? Es un hecho que Abraham se convertirá en una nación grande y poderosa, y en él serán bendecidas todas las naciones de la tierra*".[1] Y entonces le reveló a Abraham sus intenciones, lo cual dio como resultado que Abraham intercediera por los justos que pudiera haber en esas dos ciudades.

El profeta Amós dijo con claridad: "*En verdad, nada hace el Señor omnipotente sin antes revelar sus designios a sus siervos los profetas*".[2] Aun cuando la nación de Israel varias veces enfrentó el juicio de Dios a causa de sus pecados, Él siempre envió al pueblo primero sus mensajeros proféticos para advertirles sobre el inminente juicio y llamarlos a que se arrepintieran y volvieran a Él.

Cuando se aproximaba el momento de la llegada de Jesús, el Mesías prometido por Dios, nuevamente les reveló su obra a algunos de sus siervos que esperaban calladamente en fe, con sus corazones vueltos hacia el corazón de Dios. Les habló a María y a José. Le habló a Elisabet, madre de Juan el Bautista que pudo discernir a través del Espíritu Santo que el niño que María llevaba en el vientre era el Hijo de Dios. Les habló a Simeón y a Ana, dos siervos fieles y ya ancianos de Jerusalén que al ver a María y José en el templo dedicando su primogénito a Dios, lo reconocieron como el Prometido del Señor.

Simeón era un hombre "justo y devoto" a quien el Espíritu Santo le había dicho que vería "al Señor Jesucristo" antes de morir.[3] Cuando vio al niño Jesús, Simeón bendijo a Dios y se refirió al pequeño como *"tu salvación, que has preparado a la vista de todos los pueblos: luz que ilumina a las naciones y gloria de tu pueblo Israel".*[4]

ANA REPRESENTA LA VIDA DE TOTAL ENTREGA A DIOS

Ana es uno de mis personajes favoritos entre los que menciona La Biblia. El Evangelio de Lucas dice de Ana:

> Había también una profetisa, Ana, hija de Penuel, de la tribu de Aser. Era muy anciana; casada de joven, había vivido con su esposo siete años, y luego permaneció viuda hasta la edad de ochenta y cuatro. Nunca salía del templo, sino que día y noche adoraba a Dios con ayunos y oraciones. Llegando en ese mismo momento, Ana dio gracias a Dios y comenzó a hablar del niño a todos los que esperaban la redención de Jerusalén.[5]

A pesar de que este breve pasaje es la única vez que aparece Ana en toda La Biblia, nos dice bastante acerca de ella. Era una profetisa, lo cual significa que el Señor le daba palabra y visión profética. Quedó viuda en su juventud y aparentemente, dedicó la mayor parte de su vida a servir al Señor —tal vez durante sesenta años o más— con "ayuno y oración". ¡No es de extrañar que estuviera en contacto con Dios! Era una mujer que con todo gusto "desperdiciaba" su vida, dedicándola en devoción al Amante de su alma.

Cuando Ana vio al niño Jesús, fue exuberante en su agradecimiento a Dios y les contó a los demás sobre la llegada del Mesías. ¡Ana se comportaba como quien espera a Dios! Y creo que eso hacía.

Pasó su vida en ayuno y oración, y no durante momentos de crisis nada más sino como práctica habitual. Estaba "enferma" de amor por Dios y solo por Dios. Era una entre varias personas, y no sabemos cuántas, que ministraban en el templo, hacían ayuno con regularidad y oraban las promesas proféticas de Dios esperando con ansias la llegada del Mesías. Yo los llamo "intercesores proféticos". Los que esperaban al Mesías estaban en constante posición espiritual como para *reconocerlo* cuando llegara.

Ana es un ejemplo de quien vive entregando su vida a Cristo. Así como Dios reunió a una compañía de fieles siervos para que ayunaran y oraran antes de la primera venida del Mesías, volverá a hacerlo antes de la segunda venida del Mesías. Y volverá a llamar a sus "Simeones" y "Anas", una generación de santos de los tiempos finales que vivirán y andarán en total entrega a Dios. Serán la vanguardia que preparará el camino para la restauración del templo de Dios, llenando las casas colectivas de adoración y el reestablecimiento de las casas de oración de veinticuatro horas, en todas las ciudades de la tierra.

Y como Ana entonces y otros en su momento que anhelaban la llegada del Mesías y oraban por ello, los Simeones y las Anas de los últimos tiempos se harán eco del clamor de los santos en los momentos en que cierra el libro de Apocalipsis: *"Ven, Señor Jesús"*.[6]

LA IGLESIA NECESITA RESTAURAR EL ARTE PERDIDO DEL AYUNO

La vida cotidiana de Ana en el templo no solo estaba dedicada a la oración sino al *ayuno* y la oración. El ayuno era una práctica común no solo entre los judíos de los tiempos del Antiguo y Nuevo Testamento sino también entre los primeros cristianos. Como disciplina espiritual, el ayuno ha formado parte de las vidas de muchos cristianos a lo largo de la historia de la Iglesia. En nuestros días, sin embargo, ha caído en desuso entre los creyentes, en particular en occidente. Estamos tan satisfechos con nuestra cultura de la abundancia, tan adictos a la "mentalidad de microondas" de gratificación instantánea, que el ayuno nos parece una rara y arcaica reliquia de un pasado más sencillo y más lento que parece haber desaparecido para siempre.

La Iglesia moderna ha perdido fuerza y presencia a causa de esto. Muchos creyentes sufren de anemia espiritual porque jamás aprendieron ni conocen los beneficios del ayuno como disciplina regular. Cuando se lo entiende y practica correctamente, el ayuno es una potente arma en la guerra espiritual y una indispensable ayuda para entrar en la intimidad con Dios. Es también una de las claves para que entre la presencia de Dios en nuestras vidas. Como nos ayuda a entrar en contacto con la mente y el corazón de Dios, el ayuno también nos ayuda a prepararnos para el ministerio de transmitir a otros el amor de Dios y su fuego.

Es hora ya de que la Iglesia de occidente recupere el arte perdido del ayuno. En los últimos años, ha empezado a surgir en varias partes de la Iglesia un renovado interés y énfasis en el ayuno, y esta renovación trasciende los límites de las denominaciones. Uno de los obstáculos principales que tenemos que vencer es la ignorancia básica de muchos cristianos con respecto a lo que es el ayuno, a su importancia, y a cómo practicarlo.

HAY UN PRECEDENTE BÍBLICO PARA EL AYUNO

La primera vez que Las Escrituras mencionan el ayuno es en el relato de los cuarenta días de ayuno de Moisés, en su encuentro con Dios en el Monte Sinaí.[7] Moisés recibió entonces los Diez Mandamientos e instrucciones para levantar el tabernáculo. Las características singulares de este ayuno son que se trató de un ayuno sobrenatural. Dios, por su divino poder, le dio a Moisés la capacidad de vivir cuarenta días sin comida ni agua. Más tarde, después de que Moisés destruyó las tablas de piedra con ira por el pecado de los israelitas con el becerro de oro, observó otro ayuno *sobrenatural* en presencia de Dios mientras eran reemplazadas las tablas.[8]

En hebreo la palabra para ayuno es *tsum*, que se refiere a la voluntaria autonegación y abstinencia del alimento. Muchos estudiosos creen que el ayuno comenzó a partir de la pérdida de apetito en momentos de gran presión y tensión, como cuando Ana, madre de Samuel "se ponía a llorar y ni comer quería".[9]

Eventualmente el ayuno evolucionó hasta convertirse en una forma de hacer efectiva una petición ante Dios. Cuando en Israel se observaba el ayuno a nivel nacional, se lo usaba para buscar el favor de Dios, la protección divina o para que Él no emitiera su histórico juicio sobre el pueblo. Se convirtió entonces en práctica normal de un grupo de personas que combinaban la confesión de los pecados, el arrepentimiento y la intercesión con el ayuno.

El único ayuno requerido a todo el pueblo judío era el ayuno anual en el Día del Perdón, cuando el sumo sacerdote entraba en el Lugar Santísimo y ofrecía sacrificios por los pecados de todo el pueblo.[10] Por su parte el pueblo hacía ayuno para autoexaminarse y demostrar arrepentimiento por sus pecados.

Para la época del Nuevo Testamento, el ayuno ya era una práctica conocida y bien establecida. Los fariseos ayunaban dos veces a la semana.[11] Juan el Bautista y sus seguidores ayunaban con regularidad.[12] Jesús mismo no solo observaba el ayuno anual del Día del Perdón como parte de su linaje judío, sino que además inició su ministerio público con un ayuno extendido de cuarenta días en el desierto, donde fue tentado por satanás. Aunque dejó pocas indicaciones específicas para sus discípulos en lo que concierne el ayuno, sí les enseñó que su ayuno debía ser diferente al de los fariseos. Debían ayunar para que los viera Dios y no para impresionar a los hombres.[13] Con Jesús, el ayuno no era cuestión de "si", sino de "cuándo".

El ayuno también fue práctica habitual entre los primeros cristianos, en particular antes de ordenar a los ancianos o de apartar a las personas para una tarea o ministerio especial.[14] Pablo y otros líderes de la primera Iglesia ayunaban con regularidad.[15]

HAY UN PRECEDENTE HISTÓRICO PARA EL AYUNO

Hasta hace poco, el ayuno como disciplina espiritual había formado parte de la práctica común en la historia de la Iglesia. Según Epifanio, obispo de Salamis nacido en el año 315 d.C., los cristianos comenzaron desde el principio a ayunar dos veces a la semana, los miércoles y viernes para que no se los confundiera con los fariseos que ayunaban los martes y jueves. Epifanio declaró: "¿Quién no sabe que el ayuno de los días cuarto y sexto en la semana es observado por los cristianos en todo el mundo?".[16]

Durante los siglos II y III, el ayuno se fomentaba como parte de la preparación para recibir el bautismo por agua. Otra de las cosas que se practicaban desde el principio era el ayuno de varios días antes de la Pascua como preparación espiritual para celebrar la resurrección de Jesús, que gradualmente se convirtió en Cuaresma, el período de cuarenta días antes de la Pascua y tiempo especial de humildad, autonegación y de la búsqueda del rostro de Dios.

Desde hace mucho tiempo, el ayuno ha estado asociado con la reforma espiritual, la renovación y los movimientos de reavivamiento. Los fundadores y miembros de las órdenes monásticas medievales practicaban el ayuno como parte de su estilo de vida normal. Cada uno de los reformadores del siglo XVI, como Calvino, Lutero y otros, además de los líderes de generaciones anteriores, también practicaban el ayuno, lo mismo que los líderes de grandes reavivamientos evangélicos. John Wesley no ordenaría a un hombre para el ministerio a menos que ayunara dos días a la semana. Jonathan Edwards, una de las principales figuras del Gran Reavivamiento de Norteamérica durante el siglo XVIII, ayunó antes de predicar su famoso sermón "Pecadores en las manos de un Dios enojado". Cuando "predicó" este sermón, leyéndolo palabra por palabra a la luz de una única vela, la gente de la congregación lloró horrorizada por sus pecados ¡y se aferraban a los bancos de la iglesia por temor a hundirse de inmediato en el infierno! Cada vez que Charles Finney, el conocido evangelista y reavivador del siglo XIX sentía que perdía la unción del Espíritu Santo sobre su vida o predicación, se retiraba aparte para ayunar hasta que regresara.

Durante el Reavivamiento de Oración del Laico en Norteamérica en 1859, los cristianos ayunaron y asistieron a reuniones de oración en su hora de almuerzo. A partir de unos pocos en una iglesia de la ciudad de Nueva York, el movimiento se extendió muy pronto, y en pocas semanas había miles de personas que participaban en todas las ciudades del país, lo cual produjo cientos de conversiones. Hay historiadores que acreditan al Reavivamiento de Oración del Laico el establecimiento de la fibra espiritual que necesitaba Norteamérica para sobrevivir a los cuatro sangrientos años de la Guerra Civil, poco después.

HAY MUCHOS MOTIVOS PARA AYUNAR

Muchos de los cristianos que conocen poco acerca del ayuno suponen que se trata de pasar mucho tiempo sin comer. Y aunque tal vez sea la imagen más común y conocida, es solo uno de sus aspectos. En el libro de Mahesh Chavda, *La potencia oculta del ayuno y la oración*, encontramos un inspirador tratado sobre el tema del ayuno en su totalidad.[17]

Otro de los recursos útiles que me han ayudado a dar forma a mi perspectiva es *Fasting for Spiritual Breakthrough* [Ayuno para un avance espiritual], de Elmer Towns, donde el autor identifica nueve diferentes tipos de ayunos bíblicos.[18] La base bíblica está en Isaías:

> El ayuno que he escogido,
> ¿no es más bien romper las cadenas de injusticia
> y desatar las correas del yugo,
> poner en libertad a los oprimidos
> y romper toda atadura?
> ¿No es acaso el ayuno compartir tu pan con el hambriento
> y dar refugio a los pobres sin techo,
> vestir al desnudo
> y no dejar de lado a tus semejantes?
> Si así procedes,
> tu luz despuntara como la aurora,
> y al instante llegará tu sanidad;
> tu justicia te abrirá el camino,
> y la gloria del Señor te seguirá.[19]

1. *El ayuno del discípulo*: para "romper las ataduras de la maldad" y liberarnos y liberar a otros de la adicción al pecado. Ver Mateo 17:14-21.

2. *El ayuno de Esdras*: para "desatar las correas del yugo", resolver problemas e invitar a la ayuda del Espíritu Santo para quitar cargas y vencer obstáculos que nos impiden a nosotros y a nuestros seres amados caminar gozosos con el Señor. Ver Esdras 8:21-23.

3. *El ayuno de Samuel*: para "poner en libertad a los oprimidos", ganar almas y traer el reavivamiento, para identificarnos con las personas de todas partes que están literalmente

esclavizadas o atadas al pecado, y para orar pidiendo que Dios nos use para sacar a las personas del reino de las tinieblas, llevándolas a la maravillosa luz de Dios. Ver 1 Samuel 7:1-6.

4. *El ayuno de Elías*: para "desatar las correas del yugo", conquistando problemas mentales y emocionales que podrían controlar nuestras vidas y regresar el control al Señor. Ver 1 Reyes 19:1-8.

5. *El ayuno de la viuda*: para "compartir nuestro pan con el hambriento", cuidar a los pobres y satisfacer las necesidades humanas de los demás. Ver 1 Reyes 17:8-16.

6. *El ayuno de san Pablo*: para permitir que la luz de Dios "despunte como la aurora", trayendo entendimiento y clara perspectiva cuando tomemos decisiones cruciales. Ver Hechos 9:1-19.

7. *El ayuno de Daniel*: para "sanidad que llegue al instante", para sanidad y una vida saludable. Ver Daniel 1:3-16.

8. *El ayuno de Juan el Bautista*: para que "la justicia nos abra el camino", y que nuestros testimonios e influencia por Jesús sean vistos por los demás. Ver Lucas 1:13-17.

9. *El ayuno de Ester*: para que "la gloria del Señor nos siga", y proteja del malvado. Ver Ester 4:13-5:2.

HAY MUCHAS FORMAS DE AYUNAR

El ayuno no es siempre ni exclusivamente abstenerse de comer durante un tiempo. Hay otras formas de ayunar, otras cosas de las que podemos abstenernos como sacrificio a Dios. Por ejemplo, aquí van diez cosas de hoy que podríamos considerar como objetos de "ayuno" ante Dios:

1. Entretenimiento: películas, videos, televisión, radio, video juegos, danza secular, etc.

2. Eventos deportivos: juegos o deportes profesionales y otras formas de recreación atlética.

3. Material de lectura: revistas, libros, periódicos, otros medios periodísticos y aun ficción cristiana.

4. Computadoras: actividad en Internet, correo electrónico, juegos de computadora, etc.

5. Discurso: llamadas de teléfono, limitando el tiempo de la conversación o los temas, con un voto especial de silencio y abstención de palabras negativas o críticas.

6. Vestimenta: evitar cierto tipo y estilo de vestimenta, o tipos y estilos de ropa en particular.

7. Alimento y bebidas: ayuno parcial, limitando la ingesta de alimentos o bebidas en particular.

8. Sueño: oración por la mañana temprano, vigilia de oración, cadenas de oración en distintos horarios, etc.

9. Funciones sociales: limitar los compromisos, conferencias, seminarios y aun actividades de la iglesia, seminarios específicos, etc. durante un período de consagración específica.

10. Horario de trabajo: tomarse horas o días en la semana, libres de trabajo secular, o aun compromisos ministeriales para buscar el rostro de Dios.[20]

Rara vez se realiza el ayuno verdadero como ejercicio aislado. En casi todos los casos se practica en conjunto con una o más disciplinas o respuestas espirituales. Algunas de las actividades que acompañan los ejemplos bíblicos de ayuno pueden incluir:

1. *La oración.* Ver Esdras 8:23; Nehemías 1:4; Salmo 35:13; Daniel 9:3; Lucas 5:33.

2. *Adoración.* Ver Nehemías 9:1-3.

3. *Confesión del pecado.* Ver 1 Samuel 7:6; Nehemías 9:1-3.

4. *Humillación.* Ver Deuteronomio 9:18; Salmo 35:13, 69:10, 1 Reyes 21:27; Nehemías 9:1.

5. *Leer Las Escrituras.* Ver Nehemías 9:1-3; Jeremías 36:6, 10.

6. *Duelo*. Ver 2 Samuel 1:12; 1 Reyes 21:27; Ester 4:3; Nehemías 1:4; Joel 2:12; Esdras 10:6.

7. *Llanto*. Ver 2 Samuel 1:12; Nehemías 1:4; Ester 4:3; Salmo 69:10; Joel 2:12.

8. *Abstinencia de relaciones sexuales*. Ver 1 Corintios 7:5.[21]

COMO IGLESIA DE LOS ÚLTIMOS TIEMPOS, NECESITAMOS CONCENTRARNOS EN EL AYUNO DEL ESPOSO

El libro de Joel presenta una convincente imagen de la generación de los últimos tiempos, en progresión de *desolación, consagración y restauración*.

> Toquen la trompeta en Sión;
> den la voz de alarma en mi santo monte.
> Tiemblen todos los habitantes del país,
> pues ya viene el día del SEÑOR,
> en realidad ya está cerca.
> Día de tinieblas y oscuridad,
> día de nubes y densos nubarrones.
> Como la aurora que se extiende sobre los montes,
> así avanza un pueblo fuerte y numeroso,
> pueblo como nunca lo hubo en la antigüedad
> ni lo habrá en las generaciones futuras.
> Antes de que llegue, devora el fuego;
> cuando ya ha pasado, las llamas lo inflaman todo.
> «Antes de que llegue, el país se parece al jardín del Edén;
> cuando ya ha pasado, queda un desolado desierto;
> ¡nada escapa su poder!
> Ahora bien —afirma el SEÑOR—,
> vuélvanse a mí de todo corazón,
> con ayuno, llantos y lamentos.»
> Rásguense el corazón
> y no las vestiduras.
> Vuélvanse al SEÑOR su Dios,
> porque él es bondadoso y compasivo,
> lento para la ira y lleno de amor,

cambia de parecer y no castiga...
Toquen la trompeta en Sión,
proclamen el ayuno,
convoquen a una asamblea solemne...
Alégrense, hijos de Sión,
regocíjense en el SEÑOR su Dios,
que a su tiempo les dará las lluvias de otoño.
Les enviará la lluvia,
la de otoño y la de primavera,
como en tiempos pasados...
Después de esto,
derramaré mi Espíritu sobre todo el género humano.
Los hijos y las hijas de ustedes profetizarán,
tendrán sueños los ancianos
y visiones los jóvenes.
En esos días derramaré mi Espíritu
aun sobre los siervos y las siervas.
En el cielo y en la tierra mostraré prodigios:
sangre, fuego y columnas de humo.
El sol se convertirá en tinieblas
y la luna en sangre
antes que llegue el día del Señor,
día grande y terrible.
Y todo el que invoque el nombre del SEÑOR
escapará con vida,
porque en el monte Sión y en Jerusalén
habrá escapatoria,
como lo ha dicho el SEÑOR.
Y entre los sobrevivientes
estarán los llamados del SEÑOR.[22]

Primero hay desolación, consecuencia del pecado cuando el enemigo devasta al pueblo de Dios o la nación. Luego llega el tiempo de la consagración en que el pueblo se arrepiente y regresa a Dios. El sonido de la trompeta convoca al pueblo a ayunar, orar y llorar ante el Señor. Finalmente llega la restauración cuando Dios renueva a su pueblo enviando la lluvia temprana o tardía. La "lluvia de primavera" es el gran derramamiento del Espíritu Santo sobre su pueblo *"antes que llegue el día del SEÑOR, día grande y terrible",* con despliegue mundial de su gloria. Es precedida por la oración y el ayuno de parte del pueblo de Dios.

Podemos referirnos a este ayuno de los últimos tiempos como "Ayuno del Esposo": *"¿Acaso pueden estar de luto los invitados del novio mientras él está con ellos? Llegará el día en que se les quitará el novio; entonces sí ayunarán".*[23] La atención del ayuno del Esposo o Novio no está en el derramamiento del Espíritu, y ni siquiera en la restauración de la Iglesia sino en el glorioso retorno del Señor Jesucristo, nuestro Esposo.

EL AYUNO DEL ESPOSO ES EL AYUNO DE UN CORAZÓN ENFERMO DE AMOR

Mi amigo Mike Bickle, director de *International House of Prayer* [Casa internacional de oración], ha dado enseñanzas muy buenas sobre Mateo 9:15 y el Ayuno del Esposo. Escribe:

> Jesús estaba diciendo que el ayuno se relaciona directamente con experimentar la presencia del novio. Y es, en esencia, este su máximo propósito para tal disciplina: desarrollar en nosotros una mayor capacidad espiritual para la intimidad con nuestro esposo Dios.
>
> Jesús aseguró a quienes le cuestionaban que cuando Él les fuera quitado (a través de su muerte en la cruz), ayunarían a causa de su dolor. Sabía que sus discípulos se habían acostumbrado tanto a disfrutar de su presencia que cuando ya no estuviera estarían de duelo por haberlo perdido y comenzarían a añorar la cercanía con Él. Añorar al ser amado suele equipararse con estar enfermo de amor. ¿Puede imaginar a los sinceros amantes de Jesús, tan llenos de santa enfermedad de amor que elijan por propia voluntad vivir vidas de ayuno? De esto estaba hablando proféticamente Jesús.[24]

Mike ofrece tres resultados prácticos que podemos esperar del Ayuno del Novio.

1. Recibirá más revelación de Dios al estudiar su Palabra. ¡Imagine recibir más revelación de la belleza de Dios que fascina nuestros corazones!

2. Recibirá mayor medida de revelación, más rápido. Cuando me dicen: "No puedo esperar a recibir más de Dios", les digo que añadan el ayuno a su amorosa meditación de La Palabra. Este tipo de ayuno acelera el proceso de recibir más de Dios y también el proceso de librarnos de nuestras antiguas mentalidades, fortalezas y falta de ánimo y entusiasmo.

3. La revelación que recibimos nos toca en un nivel más profundo. El corazón ablandado en amor es el mayor regalo que el Espíritu Santo puede darle a un adorador. Vivir sintiéndonos amados por Dios, sintiendo un apasionado amor recíproco por Él es la forma de existencia más excelente. Si desea sentir más de Jesús, de manera más profunda, comience a ayunar centrándose en Jesús como esposo Dios. El Espíritu Santo otorga gracia y revelación a su pueblo que no teme pedirlo en clamor. Cuando responde usted al cortejo de Dios y abraza fuerte a su Esposo, en el banquete de Dios para su Esposa, madurará y entrará en intimidad con Él. Entonces podrá asumir su verdadera identidad como Esposa de Cristo y estar del todo preparado para su regreso.[25]

LA HORA DEL AYUNO DEL ESPOSO ES AHORA

Los que estamos en Cristo tenemos nueva motivación para el ayuno, y también un nuevo corazón: el hambre y anhelo por el regreso de nuestro Esposo. El autor Arthur Wallis, ya fallecido, escribió uno de los clásicos sobre el ayuno llamado *El ayuno escogido por Dios*. Sus palabras captan el espíritu y la urgencia del Ayuno del Esposo.

Antes de dejarlos, el Esposo prometió que volvería otra vez para recibirlos hacia sí. La Iglesia sigue esperando el grito de medianoche: "*¡Ahí viene el novio! ¡Salgan a recibirlo!*"

(Mateo 25:6). Es esta la era de la Iglesia, período de ausencia del Esposo. Es esta era de la Iglesia a la que se refirió nuestro Maestro cuando dijo: "*entonces ayunarán*". ¡Este es el momento!

Estas palabras de Jesús fueron proféticas. Los primeros cristianos las cumplieron y también muchos hombres y mujeres santos de generaciones posteriores. ¿Dónde están los que las cumplirán hoy? ¡Oh! son muy pocos y están muy separados. Son la excepción y no la regla, y esto va en desmedro de la Iglesia.

Sin embargo, está surgiendo una nueva generación. En los corazones de muchos, hay preocupación por la recuperación del poder apostólico. Pero ¿cómo recuperar el poder apostólico si abandonamos la práctica apostólica? ¿Cómo podemos esperar que fluya el poder si no preparamos los canales? El ayuno es un medio asignado por Dios para que fluyan su gracia y poder, y ya no podemos ignorarlo.

El ayuno de esta era no es un mero acto de contrición o duelo por la ausencia de Cristo, sino una acción que nos prepara para su regreso. Que las palabras proféticas "entonces ayunarán", se cumplan por fin en esta generación. Será el ayuno y la oración de la Iglesia, que oirá el grito: "*¡Vean al Esposo!*". Entonces se enjugará toda lágrima, y al ayuno seguirá el banquete de bodas del Cordero.

Y el Espíritu y la Esposa dicen: Ven. (...) Ciertamente vengo en breve. Amén; sí, ven, Señor Jesús. (Apocalipsis 22:17-20, RVR 1960).[26]

¡AYUNAMOS PORQUE AMAMOS A DIOS!

Los cristianos contemplativos ayunan a partir de una motivación diferente: están enfermos de amor por su presencia y anhelan su regreso. Creo que el Ayuno del Esposo es una revelación para nosotros. Creo que seguimos ayunando por todas las otras razones: el poder, la intervención en una crisis, la liberación, etc., pero debemos ayunar más que nada porque estamos enfermos de amor por nuestro Mesías. ¡No es siquiera sacrificio para estos amantes desperdiciar sus vidas por su Amado! Lo hacen con alegría y todo lo entregan a Jesús.

Ayunaremos porque lo amamos y queremos estar cerca de Él. Ayunaremos porque más que nada en esta vida ¡queremos a Jesús! Amén. ¡Ven, Señor Jesús! Siempre, ven, Señor Jesucristo.

PREGUNTAS PARA LA REFLEXIÓN

1. *Ofrezca un ejemplo bíblico de ayuno para intervención en una crisis.*

2. *Además de los alimentos, ¿de qué otras cosas podemos abstenernos, con propósitos espirituales?*

3. *¿Qué es el Ayuno del Esposo y en qué se difiere de los demás modelos?*

LECTURAS RECOMENDADAS

- *La potencia oculta del ayuno y la oración*, de Mahesh Chavda (Ed. Peniel, 2008).

- *Abriendo una brecha espiritual por medio del ayuno*, de Elmer Towns (Ed. Unilit, 1999).

- *El ayuno escogido por Dios*, de Arthur Wallis (Ed. Caribe Betania).

NOTAS

1. Génesis 18:17-18.
2. Amós 3:7.
3. Lucas 2:25-26.
4. Lucas 2:30-32.
5. Lucas 2:36-38.
6. Apocalipsis 22:20 (RVR 1960).
7. Ver Éxodo 34:28; Deuteronomio 9:9.
8. Ver éxodo 34:1-28; Deuteronomio 9:18.
9. 1 Samuel 1:7.
10. Ver Levítico 16.
11. Ver Lucas 18:11-12.
12. Ver Mateo 9:14-15.
13. Ver Mateo 6:16-18.
14. Ver Hechos 13:2.
15. Ver 1 Corintios 7:5; 2 Corintios 6:5.
16. Epifanio, según lo cita Elmer L. Towns en *Abriendo una brecha espiritual por medio del ayuno*, de Elmer Towns (Ed. Unilit, 1999).
17. Mahesh Chavda, *La potencia oculta del ayuno y la oración* (Ed. Peniel, 2008).
18. Elmer L. Towns, *Abriendo una brecha espiritual por medio del ayuno* (Ed. Unilit, 1999).
19. Isaías 58:6-8.
20. Towns, *Abriendo una brecha espiritual por medio del ayuno*.
21. Ibíd.
22. Joel 2:1-3, 12-13, 15, 23, 28-32.
23. Mateo 9:15.
24. Mike Bickle, "The Bridegroom's Fast", [Ayuno del esposo] (*Carisma*, Marzo 2000 p. 16).
25. Ibíd.
26. Wallis Arthur, *El ayuno escogido por Dios*, (Ed. Caribe Betania, 1974).

CAPÍTULO 11

Caminando por el tabernáculo

¿ALGUNA VEZ HA tenido un "encuentro cercano" con lo divino? Moisés sí lo tuvo, junto a la zarza ardiente cuando se puso en movimiento el propósito para toda su vida.[1] Jacob lo tuvo a orillas del río Jaboc, cuando perdió en la lucha libre pero ganó un nuevo nombre.[2] Isaías también, el día en que tomó el manto del profeta y se convirtió en vocero del Señor.[3]

Un encuentro divino de tal naturaleza tal vez no fuera lo que tenía en mente el anciano sacerdote Zacarías cuando entró en el Lugar Santísimo del templo de Herodes para quemar incienso en ofrenda al Señor.

En tiempos de Herodes, rey de Judea, hubo un sacerdote llamado Zacarías, miembro del grupo de Abías. Su esposa Elisabet también era descendiente de Aarón. Ambos eran rectos e intachables delante de Dios; obedecían todos los mandamientos y preceptos del Señor. Pero no tenían hijos, porque Elisabet era estéril; y los dos eran de edad avanzada. Un día en que Zacarías, por haber llegado el turno de su grupo, oficiaba como sacerdote delante de Dios, le tocó en suerte, según la costumbre del sacerdocio, entrar en el santuario del Señor para quemar incienso. Cuando llegó la hora de ofrecer el incienso, la multitud reunida afuera estaba orando.[4]

En la época de Zacarías, no era frecuente que hablara el Señor. No había habido profetas en la tierra desde Malaquías, más de cuatrocientos años antes. Y no solo eso sino que en la sociedad judía de ese momento, se consideraba que la esterilidad era una maldición de Dios. Sin duda, dos personas tan devotas como Zacarías y su esposa Elisabet habrían orado durante años pidiendo un hijo, pero la respuesta no había llegado. Así que Zacarías no tenía motivos para esperar una visitación personal. Además, es probable que se sintiera sobrecogido por la solemnidad del momento, buscando hacerlo todo en cumplimiento perfecto de la ley de Dios.

La oportunidad de quemar incienso en el templo era única para Zacarías, algo que solo se daría una vez en la vida. Porque los sacerdotes estaban organizados en veinticuatro divisiones que rotaban en su servicio en el templo, y cada división servía durante una semana, dos veces al año. Había unos dieciocho mil sacerdotes o más que servían durante el año. Se elegían echando suertes quienes entrarían al santuario para quemar incienso, por lo que el privilegio le tocaría a cada sacerdote solo una vez en toda su vida. El mayor momento de la vida de Zacarías como sacerdote había llegado, y quería asegurarse de hacerlo todo a la perfección.

CUANDO ZACARÍAS SE ACERCÓ A DIOS, DIOS SE ACERCÓ A ZACARÍAS

Todos los aspectos de los sacrificios diarios y la adoración en el templo estaban sujetos a detalladas instrucciones muy específicas, vigentes desde los días de Moisés. La negligencia o violación de tales leyes podía dar como resultado la muerte del sacerdote y el desastre para el pueblo. El sacerdote consciente tomaría todas las precauciones posibles para evitar ofender a la Santa Presencia.

Seguramente Zacarías habrá pensado en todo esto mientras se acercaba al altar del incienso. A medida que ascendía el humo del incienso que simbolizaba las oraciones que pedían perdón y propiciación para el pueblo, tal vez Zacarías susurrara otra oración para sí mismo y para Elisabet, pidiendo un hijo. No estaba preparado para lo que sucedió entonces.

En esto un ángel del Señor se le apareció a Zacarías a la derecha del altar del incienso. Al verlo, Zacarías se asustó, y el temor se apoderó de él. El ángel le dijo: No tengas miedo, Zacarías, pues ha sido escuchada tu oración. Tu esposa Elisabet te dará un hijo, y le pondrás por nombre Juan. Tendrás gozo y alegría, y muchos se regocijarán por su nacimiento, porque él será un gran hombre delante del Señor. Jamás tomará vino ni licor, y será lleno del Espíritu Santo aun desde su nacimiento. Hará que muchos israelitas se vuelvan al Señor su Dios. Él irá primero, delante del Señor, con el espíritu y el poder de Elías, para reconciliar a los padres con los hijos y guiar a los desobedientes a la sabiduría de los justos. De este modo preparará un pueblo bien dispuesto para recibir al Señor.[5]

Mientras cumplía con este servicio en esta única oportunidad en su vida, Zacarías recibió una visitación también única en la vida. Los tiempos de Dios siempre son perfectos. ¿Qué mejor momento para responder al mayor pedido del corazón del anciano sacerdote, que durante el punto supremo de su vida sacerdotal? Cuando Zacarías se acercó a Dios, Dios se acercó a Zacarías.

Este acercamiento de Zacarías a Dios fue un proceso muy bien orquestado.

El sacerdote que quemaba el incienso y sus asistentes iban primero al altar de las ofrendas quemadas y llenaban un incensario de oro con incienso, poniendo brasas calientes del altar en un recipiente de oro. Al pasar al patio desde el santuario golpeaban un instrumento de gran tamaño, llamado *Magrephah* convocando a todos los ministros a sus lugares. Subiendo la escalinata del santuario los sacerdotes disponían las brasas sobre el altar de oro y ubicaban el incienso, y el sacerdote principal luego quedaba solo en el santuario esperando la señal del presidente, para dar inicio a la ofrenda. Tal vez fuera en este momento que el ángel se le apareció a Zacarías. Cuando se daba esta señal la multitud se retiraba del patio interior y caía en reverencia ante el Señor. Se hacía un gran silencio mientras dentro del santuario las nubes de incienso se elevaban hacia Jehová.[6]

Dios envió a Gabriel para que le hablara directa y personalmente a Zacarías, diciéndole que su oración había sido respondida. Él y Elisabet tendrían un hijo que en su madurez sería el primer profeta en más de cuatrocientos años, predecesor del Mesías. Juan el Bautista prepararía el camino para Jesús.

No fue la perfecta observancia ritual solamente lo que permitió que Zacarías se acercara al Señor y fuera bienvenido de tal manera. Su preparación había durado toda una vida. Las Escrituras dicen que Zacarías y Elisabet eran *"rectos e intachables delante de Dios; obedecían todos los mandamientos y preceptos del Señor"*. Pudieron acercarse a Dios a partir de un estilo de vida de sumisión y obediencia a Él, motivados por el amor.

EL DISEÑO DEL TABERNÁCULO NOS BRINDA UN PATRÓN PARA ACERCARNOS A DIOS

A lo largo de este libro, hemos estado hablando de acercarnos a Dios, de una relación íntima a través de la oración contemplativa. Pero por la misma naturaleza del tema, gran parte de lo que hablamos ha sido bastante abstracto. Siempre son útiles los modelos concretos que podamos visualizar. El diseño del tabernáculo original que Dios le dio a Moisés nos brinda una ilustración del patrón divino para acercarse a Dios. El tabernáculo de Moisés estaba compuesto por tres secciones o compartimentos: el patio exterior, el patio interior o santuario, y el Lugar Santísimo. Cada sección contenía mobiliario diseñado con propósitos específicos. El patio exterior tenía el altar de bronce para los sacrificios y un recipiente con agua para lavarse. Dentro del santuario, había un candelabro de siete velas, la mesa del pan y el altar de incienso. Más allá del velo, en el Lugar Santísimo, descansaba el Arca de la Alianza, con su asiento de oro enmarcado por dos querubines de oro. El Arca de la Alianza representaba la presencia misma de Dios entre los de su pueblo. Contenía las tablas de piedra con los Diez Mandamientos, un poco de maná del desierto y la vara de Aarón que floreció. Las tablas representaban la *Palabra* de Dios, el maná representaba la *provisión* de Dios, y la vara de Aarón, la *autoridad* de Dios.

Nadie más que el sumo sacerdote podía entrar en el Lugar Santísimo y el sacerdote mismo solo podía hacerlo una vez al año, el Día del Perdón. La Ley daba instrucciones precisas al sumo sacerdote para que las observara en el Día del Perdón, y en este se revela una progresión específica hacia la presencia de Dios.

Como escribí en mi libro *El arte perdido de la intercesión*:

... Antes de que el sumo sacerdote pudiera ir más allá del velo interior hacia el Lugar Santísimo, debía ministrar en dos estaciones del patio exterior y en tres dentro del santuario. Primero, debía ofrecer el sacrificio de sangre en el altar de bronce. Luego, cumpliría con el lavado ceremonial junto al lavamanos. Después de entrar en el santuario, pasando por el velo exterior, el sacerdote se acercaría a la lámpara (con el candelabro de oro de siete velas). La mesa del pan precedía al altar de oro del incienso, que estaba inmediatamente frente al velo interior. Más allá del velo en el Lugar Santísimo estaba el arca de la alianza, con su asiento flanqueado por los querubines. Era el lugar de la comunión, el lugar donde se hacía manifiesta la Presencia de Dios y su gloria.[7]

EL TABERNÁCULO SOLO ERA UN PROTOTIPO. AHORA NOSOTROS SOMOS EL TEMPLO DE DIOS

El Tabernáculo y su mobiliario, junto con los sacrificios rituales y el lavado de los pecados en el Día del Perdón, eran todos prototipos de la obra de propiciación que de una sola vez y para siempre cumpliría Jesucristo al morir en la cruz. Sabemos a partir del libro de Hebreos que Cristo es nuestro gran sumo sacerdote que ha cumplido para siempre con todo lo que anticipaba el Tabernáculo.

Por lo tanto, ya que en Jesús, el Hijo de Dios, tenemos un gran sumo sacerdote que ha atravesado los cielos, aferrémonos a la fe que profesamos. Porque no tenemos un sumo sacerdote incapaz de compadecerse de nuestras debilidades, sino uno que ha sido tentado en todo de la misma manera que nosotros, aunque sin pecado. Así que acerquémonos confiadamente al trono de la gracia para recibir misericordia y hallar la gracia que nos ayude en el momento que más la necesitemos.[8]

Con su muerte, Jesús nos abrió el camino al Padre. Rasgó el velo y ahora tenemos acceso directo al Lugar Santísimo. En la progresión de cinco etapas del sumo sacerdote a través del tabernáculo, vemos:

1. El altar de bronce para los sacrificios: lavado en la sangre del Cordero (Jesús).

2. El lavamanos: nos lavamos en el agua de La Palabra de Dios.

3. Las siete velas del candelabro: somos "iluminados" por los "siete Espíritus" de Dios.[9]

4. La mesa del pan: comunión del cuerpo de Cristo con el pan de su presencia.

5. El altar de incienso: misterio de oración.

El ministerio de oración es el que más cerca está del corazón de Dios. Por eso el altar de incienso estaba directamente frente al velo que llevaba al Lugar Santísimo. Era símbolo de cómo pasamos de la oración a su Presencia.

El apóstol Pablo dice con claridad que como creyentes, ahora somos nosotros el templo de Dios.

¿No saben que ustedes son templo de Dios y que el Espíritu de Dios habita en ustedes? Si alguno destruye el templo de Dios, él mismo será destruido por Dios; porque el templo de Dios es sagrado, y ustedes son ese templo.[10]

¿Acaso no saben que su cuerpo es templo del Espíritu Santo, quien está en ustedes y al que han recibido de parte de Dios? Ustedes no son sus propios dueños; fueron comprados por un precio. Por tanto, honren con su cuerpo a Dios.[11]

Somos templo del Dios vivo, el arca donde Él habita. Como creyentes, llevamos su presencia y somos sacerdotes al servicio de nuestro Rey. Simón Pedro escribió que somos *linaje escogido, real sacerdocio, nación santa, pueblo que pertenece a Dios*.[12]

COMO SACERDOTES, SOMOS CENTINELAS DEL SEÑOR

Como sacerdotes ofrecemos a Dios un ministerio de oración, y de este ministerio hay varios modelos. Uno de ellos es el de la oración contemplativa, tema principal de este libro. La oración contemplativa es oración *pasiva*, *reflexiva*, con las persianas y cortinas bajas, con las puertas cerradas, en un lugar interior donde no hay nadie más que Dios y cada uno de nosotros. Se parece mucho a la enseñanza de Jesús donde nos indica que vayamos a nuestra habitación, cerrando la puerta para orar en secreto al Padre. La oración contemplativa es lo que llamamos el viaje interior para entrar en su presencia.

Otro modelo de oración es el de recordarle a Dios su Palabra. Podríamos decir que este modelo es una forma de oración de *respuesta* porque respondemos a las promesas de Dios en su Palabra y le pedimos que se mueva y actúe en respuesta a su Palabra. Hay un tercer modelo, combinación de los dos anteriores, que llamo de *intercesión profética*. Podríamos clasificarlo como forma de oración agresiva.

¿Qué quiero decir cuando hablo de recordarle a Dios su Palabra? Podríamos decir que somos como centinelas al servicio del Señor, como indica Isaías:

> Jerusalén, sobre tus muros he puesto centinelas
> que nunca callarán, ni de día ni de noche.
> Ustedes, los que invocan al Señor,
> no se den descanso;
> ni tampoco lo dejen descansar,
> hasta que establezca a Jerusalén
> y la convierta en la alabanza de la tierra.[13]

Hay algo muy interesante en esa frase: *"centinelas que nunca callarán"*. ¿Por qué? ¿Es que hay que repetirle cosas a Dios para que no las olvide? ¿Se olvida o sufre de amnesia espiritual? Claro que no. El versículo también dice que no descansaremos hasta que "Dios convierta a Jerusalén en la alabanza de la tierra". Es una referencia a promesas específicas que Dios dio en torno a Jerusalén e Israel, que creo se relacionan literalmente a Israel y espiritualmente a la Iglesia. Repetir sin callar invocando a Dios significa que como centinelas sobre los muros le presentamos en oración sus propias Palabras, y en humildad y fe le pedimos que cumpla y honre sus promesas. No es un acto de rebeldía repetirle a Dios sus promesas. Es un acto de fe. Muestra que creemos en Dios y que confiamos en que hará todo aquello que prometió.

Un buen ejemplo bíblico de este tipo de oración está en el Salmo 74:1-2:

¿Por qué, oh Dios,
nos has rechazado para siempre?
¿Por qué se ha encendido tu ira
contra las ovejas de tu prado?
Acuérdate del pueblo que adquiriste
desde tiempos antiguos,
de la tribu que redimiste
para que fuera tu posesión.
Acuérdate de este monte Sión,
que es donde tú habitas.

¿Alguna vez ha sentido que Dios lo rechazara? ¿Le parece a veces que está en medio de un desierto, sin un oasis a la vista? Así se sentía el salmista. En medio de su depresión, le recuerda a Dios dos cosas: "Recuerda a tu congregación... y al monte Sión". De esta manera le pide a Dios que se mueva por el bien de su pueblo, el remanente que le ha permanecido fiel.

HAY AL MENOS SIETE FORMAS EN QUE PODEMOS RECORDARLE A DIOS

¿Qué cosas? Wesley L. Duewel nos presenta siete cosas en su clásico *Mighty Prevailing Prayer* [La oración potente que prevalece]:[14]

1. Orar el honor y la gloria del nombre de Dios. A lo largo de La Biblia esta es una de las oraciones sacerdotales de intercesión que el pueblo presentaba ante Dios con mayor frecuencia. Le recordaban a Dios su nombre y gloria, y le suplicaban que actuara en honor a su nombre.

2. Orar la relación de Dios con nosotros. Somos hijos de Dios y tenemos derecho a apelar ante Él por esta condición.

3. Orar los atributos de Dios. Podemos presentarnos ante Dios orando su bondad, su amor, su misericordia, su fidelidad, etc.

4. Orar las necesidades y el sufrimiento de la gente.

5. Orar las respuestas a oraciones pasadas. A veces ayuda repasar la historia: recordar la fidelidad de Dios en el pasado como base para apelar por su acción en el presente. Esto edifica mucho nuestra fe.

6. Orar La Palabra y las promesas de Dios.

7. Orar la sangre de Jesús. El gran predicador Charles Haddon Spurgeon la llamó la llave que abrirá cualquier puerta. Le recordamos a Dios las cualidades de la sangre de Jesús: el perdón, la sanidad, el lavado de los pecados, la redención, la santificación y el directo acceso al trono de gracia de Dios.

ANTES DE PODER RECORDARLE A DIOS SU PALABRA, TENEMOS QUE CONOCER SU PALABRA

Es difícil poder recordarle a Dios lo que Él nos dijo si no sabemos qué es. La única forma en que podemos conocer lo que dijo Dios es leyendo, estudiando y meditando su Palabra. Si hemos de ser centinelas efectivos en los muros, tenemos que conocer íntimamente el precioso libro de promesas de Dios, que es La Biblia.

Andrew Murray relaciona la importante conexión entre la oración y La Palabra de Dios en su gran clásico, *Escuela de la oración*.

Si permanecen en mí y mis palabras permanecen en ustedes, pidan lo que quieran, y se les concederá (Juan 15:7).

La vital conexión entre la Palabra y la oración es una de las lecciones más simples y primarias en la vida cristiana. Como dijo un pagano que acababa de convertirse: "Oro, hablo con mi Padre; leo, y mi Padre me habla". Antes de la oración la Palabra de Dios me fortalece al darle a mi fe su justificación y petición. En la oración, la Palabra de Dios me prepara al revelarme lo que el Padre quiere que yo pida. Después de la oración, la Palabra de Dios me da la respuesta porque en ella el Espíritu me permite oír la voz del Padre.

Es la conexión entre su Palabra y nuestras oraciones aquello a lo que apunta Jesús cuando dice: "Si permanecen en mí y mis palabras permanecen en ustedes, pidan lo que quieran, y se les concederá". La profunda importancia de esta verdad se nos hace más clara si notamos la expresión que subyace a las palabras. Más de una vez Jesús dijo: "Permanezcan en mí, y yo permaneceré en ustedes". Su permanencia en nosotros es complemento y corona de nuestra permanencia en Él. Pero aquí, en lugar de ustedes en mí y yo en ustedes, dice "ustedes en mí, y mis palabras en ustedes". La permanencia de su Palabra es el equivalente de su propia permanencia.

Dios es el ser infinito en quien todo es vida, poder, espíritu y verdad, en el más profundo sentido de las palabras. Cuando Dios se revela en sus Palabras, de hecho está dando de sí mismo —su amor, su vida, su voluntad y su poder— a quienes reciben estas palabras en una realidad que sobrepasa nuestro entendimiento. En cada promesa nos da poder para recibirlo y darle habitación en nosotros. En todo mandamiento nos permite compartir su voluntad, su santidad y su perfección. ¡La Palabra de Dios nos da a Dios mismo!

Esa Palabra no es nada menos que el Hijo Eterno, Jesucristo. Por eso, todas las palabras de Cristo son las palabras de Dios, llenas de divina y abundante vida y poder. "Estas palabras que les digo son espíritu y son verdad. Si mis palabras permanecen en ustedes." La condición es simple y clara: en sus Palabras, se revela su voluntad. Cuando las palabras permanecen en mí su voluntad me gobierna. Mi voluntad se convierte en vasija vacía que su voluntad llena, y en instrumento dispuesto a ser gobernado por su voluntad.[15]

ORACIÓN CONTEMPLATIVA + ORACIÓN BÍBLICA = INTERCESIÓN PROFÉTICA

Cuando se trata de la oración, hay muchas gracias o unciones diferentes que el Espíritu otorga a distintas personas. Por ejemplo, está la persona de oración general, que ora listas de oración. Luego están quienes tienen una unción especial para orar por Israel. Se supone que todos hemos de orar por la paz de Jerusalén, pero quienes tienen esta unción especial tienen una carga específica por Israel y el pueblo judío.

Otros tienen la unción de orar por aquellos que tienen autoridad. Son los que podrían enumerar la lista de nombres de todos los gobernantes del mundo, junto a la ubicación y nombre de sus países. Los creyentes con la unción de oración por los misioneros tienen el don y la carga especial de interceder por los misioneros cristianos del mundo. Los que oran por el reavivamiento se centran en ver que la gloria de Dios retorne a la casa de Dios. Los intercesores de crisis son quienes saben o perciben cuándo está a punto de bullir algo en algún lugar, o cuando está por suceder algo cataclísmico o monumental, y lo presentan ante el Señor en intercesión específica.

Cuando unimos la oración comunitaria y en silencio, con recordarle a Dios su Palabra, nace la oración revelatoria o *intercesión profética*. La intercesión profética es donde dejamos de lado nuestras opiniones e ideas, y acordamos y pedimos en el nombre de Jesús. De este modo, tocamos a Jesús, y Él nos toca a nosotros. *"Además les digo que si dos de ustedes en la tierra se ponen de acuerdo sobre cualquier cosa que pidan, les será concedida por mi Padre que está en el cielo. Porque donde dos o tres se reúnen en mi nombre, allí estoy yo en medio de ellos"*.[16]

En la intercesión profética, tomamos el corazón revelador de Dios en torno a un tema, y en total entrega lo oramos de vuelta al Padre, dando nacimiento a la promesa para que sea realidad. En esto no somos más que vasijas de barro, por las que Él fluye cuando nos arrodillamos sobre las promesas.

Es difícil explicarlo, pero es casi como si uno pasara por un túnel o una puerta. Al acercarnos a Dios en oración contemplativa, vamos acercándonos cada vez más a Él, como el sumo sacerdote que pasaba por las cinco estaciones del tabernáculo al dirigirse al Lugar Santísimo.

Eventualmente entramos en ese lugar brillante, limpio y santo donde habita Dios, y nos sentamos allí en silencio, en reverencia y en pura adoración. Como Juan, el amado discípulo, ponemos el oído sobre su pecho y oímos los latidos de su corazón. Pronto observamos que nuestros corazones laten en sincronización con el corazón de Dios. Ahora, sus latidos son los nuestros. Tal vez sea solo con el objeto de entrar en comunión. Quizá Dios esté buscando un amigo que se siente a conversar con Él. Pero por otro lado, podría haber una incipiente crisis, y el ritmo que sentimos tal vez sea una carga para que surja el reavivamiento o para salvación de los perdidos.

No importa cuál sea la razón, nuestro corazón ahora late con el corazón de Dios, un solo corazón, y de ese lugar de calma comunión, la liberación reveladora del corazón de Dios entra en nuestro espíritu. Es posible que sea en forma de profecía, de visión o de trance. O en palabras que le devolvemos al Padre porque Él las ha puesto en nuestros labios, para recordarle sus promesas. Puede tratarse del idioma del espíritu, con el don de lenguas como única forma de dar voz a una agonía, un amor, un éxtasis, un deseo o urgencia demasiado grandes como para poder expresarlos con palabras humanas. Tal vez se trate de la experiencia de "Romanos 8", en que llegamos a tomar conciencia de que dependemos totalmente de Dios porque no sabemos cómo orar como debiéramos a menos que nos lo revele el Espíritu Santo. Llegamos a lo más profundo y se nos recuerda que el Espíritu Santo ha venido a habitar en nosotros y que acude a ayudarnos. Ahora intercede por nosotros y a través de nosotros de maneras que sobrepasan el entendimiento de la mente humana.

La intercesión profética pide no solo que los hombres puedan tomar decisiones para Cristo. Supone el mayor límite a los grandes propósitos de Dios. Rogamos porque la madurez de Cristo se forme en aquellos que han de responder, y que la nueva sociedad de humanidad redimida se amplíe a los confines de la tierra. Sea que se predique verdad, que se ore la carga o se pronuncie de manera espontánea, solo será profética si lleva a nuestra generación al conocimiento del corazón de Dios para nuestros tiempos.

LA INTERCESIÓN PROFÉTICA PREPARA EL CAMINO PARA EL CUMPLIMIENTO DE LAS PROMESAS PROFÉTICAS

Dios busca que llevemos nuestros corazones, mentes y vidas a un total acuerdo con su Palabra. La intercesión profética nos permite hacerlo. Es la capacidad de recibir de Dios un inmediato pedido en oración y de orarlo en divina unción. La intercesión profética es esperar ante Dios para poder "oír" o recibir la carga que Él nos da: su Palabra, advertencia, visión o promesas, respondiéndola de vuelta al Señor y luego a la gente, con acciones que se correspondan.

La intercesión profética prepara el camino para el cumplimiento de las promesas proféticas de Dios. El Espíritu de Dios compromete las promesas del pacto que Dios hizo con su pueblo a lo largo de la historia. En la intercesión profética, oramos ante el trono, por cada una de las promesas de Dios que aún han de cumplirse.

A menudo el Espíritu de Dios nos indicará que oremos por situaciones o circunstancias de las que en el plano natural no conozcamos casi nada. Por eso, oramos por lo que está en el corazón de Dios. Es el "empujoncito" que Él nos da para que pueda intervenir. Cuando oramos según esta indicación del Espíritu, la voluntad de Dios se hará en la tierra como en el cielo. Es una forma de "nacimiento" en oración. De la dulce intimidad, surge una concepción del amor de Dios. Luego esta carga, o este niño concebido, crecerá hasta que llegue el momento del parto. (Si desea leer más sobre la intercesión profética lea mi libro *Arrodillados sobre sus promesas*).

EL CAMINO PARA ENTRAR ES AHORA EL CAMINO PARA SALIR

Cuando el sumo sacerdote se acercaba progresivamente a la presencia de Dios, no permanecía para siempre en el Lugar Santísimo, aunque seguramente le habría gustado hacerlo. Tenía que dar la vuelta y volver a pasar tras el velo, junto al altar de incienso, por la mesa del pan, por el candelabro de oro, por el lavamanos y el altar de bronce, para volver al mundo donde vivía el pueblo.

Lo mismo sucede en nuestras vidas. Tenemos que aprender este camino de pasar por el tabernáculo hasta el maravilloso lugar de la gloriosa presencia de Dios. Luego, debemos llevar esa presencia con nosotros, de regreso al mundo que espera. Una cosa es segura: ¡no saldremos siendo los mismos que cuando entramos! Habremos cambiado, siendo completamente transformados por su radiante gloria y llevaremos la esencia de esa gloria dondequiera que vayamos.

Una vez que hayamos aprendido a caminar por este "camino menos transitado", encontraremos que nos resulta cada vez más fácil dejar atrás el bullicio de las voces, y aquietar el alma ante el Señor para estar en comunión con Él. ¿Por qué? Porque ¡habiendo probado la bondad del Señor estaremos impaciente por volver a entrar!

Sí, *el camino hacia adentro es el camino hacia fuera*. María y Marta pueden besarse. Podemos aprender el camino consagrado de la oración contemplativa mirando la sombra del Antiguo Testamento que nos muestra el camino por el tabernáculo y, como los sacerdotes de entonces, dejar que nuestra ropa se impregne con la fragancia del humo y llevar esta fragancia (la de Dios) a un mundo que sufre por ver, tocar y conocer el amor de Dios.

PREGUNTAS PARA LA REFLEXIÓN

1. *Enumere las estaciones consecutivas en las que ministraba el sacerdote del Antiguo Testamento.*

2. *Según el Nuevo Pacto, ¿qué simbolizan para nosotros estas estaciones del Antiguo Testamento?*

3. *Somos el templo de Dios. Relacione las enseñanzas del tabernáculo con nuestra condición de lugar de habitación de Dios.*

LECTURAS RECOMENDADAS

- *El tabernáculo de Moisés*, de Kevin Conner (Ed. Peniel, 2003).

- *Secrets of the Most Holy Place* [Secretos del Lugar Santísimo], de Don Nori (Destiny Image, 1992).

- *Acercándonos confiadamente al trono de la gracia*, de Alice Smith (Ed. Peniel, 2005).

NOTAS

1. Ver Éxodo 3:1-10.
2. Ver Génesis 32:22-28.
3. Ver Isaías 6:1-8.
4. Lucas 1:5-10.
5. Lucas 1:11-17.
6. Marvin R. Vincent, *Vincent's Word Studies*, vol. 1, *Synoptic Gospels* [Estudio de la palabra, evangelios sinópticos] Hiawatha, IA: Parsons Technology, Inc., Electronic Edition STEP Files, 1998.
7. Jim W. Goll, *El arte perdido de la intercesión* (Ed. Peniel, 2005).
8. Hebreos 4:14-16.
9. Ver Apocalipsis 1:4; 3:1; 4:5; 5:6.
10. 1 Corintios 3:16-17.
11. 1 Corintios 6:19-20.
12. 1 Pedro 2:9.
13. Isaías 62.6-7.
14. Wesley L. Duewel, *Mighty Prevailing Prayer* [La oración que plevalece poderosa] (Grand Rapids, MI: Zondervan Publishing House, 1990), pp. 301-308.
15. Andrew Murray, *Escuela de la oración* (Ed. Peniel, 2007).
16. Mateo 18:19-20.

CAPÍTULO 12

Vivas brasas candentes

NADIE QUE HAGA el viaje interno al lugar de íntima comunión del Señor sigue siendo el mismo al salir. Esa habitación interna y profunda de nuestros corazones, donde nos encontramos con Él de manera tan cercana es un lugar, no solo de dulce comunión sino también de gloriosa transformación. Como el gusano de seda del que hablaba santa Teresa, entramos allí como almas humildes y atadas a la tierra, para salir como bellas mariposas, con espíritus dispuestos a desplegar las alas y volar bien alto.

Una de las lecciones básicas de la ciencia es la que nos explica la diferencia entre los cambios físicos y químicos de toda materia. En el cambio físico, cambia el estado de la materia: del hielo al agua y al vapor, por ejemplo. Pero la composición química no varía. El agua sigue siendo H_2O, no importa en qué *estado* se encuentre. En el cambio químico, cambia no solo el estado sino también la *composición de la materia*. Cuando se echa en el fuego un trozo de madera, se vuelve uno con el fuego y se transforma en luz y energía calórica. En este proceso, la madera se consume y se convierte en algo diferente de lo que era antes: cenizas de carbón. Jamás volverá a ser un trozo de madera. En el cambio químico, lo que se transforma es la *naturaleza esencial* del objeto. *Nunca* podrá volver a ser lo que era.

En el capítulo 9, cité a Richard Foster, quien dijo: "Los contemplativos a veces hablan de su unión con Dios usando la analogía del tronco que arde en el fuego: el tronco ardiente se une con el fuego a tal punto que se convierte en fuego, aunque al mismo tiempo sigue siendo madera".[1] Allí hablaba de nuestra condición de personas. Cuando nos encontramos con el Señor, no perdemos nuestra individualidad, pero nuestra naturaleza humana se transforma por completo. Jamás podemos volver a ser como éramos antes. Es que nuestros corazones están ardiendo con el fuego de Dios, y no volveremos a ser lo que éramos.

AQUÍ ESTOY ¡ENVÍAME!

El profeta Isaías descubrió la naturaleza transformadora del fuego del Señor, por propia experiencia. Aquí está su descripción del "encuentro cercano" divino, que lo cambió para siempre:

El año de la muerte del rey Uzías, vi al Señor excelso y sublime, sentado en un trono; las orlas de su manto llenaban el templo. Por encima de él había serafines, cada uno de los cuales tenía seis alas: con dos de ellas se cubrían el rostro, con dos se cubrían los pies, y con dos volaban. Y se decían el uno al otro: "Santo, santo, santo es el Señor Todopoderoso; toda la tierra está llena de su gloria".

Al sonido de sus voces, se estremecieron los umbrales de las puertas y el templo se llenó de humo. Entonces grité: «¡Ay de mí, que estoy perdido! Soy un hombre de labios impuros y vivo en medio de un pueblo de labios blasfemos, ¡y no obstante mis ojos han visto al Rey, al Señor Todopoderoso!».

En ese momento voló hacia mí uno de los serafines. Traía en la mano una brasa que, con unas tenazas, había tomado del altar. Con ella me tocó los labios y me dijo:

«Mira, esto ha tocado tus labios;
tu maldad ha sido borrada,
y tu pecado, perdonado».

Entonces oí la voz del Señor que decía:
—¿A quién enviaré? ¿Quién irá por nosotros?
Y respondí:
—Aquí estoy. ¡Envíame a mí!²

La visión que tuvo Isaías del Señor en toda su gloria lo hizo estremecer y desesperar porque, en ese momento, reconoció su propia condición de pecador y toda su maldad. Esperaba que en cualquier momento la santidad del Todopoderoso lo fulminara. En cambio, Isaías conoció el amor, la gracia y la misericordia de Dios de manera más profunda, como nunca antes lo había concebido siquiera.

Lo que cambió la vida de Isaías fue ese toque de la "brasa ardiente" del altar del Señor. Observe que el fuego del Señor tocó a Isaías, *en el momento exacto de su confesión.* Cuando dijo: "*¡Soy un hombre de labios impuros!*", fue la brasa ardiente la que tocó sus labios. En ese instante, la iniquidad de Isaías fue borrada, y sus pecados, perdonados. Sus "labios impuros" fueron transformados en labios ungidos por Dios, para hablar la Palabra del Señor.

Los labios son una de las partes con mayor sensibilidad en el cuerpo humano. Intente imaginar por un instante el dolor de apoyar una brasa ardiente sobre sus labios. Muchas veces cuando el Señor toca nuestras vidas sufrimos, pero en ese dolor hay sanidad. Isaías necesitaba el toque de la brasa ardiente del fuego de Dios para cauterizar las heridas de su pecado y su espíritu quebrantado.

Por eso es tan importante la confesión en nuestro camino con el Señor, en particular si queremos hacer el viaje hacia el interior. Necesitamos que Dios tome la brasa ardiente de su amor y nos toque en cada uno de los puntos en que somos débiles, y que al hacerlo nos transforme en vasijas cocidas con su fuego, preparadas para llenarse con su fuego también.

Isaías salió del templo ese día siendo hombre nuevo. Como el fuego echado a las llamas, hasta el día de su muerte estuvo consumido por el fuego del Señor, llamando al pueblo de Dios a arrepentirse y volver a Él.

¿NO ARDÍAN NUESTROS CORAZONES DENTRO DE NOSOTROS?

Uno de mis capítulos favoritos en La Biblia es Lucas 24. En muchos aspectos, ha guiado gran parte de mi andar con el Señor en los últimos veinticinco años. Lo que me ha llamado la atención en particular durante todos esos años es el relato de Lucas sobre dos discípulos que se encuentran con Jesús camino a Emaús. Es tarde, el día de su resurrección:

> Aquel mismo día dos de ellos se dirigían a un pueblo llamado Emaús, a unos once kilómetros de Jerusalén. Iban conversando sobre todo lo que había acontecido. Sucedió que, mientras hablaban y discutían, Jesús mismo se acercó y comenzó a caminar con ellos; pero no lo reconocieron, pues sus ojos estaban velados.[3]

Estos dos discípulos que van desde Jerusalén a Emaús hablan de los increíbles sucesos de ese fin de semana: la crucifixión, muerte y sepultura de su Maestro, Jesús, y de los informes que algunos daban de su resurrección. Poco después este Jesús resucitado se les une en el camino, pero por alguna razón, no lo reconocen. Cuando Jesús les pregunta de qué han estado hablando, le cuentan todo lo que ha sucedido y todo lo que oyeron. Parece que en sus corazones hay dudas porque Jesús les reprende por ser tan lentos para creer.

> Entonces, comenzando por Moisés y por todos los profetas, les explicó lo que se refería a él en todas las Escrituras. Al acercarse al pueblo adonde se dirigían, Jesús hizo como que iba más lejos. Pero ellos insistieron:
>
> —Quédate con nosotros, que está atardeciendo; ya es casi de noche.
>
> Así que entró para quedarse con ellos. Luego, estando con ellos a la mesa, tomó el pan, lo bendijo, lo partió y se lo dio. Entonces se les abrieron los ojos y lo reconocieron, pero él desapareció. Se decían el uno al otro:
>
> —¿No ardía nuestro corazón mientras conversaba con nosotros en el camino y nos explicaba las Escrituras?[4]

Sin identificarse Jesús les explica a los dos discípulos todo lo que las Escrituras decían con referencia a Él. Para cuando los tres llegaron a Emaús, ya era bastante tarde. Jesús *"hizo como que iba más lejos"* pero de acuerdo a la hospitalidad de la época los dos discípulos lo invitaron a quedarse con ellos esa noche. ¿No es típica del Señor esta forma de obrar? A veces parece que está quieto, esperando que nos acerquemos a Él. Y en otras ocasiones, actúa como si pasara de largo para ver nada más si nos hacercamos y aferramos a Él. Como dice con vehemencia mi amigo Tommy Tenney: ¡Tenemos que ser perseguidores de Dios!

Durante la cena Jesús bendijo el pan y lo partió, y fue en esa acción tan familiar de comunión que sus ojos se abrieron y lo reconocieron. Tan pronto supieron quién era, Jesús desapareció ante sus ojos. Observe que los dos discípulos se decían el uno al otro: *"¿No ardía nuestro corazón mientras conversaba con nosotros en el camino y nos explicaba las Escrituras?"*. Sus corazones ardían mientras Jesús les daba revelación profética con respecto a sí mismo, a partir de la Palabra de Dios.

Cuando Jesús desapareció, ¿adónde fue? Creo que tengo idea del lugar. La razón por la que sus corazones ardían era porque Alguien había decidido residir en ellos. Sus corazones ardían porque el Espíritu de revelación les abrió los ojos para que entendieran las Escrituras. Con ojos espirituales abiertos, pudieron reconocerlo cuando partió el pan. Lo que esto nos dice es que se encontraron con Él en comunión. Cuando Él desapareció de su vista, lo que les quedó fue el fuego de Dios, las brasas ardientes, en sus corazones.

ES HORA DE VER LO BÁSICO DE LA FE CRISTIANA

Partir el pan es uno de los actos de comunión más íntimos que tenemos, sea que lo partamos con otras personas o con nuestro Señor. Cuando este Jesús resucitado partió el pan con los dos discípulos de Emaús, fue este un acto simbólico y literal a la vez. Toda la tarde Jesús había estado "partiendo el pan" de las Escrituras para ellos, alimentando sus almas hambrientas y dándoles entendimiento. En este último acto final en que literalmente partió el pan, su entendimiento fue completo, y reconocieron a Jesús como quien era en verdad: el Pan de Vida.

Jesús había abierto un lugar en sus corazones, llenándolo con su Palabra. Sus corazones, mentes y espíritus se unían con su Espíritu. Santiago dice que hemos de *"recibir con humildad la palabra sembrada en ustedes, la cual tiene poder para salvarles la vida"*.[5] Todo nuestro ser necesita ser salvado: el cuerpo, la mente, las emociones y el espíritu. Y por eso debemos "recibir la palabra sembrada".[5] Es la misma idea de las palabras de Jesús, cuando dijo: *"Yo soy la vid y ustedes son las ramas. El que permanece en mí, como yo en él, dará mucho fruto; separados de mí no pueden ustedes hacer nada* (...) *Si permanecen en mí y mis palabras permanecen en ustedes, pidan lo que quieran, y se les concederá".*[6] Hemos de apegarnos a la Palabra de Dios. Como dice el salmista, debemos guardar La Palabra de Dios en nuestros corazones.[7]

Esto es lo básico, lo primero de la fe cristiana: guardar La Palabra de Dios en nuestros corazones. Permitir que Jesús nos alimente con su Palabra. Y luego permitir que el viento del Espíritu sople sobre su Palabra, para que ese viento avive las llamas del fuego de Dios que arde en nuestros corazones. Nuestros ojos se abrirán, y tendremos conocimiento de nuestro glorioso Mesías. También entraremos entonces en el lugar de la íntima comunión donde partiremos el pan con Él y Él con nosotros. Disfrutaremos de andar a su lado, pero también habrá momentos en que parecerá que ha desaparecido. Si protestamos diciendo que ya no podemos verlo, nos recordará con suavidad y amor que caminamos por la *fe*, y no por vista.

HAY MÁS EN LA VIDA CRISTIANA QUE SOLAMENTE ATRAPAR OLAS

El Señor quiere en nosotros un fuego que arda dentro, no importa cuáles sean nuestras circunstancias externas. Y allí somos varios lo que tenemos problemas. Soy del tipo de persona que quiere atrapar todas las olas del Espíritu que lleguen. Solo quiero subirme a mi tabla y barrenar sobre cada ola hasta el final. Estoy seguro de que hay muchas otras personas que quieren lo mismo. Nos encanta correr allí donde viene la ola y saltar. Vamos a conferencias y seminarios, leemos el último libro sobre reavivamientos. Y es divertido atrapar las olas, porque nos refrescan y entusiasman. Nos hacen sentir un gozo especial. El único problema es que hay mucho más en la vida del cristiano que nada más atrapar las olas del Espíritu.

¿Qué pasa en esos períodos en que no hay olas? ¿Qué hacemos cuando el mar está calmo? Allí, tenemos que regresar a lo básico de la fe cristiana. Las olas vendrán y se irán pero La Palabra de Dios permanece para siempre, como seguro cimiento que no depende del clima. Es fácil convertirse en un "fanático de las unciones", cuya salud espiritual y vigor dependen de la dosis que pueda dar el siguiente seminario o conferencia.

Pero cuando pasa esto, corremos el riesgo de olvidarnos de lo básico, de aprender a caminar en la unción interior sembrada en nuestros corazones. Tenemos que aprender a vivir a partir de la continua unción de la presencia del Señor dentro de nosotros. Ese es el camino de la fe. Su vida no depende de las cambiantes olas que van y vienen sino del manantial interior que borbotea constantemente de la Roca que habita en nosotros: el Señor Jesucristo. Piense en las palabras de Pablo en Efesios.

Por esta razón me arrodillo delante del Padre, de quien recibe nombre toda familia en el cielo y en la tierra. Le pido que, por medio del Espíritu y con el poder que procede de sus gloriosas riquezas, los **fortalezca a ustedes en lo íntimo de su ser, para que por fe Cristo habite en sus corazones**. Y pido que, arraigados y cimentados en amor, puedan comprender, junto con todos los santos, cuán ancho y largo, alto y profundo es el amor de Cristo; en fin, que conozcan ese amor que sobrepasa nuestro conocimiento, **para que sean llenos de la plenitud de Dios**.[8]

El deseo de nuestro Padre es que nos fortalezcamos en "el hombre interior" mediante la presencia de Cristo en nuestros corazones. Como Cristo es *"Toda la plenitud de la divinidad (...) en forma corporal..."*[9], cuando habita nuestros corazones, estamos "llenos de la plenitud de Dios". Al aprender a entregarnos al señorío de Dios en humildad y obediencia, esa plenitud rebosará y se derramará sobre quienes nos rodean. Las brasas candentes que hay en nuestros corazones arderán hasta producir un fuego que ya no podremos contener en nuestro interior. Será como lo que sintió Jeremías cuando escribió: *"Si digo: «No me acordaré más de él, ni hablaré más en su nombre», entonces su palabra en mi interior se vuelve un fuego ardiente que me cala hasta los huesos. He hecho todo lo posible por contenerla, pero ya no puedo más"*.[10]

SOMOS LLAMADOS A SER PORTADORES DEL FUEGO

El Señor nos ha llamado a ser portadores de su fuego, de su presencia. Pablo dijo que el gran misterio de todos los tiempos es Cristo *en* nosotros, la esperanza de gloria.[11] No puede haber mayor manifestación del Espíritu que Cristo viviendo su vida en y *a través de* nosotros.

Tenemos que pasar por el patio exterior, digamos, hacia el patio interior para obtener el fuego interno que llevaremos de regreso al mundo. Entramos por la puerta de la confesión y el arrepentimiento donde nos lava la sangre de Jesús en el altar de bronce. Luego nos lavamos en el lavamanos de La Palabra de Dios, permitiendo que nos transforme mediante la renovación de nuestras mentes para que podamos probar lo bueno, aceptable y perfecto de la voluntad de Dios.[12]

Al pasar por el candelabro de oro, nos "ilumina" el brillo de la unción y los dones del Espíritu. Y más allá está la mesa del pan, donde se encuentra dispuesto el pan del cuerpo de Jesús. Entramos en comunión con Él allí, y luego avanzamos al altar de incienso donde tomamos las brasas ardientes que se mezclan con el incienso de las oraciones de los santos. Finalmente, cuando todo está preparado ya, pasamos más allá del velo al Lugar Santísimo, la más interna "mansión" de nuestros corazones donde habita el Señor mismo. La mezcla del fuego con el incienso de las oraciones de los santos crea el humo de su presencia. El Señor está allí y Él entra en comunión con nosotros.

El Arca de la Alianza del Antiguo Testamento contenía las tablas de la Ley (La Palabra de Dios), una vasija con Maná (la provisión de Dios, Jesús el Pan de Vida) y la vara de Aarón que floreció (la autoridad de Dios). ¿Qué hay dentro de su arca? ¿Ha guardado en su arca algo de La Palabra de Dios sobre lo que pueda soplar el Espíritu Santo y convertirlo en reveladora presencia? Guarde su Palabra. Llame al divino viento de la iluminación para que avive las llamas. El fuego calienta, ilumina y purifica. Cuando el fuego arde en nuestros corazones, siembra en nosotros el espíritu de iluminación y revelación. El fuego santifica y nos da poder.

Como dijo el Hermano Lawrence, necesitamos *practicar* la presencia de Dios a diario. Nunca debemos intentar hacer en público o "en la plataforma" lo que no practicamos en privado. Quien lo haga necesita que se le libre de un "espíritu de actuación". Hay un espíritu del entretenimiento que se ha filtrado en el cristianismo de Occidente. Somos buenos "actores", pero no hemos mantenido como debemos ese fuego interior. Es hora de que avancemos hacia el viaje interior porque a la larga solamente seremos exitosos en el camino hacia fuera en la misma medida que lo seamos para mantener el fuego interior.

EL SEÑOR BUSCA PARA VER SI TENEMOS EL FUEGO INTERIOR

No hace mucho tuve un potente encuentro con el Señor mientras participaba de una conferencia de *Catch the Fire* [Atrapar el fuego] en Birmingham, Inglaterra. Debía hablar por la mañana, y la noche anterior me quedé apartado de la asamblea general para poder pasar tiempo a solas con Dios. Esa noche estuve tres horas acostado en mi cama orando en silencio en el don de lenguas y en comunión con mi Señor, espíritu con Espíritu.

Y entonces oír que el Señor me decía: "Vengo a ver si hay fuego en tu altar". Me asustó un poco esto porque después de todo, había escrito y enseñado sobre el tema. Me encantaba e intentaba enseñarlo a otros. Ahora el Señor mismo me decía: "Voy a inspeccionar tu casa para ver si hay algo más que solo palabras y revelación y dones".

Fue entonces como si pasara por una "tomografía" espiritual. Sentí que la presencia de Dios comenzaba por mis pies y lentamente subía por mi cuerpo. Penetraba hasta lo más profundo, hasta mi corazón. En ese punto, el Señor por su gracia me permitió ver lo que Él estaba viendo. En el altar de mi corazón, había brasas ardientes, y entonces me dijo: "Te mando a regalar esas brasas de fuego vivo que te he dado y a enseñarle a mi pueblo a mantener vivo el fuego interior".

Hay un hogar a leños en la casa de nuestro Padre (somos nosotros), y Él mira para ver si el fuego está encendido. Si alguna vez ha disfrutado del calor de un hogar a leña, sabrá que es acogedor y agradable sentarse allí, junto al fuego, en silencio. Tal vez lo haga con un amigo o con su cónyuge, y se queden mirando cómo se quema la madera, escuchando el crujir y crepitar con atención. Es una atmósfera en la que uno puede bajar la guardia, compartir sus secretos más íntimos y disfrutar de una mayor unión con quien lo acompaña. El Señor es quien nos acompaña y Él mira para ver si el fuego está ardiendo. Quiere que haya un lugar en nuestros corazones donde podamos estar junto al fuego, calentándonos con Él, y donde Él pueda satisfacer nuestras almas. ¡Quiere que en nuestros corazones arda un fuego apasionado!

TENEMOS QUE VOLVER AL CAMINO A EMAÚS

Recuerdo un viaje de oración en Israel que hicimos con mi esposa y nuestro querido amigo Avner Bosky, quien encabeza el ministerio *Final Frontiers* [Fronteras finales], con base en Israel. Mientras estuvimos allí, Avner nos llevó a lugares que las excursiones no suelen incluir, a los caminos menos transitados. Avner no tenía idea de cuánto amaba yo el capítulo 24 de Lucas, pero uno de los lugares a los que nos llevó fue el camino a Emaús. ¡Qué bendición fue caminar por el mismo camino que pisaron Jesús y esos dos discípulos hace más de dos mil años!

Al mismo tiempo, sentí en mi espíritu una carga y convicción porque hoy el camino a Emaús está descuidado, con malezas, un sendero irregular en las colinas que ya casi nadie recorre. En el plano natural, describe la necesidad actual de que el Cuerpo de Cristo regrese al Emaús del fuego interior. Es un sendero abandonado que tenemos que restaurar.

Es el camino en el que Jesús se acerca y camina con nosotros, dándonos su Palabra y abriéndonos su corazón. Es el camino en el que meditamos La Palabra escrita de Dios y reflexionamos en la Palabra viva de Dios que habita nuestros corazones. Mientras caminaba yo por ese camino a Emaús, medité en cómo ardían los corazones de esos dos discípulos que se encontraron con Jesús. Sentí que mi corazón se rompía de la emoción y lloré ante el Señor.

Nuestro amoroso Padre y Señor lleno de gracia quiere que nuestros corazones ardan como los de esos dos discípulos camino a Emaús. Quiere que nuestros corazones latan en sintonía con el suyo, que sintamos lo que Él siente, nos apene lo que a Él le apena y nos regocijemos con lo que a Él lo regocija, y que amemos como ama Él. Su corazón arde por nosotros, para que tomemos las brasas ardientes de nuestros corazones y las pongamos sobre otras personas justamente en sus lugares de quebranto y sufrimiento para que la pureza de su amor y gracia, que limpian y lavan, pueda cauterizar sus heridas y darles sanidad, liberación y redención.

Así como una brasa ardiente del altar del Cielo tocó los labios de Isaías, limpiándolo por dentro y por fuera y encendiendo una llama en su corazón que no se apagaría jamás, el Señor quiere tocarnos. Quiere tomar esa misma brasa ardiente y encender nuestros corazones con una pasión candente por Él, que nos consuma por completo y aun así nos preserve en perfecta unión con Él.

EL FUEGO DE SU AMOR

Lo que va hacia adentro es para que salga hacia fuera, y el fuego vivo en el altar de nuestros corazones es el combustible que nos impulsará desde el calor de nuestro Emaús personal a los caminos oscuros, pisoteados, cansados y desesperanzados de un mundo perdido y dolido. Somos ofrenda viva para el Señor, que nos vertemos y desperdiciamos por Él así como lo era el perfume de nardo que María de Betania usó para ungir los pies de Jesús. ¡Qué arda el fuego!

Sigamos los caminos de quienes nos han precedido. Practique la presencia de Dios como el Hermano Lawrence. Inscríbase con Cristo en la escuela de la oración como Andrew Murray. Conozca que hay muchas habitaciones en la casa de nuestro Padre, como lo supo santa Teresa. Camine en las huellas de Josué en oración de meditación. Déjese consumir por el fuego del amor, entrando en el Ayuno del Esposo, junto a Ana la profetisa que oraba.

¡Entréguele todo su ser! No se guarde nada. Sea extravagante y acérquese a Dios. Después de todo, ¿no es digno Él de nuestra entrega total? Con anhelo santo, esta es mi epístola de pasión, escrita para usted.

PREGUNTAS PARA LA REFLEXIÓN

1. *El ángel tomó brasas encendidas del altar y con ellas tocó los labios de Isaías. ¿Cuál fue el resultado?*

2. *En el Antiguo Testamento, ¿dónde estaban las brasas? ¿Qué estación es esa y dónde se encontraba?*

3. *Si Dios viniera a inspeccionar su templo, ¿qué encontraría en el altar de su corazón?*

LECTURAS RECOMENDADAS

- *El arte perdido de la intercesión*, Jim Goll (Ed. Peniel, 2005).

- *Por qué no llega el avivamiento*, de Leonard Ravenhill (Ed. Peniel, 2008).

- *Fire on the altar* [Fuego en el altar], de Jim Goll (Ministry to the nations, 1996).

NOTAS

1. Richard Foster, *Prayer: Finding the Heart's true home*, (San Francisco, CA: Harper Collins, 1992), p. 159-160.
2. Isaías 6:1-8.
3. Lucas 24:13-16.
4. Lucas 24:27-32.
5. Santiago 1:21.
6. Juan 15:5, 7.
7. Ver Salmo 119:11.

8. Efesios 3:14-19 (énfasis añadido por el autor).
9. Colosenses 2:9.
10. Jeremías 20:9.
11. Ver Colosenses 1:26-27.
12. Ver Romanos 12:2.

CUARTA PARTE

La práctica de la presencia de Dios

POR EL
HERMANO LAWRENCE

Las cartas del Hermano Lawrence son el corazón y el alma de lo que se titula "Práctica de la presencia de Dios". Escribió todas sus cartas en los últimos diez años de su vida, algunas a amigos de siempre, una hermana carmelita y otra monja en un convento cercano. Una de ellas, o ambas, eran de su aldea natal y tal vez fueron parientes suyos.

La primera carta tal vez se la haya escrito a la prior de uno de esos conventos. La segunda, al consejero espiritual del Hermano Lawrence. Observe que la cuarta carta está escrita en tercera persona, y que el Hermano Lawrence describe su propia experiencia. Todas las cartas siguen la tradición de reemplazar los nombres específicos por la letra "M".

Esta es una presentación adaptada y actualizada de las palabras del Hermano Lawrence. Aunque fueron escritas hace siglos, sé que acordará conmigo que estas sencillas palabras todavía se aplican de manera potente a la cultura de hoy. Léalas con atención en un lugar tranquilo, tomando cada palabra en aquel lugar secreto de su corazón y disfrutando la riqueza de cada una. Deseo que lo inspiren para iniciar su *Práctica de la presencia de Dios*.

LAS CARTAS DEL
HERMANO LAWRENCE

*Edición abreviada
y actualizada de:*

La práctica de la presencia de Dios: la mejor regla para una vida en santidad

Las cartas del Hermano Lawrence

(Editadas por Don Milam)

*Bueno cuando Él da, supremo y bueno
pero no menos cuando Él niega.
Las aflicciones, de su soberana mano,
son bendiciones aunque no lo parezcan.*

PRIMERA CARTA
Cómo se encontró el continuo sentido de la Presencia de Dios.

Buscando y descubriendo en muchos libros diferentes métodos para acercarse a Dios e incontables formas de practicar la vida espiritual, pensé que este proceso solo me confundiría en lugar de ayudarme a encontrar lo que buscaba: *ser totalmente poseído por Dios.*

Esto me decidió a dar el todo por el Todo. Después de entregarme por entero a Dios para la satisfacción de mis pecados hasta donde me era posible, por amor a Él renuncié a todo lo que no fuera parte de Él. Empecé a vivir como si no hubiera nadie más que Él y yo en el mundo.

A veces me consideraba ante Él como un pobre criminal a los pies de su juez. En otras ocasiones lo veía en mi corazón como mi Padre, como mi Dios. Lo adoraba tanto como podía, manteniendo mi mente en su santa Presencia y haciéndome cargo de mi memoria cada vez que veía que se apartaba de Él. Era un ejercicio extenuante.

Continué con esta práctica a pesar de todas las dificultades sin preocuparme ni alarmarme cuando involuntariamente mi mente se desviaba. Me ocupaba todo el día de ello, y no solo en los momentos designados para la oración. Porque en todo momento, a cada hora, a cada minuto e incluso en medio de mis ocupaciones, echaba de mi mente todo lo que fuera capaz de interrumpir mi pensamiento en Dios.

Ha sido esta mi práctica habitual desde que entré en el camino espiritual y aunque la he practicado de manera muy imperfecta encontré grandes ventajas en ella. Este compromiso solo puede atribuirse a la misericordia y la bondad de Dios porque nada podemos hacer sin Él, y yo menos que nadie. Pero cuando somos fieles en permanecer en su santa Presencia y ponerlo siempre a Él antes que nosotros, esto limita nuestras ofensas a Él y nos ayuda a no hacer lo que pudiera apenarlo, al menos de manera voluntaria. También crea en nosotros una santa libertad, una intimidad con Dios para que podamos pedir con éxito las bendiciones que necesitamos. Finalmente, mediante la repetición constante de estas acciones, estas se vuelven hábitos, y la presencia de Dios nos es natural.

Por favor, dale gracias a Él conmigo por su gran bondad hacia mí, que jamás podré apreciar bastante, y por las muchas bendiciones que ha otorgado a un miserable pecador como yo. Sea alabado Dios en todas las cosas. Amén.

SEGUNDA CARTA
La diferencia entre él y otros, y los métodos para buscar a Dios.

No he tenido éxito en encontrar ayuda espiritual en estos libros, aunque no tengo dificultad para aceptarla. Pero, para mayor seguridad, me gustaría conocer qué piensas en cuanto a este asunto que voy a contarte.

En una conversación de hace tiempo con una persona muy espiritual, me dijo que la vida espiritual era una vida de gracia que comienza con el miedo esclavizante y aumenta por la esperanza de la vida eterna. Finalmente se consuma por medio del amor puro; cada uno de estos estados tiene sus diferentes etapas, y que pasándolas uno llega al fin a esa bendita consumación.

No he seguido todos estos métodos. Por el contrario, encontré que me desalentaban, y no estoy seguro del origen de tal desaliento. Fue esta la razón por la que al entrar en esta vida espiritual decidí entregarme a Dios y en todo lo que pudiera y por amor a Él, renunciar a todo lo demás.

Durante los primero años, muchas veces me entregaba en los momentos apartados a la devoción, pensamientos sobre la muerte, el juicio, el infierno, el cielo y mis pecados. De este modo, seguí durante unos años aplicando mi mente con atención el resto del día y aún en medio de mis ocupaciones, a la presencia de Dios, a quien considero *siempre conmigo y muchas veces dentro de mí*.

Después de un tiempo sin darme cuenta, comencé a hacer lo mismo durante mis momentos de oración, lo cual produjo en mí gran deleite y gozo. Esta práctica produjo en mí tan alta estima por Dios que la fe solamente fue la única cosa que podía satisfacerme en esos momentos. [Supongo que se refiere a que los diferentes conceptos e ideas que pudiera formarse de Dios no le satisfacían porque suponía que sus pensamientos humanos no eran dignos de Dios y que por eso su mente no se satisfaría sino con las vistas de la fe, la fe que entiende que Dios es infinito y que sobrepasa nuestro entendimiento, que es Él en sí mismo y no como lo pudieran concebir las ideas humanas].

Fueron esos mis comienzos, y aun así debo decirte que durante los primeros diez años sufrí mucho. El origen de mi sufrimiento era que temía no ser tan devoto a Dios como quería. Mis pecados del pasado siempre estaban presentes en mi mente, como también los grandes favores inmerecidos que Dios me otorgó. En esos momentos, caía y me levantaba otra vez. Me parecía que las criaturas, la razón y Dios mismo estaban en contra de mí. *Solo la fe estaba a mi lado.* A veces me perturbaban los pensamientos como los del hecho de que las bendiciones que recibí eran resultado de mi presunción, de pensar que podría obtener esas bendiciones divinas más rápido que otros que las recibían con gran dificultad. Y en otros momentos solo pensaba que este deseo era una caprichosa ilusión, un espejismo, y que no había salvación para mí.

Por fin, deduje que acabaría el resto de mi vida enredado en estas cuestiones terrenales (lo que no disminuía mi confianza en Dios y solo sirvió para aumentar mi fe). Entonces, de repente encontré que yo había cambiado por completo. Mi alma, que hasta entonces se hallaba atribulada, sintió una profunda paz interior, como si ella misma *estuviera en su centro y lugar de reposo.*

Desde ese momento, sencillamente he caminado ante Dios en fe, con humildad y con amor. Me aplico con diligencia para no hacer ni pensar nada que pudiera apenarlo. Espero que cuando haya hecho lo que puedo, Él haga conmigo lo que le plazca. En cuanto a lo que sucede en mí en el presente, no puedo expresarlo. No sufro ni tengo dificultad alguna con mi estado porque no tengo voluntad, más que la de Dios. Me esfuerzo por cumplir su voluntad en todas las cosas y a su voluntad estoy resignado. No tomaría una brizna de paja del suelo si le contrariara esto, o por ningún otro motivo más que puramente por amor a Él. He dejado toda forma de devoción y oraciones preestablecidas, a excepción de aquellas a las que me motiva mi condición. Me ocupo solo de continuar en su santa presencia. *Por simple atención me mantengo centrado en la presencia de Dios y en un tierno afecto hacia Dios.* Podría llamarlo, verdadera presencia de Dios, o más adecuadamente, habitual, silenciosa y secreta conversación del alma con Dios. Suele causar en mí gozos y gran deleite interior, y a veces, esto también se manifiesta al exterior. Es tan grande que me veo obligado a buscar maneras de moderarlo e impedir que se manifieste a los ojos de los demás.

Me considero el más miserable de los hombres, lleno de pústulas y corrupción, que ha cometido todo tipo de crímenes contra su Rey. Movido por consciente arrepentimiento, confieso ante Él toda mi maldad, pido su perdón y me abandono a sus manos para que haga conmigo lo que Él decida. Este Rey, lleno de misericordia y bondad, en lugar de castigarme me abraza con amor. Me hace comer a su mesa, me sirve con sus propias manos y me da la llave de sus tesoros. Conversa y se deleita conmigo incesantemente en mil maneras. Me trata como a su favorito. De vez en cuando es así como me siento en su santa presencia.

Mi método más usual es esta *simple concentración y apasionada contemplación de Dios*. Muchas veces me encuentro unido a Él con mayor dulzura y deleite que la del infante puesto al pecho de su madre. Permíteme atreverme a llamar a este estado pecho de Dios porque allí siento y saboreo una dulzura que no se puede expresar. Si a veces mi pensamiento se aparta a causa de alguna necesidad o dolencia, de inmediato soy llamado de regreso, con tal delicia y encanto que me avergüenza mencionarlo. En cuanto a mis horas asignadas a la oración, son solo una continuación del mismo ejercicio. A veces me considero en ese lugar, como piedra ante el escultor, y en ese lugar él tiene la capacidad de hacer una estatua cuando me presento ante Dios. Deseo que forme su perfecta imagen en mi alma y me cambie por entero para parecerme a Él. En otras ocasiones, cuando me aplico a la oración, siento que todo mi espíritu y toda mi alma se elevan hacia su presencia sin preocupación ni esfuerzo alguno de mi parte. Continúa en este estado como si estuviera suspendida y firmemente fijada en Dios *como centro y lugar de su reposo*.

Sé que hay quienes me acusan de ser inactivo, de tener alucinaciones, de amarme a mí mismo. Confieso que es esta una santa inactividad y que no me importaría estar feliz amándome a mí mismo si fuera posible que el alma estuviera en ese estado. En efecto, cuando mi alma está en este estado, no puede perturbarse por acciones a las que estaba acostumbrada antes y que entonces eran su apoyo, pero que ahora realmente le impedirían en lugar de asistirla.

Aun así no puedo soportar que se llame alucinación a esta experiencia porque el alma que disfruta a Dios no desea nada más que a Dios. Si esto en mí es una alucinación entonces solamente Dios puede remediarla. Que Él haga conmigo lo que le plazca. Solo lo deseo a Él y quiero estar totalmente dedicado a Él.

TERCERA CARTA
Para un soldado amigo a quien alienta a confiar en Dios.

Tenemos un Dios de infinita gracia, que conoce todos nuestros deseos. Siempre pensé que Él te reduciría al final de ti. Vendrá cuando Él lo disponga y cuando menos lo esperes. En esos momentos, pon en Él tu esperanza más que nunca. Agradécele conmigo por las cosas buenas que te da, en especial por la fuerza y paciencia que te da en tus aflicciones. Es clara indicación del cuidado de Dios en tu vida. Consuélate entonces en Él y da gracias por todo.

También aprecio la fuerza y valentía de M. Dios le ha dado buen carácter y buena voluntad, pero aún hay en él un poco del mundo y bastante inmadurez. Espero que la aflicción que Dios le envió resulte ser un remedio saludable para él que le haga entrar en sí mismo. Sería adecuado desafiarlo a poner toda su confianza en Aquel que lo acompaña siempre, en todas partes. Sería bueno si pudiera mantener sus pensamientos en Él tanto como sea posible, en especial en medio de los más grandes peligros. Basta con animar el corazón un poco. Basta con recordar un poco a Dios, con una acción de adoración interna aun cuando se está marchando y con la espada en la mano. Estas son oraciones que aunque cortas, son muy aceptables para Dios. En lugar de restar coraje al soldado en momentos de peligro, lo fortalecen.

Debería volver sus pensamientos hacia Dios todo lo posible. Dando pasos pequeños, trata de que se acostumbre a este ejercicio pequeño pero santo. Nadie se dará cuenta de lo que está haciendo y no hay cosa más fácil que repetir estas pequeñas adoraciones internas varias veces a lo largo del día. Recomiéndale, si quieres, que piense en Dios con la frecuencia que le sea posible, como te lo indico aquí. Es lo adecuado y lo más necesario para un soldado expuesto día a día a los peligros de la vida y, a menudo, al riesgo que se interpone en su salvación. Espero que Dios le ayude, y a toda su familia, de quienes me presento como servidor, de ellos y tuyo.

CUARTA CARTA

Escribe en tercera persona con respecto a sí mismo y alienta a su interlocutor a seguir adelante para practicar la presencia de Dios de manera más plena.

Aprovecho esta oportunidad para comunicarte los sentimientos de alguien en nuestra sociedad [habla de sí mismo], en cuanto a los admirables efectos y continuo auxilio que recibe de la presencia de Dios. Beneficiémonos ambos con ello.

Has de saber que durante los últimos cuarenta años ha prestado atención al camino espiritual para poder estar siempre con Dios y no hace, dice ni piensa nada que pudiera apenarlo. Lo ha hecho con el solo propósito de amarlo y porque Dios merece infinitamente más.

A veces, si se aparta de esa Divina presencia durante demasiado tiempo, Dios de inmediato se hará sentir en su alma y lo llamará a esa presencia. Esto suele suceder cuando está demasiado absorto en sus ocupaciones externas. A este retraimiento interior él responde de inmediato, o por elevación de su corazón hacia Dios o mediante pensamientos de ternura y humildad hacia Él. O a veces con palabras de amor que se forman en tales ocasiones, como por ejemplo: "Mi Dios, aquí estoy totalmente devoto a ti, Señor. Hazme conforme a tu corazón". Y luego le parece (porque lo siente) que este Dios de amor, satisfecho con tales palabras, aunque breves, se reclina nuevamente y reposa en la profundidad y centro de su alma. La experiencia de tales cosas le da la seguridad de que Dios siempre está en la profundidad, o en el fondo, de su alma y por ello es incapaz de dudarlo, pase lo que pase. Observa qué contento y satisfacción siente al encontrar dentro de sí continuamente tan grande tesoro. Ya no siente la ansiedad de buscarlo, sino que lo tiene abierto delante de sí y puede tomar lo que desee.

Se queda mucho de nuestra ceguera y suele clamar que somos dignos de lástima, al contentarnos con tan poco. Dios, dice él, tiene tesoro infinito para darnos, y sin embargo nos damos muy poco a la sensible devoción. Parece pasar de largo ante nosotros muy rápido. Ciegos como somos, impedimos que Dios obre y detenemos el fluir de sus gracias hacia nuestras vidas. Sin embargo, cuando Él encuentra un alma penetrada por una fe tan viva, derrama en ella sus gracias y favores en abundancia. Allí, fluyen hasta inundarla. Es esta una inundación, un diluvio que detenemos, cuyo avance impedimos, pero que cuando encuentra un lugar de salida, se expande con abundancia y entrega total.

Sí, muchas veces detenemos este torrente al no valorarlo. Pero ¡ya no lo hagamos más! Entremos dentro de nosotros mismos y rompamos las defensas que contienen esta agua. Abramos paso a la gracia. Redimamos el tiempo perdido porque tal vez nos quede muy poco. La muerte nos pisa los talones. Estemos bien preparados para ella porque moriremos una sola vez, y si nos desviamos, no podremos retomar el camino ya.

Repito: entremos en nosotros mismos. El tiempo apremia. No hay lugar para las demoras. Son nuestras almas las que están en juego. Creo que has tomado tales medidas como para no sorprenderte. Te elogio por ello. Es lo único que necesitamos. Debemos, sin embargo, estar siempre atentos trabajando en ello porque si no avanzamos en la vida espiritual esto significa que estamos retrocediendo. Quienes tienen el huracán del Espíritu Santo, avanzan aun cuando duermen. Si el barco de nuestra alma sigue sacudido por vientos y tormentas, despertemos al Señor que duerme en este barco, y Él enseguida calmará las aguas.

Me he tomado la libertad de impartirte estos buenos principios para que puedas compararlos con los tuyos. Servirán otra vez para avivar y encender tu alma en caso de que por infortunio (Dios no lo permita porque sería un verdadero infortunio), se hubiera enfriado aun si fuera un poco nada más. Entonces, recordemos los dones divinos que hemos recibido. Aprovechemos el ejemplo y las actitudes de este hermano, poco conocido para el mundo pero conocido para Dios y acariciado por Él en extremo.

QUINTA CARTA
Donde insiste nuevamente en la necesidad y virtud de practicar la Presencia de Dios.

Estoy convencido de que para practicar su presencia correctamente, el corazón tiene que haberse vaciado de todas las otras cosas. La razón es que Dios quiere ser el único poseedor del corazón y no podrá serlo si hay otros dueños, por lo que habrá que vaciar el corazón de todo lo demás. Tampoco puede actuar en el corazón y obrar como lo desea a menos que se vacíe primero de todo lo que lo ocupa.

En este mundo, no hay otra vida más dulce y deliciosa que la de la continua conversación con Dios. *Los únicos que pueden entender esta verdad son quienes la practican y viven.* Aunque no te lo aconsejo por tal motivo. No es el placer lo que hemos de buscar en este ejercicio, sino que debemos hacerlo a partir de un principio de amor y porque Dios quiere que entremos de ese modo.

Si fuera yo predicador, por sobre todo lo demás predicaría la práctica de la presencia de Dios. Y si fuera mentor espiritual, aconsejaría a todo el mundo que lo hiciera porque a tal punto creo que es necesario y también fácil de hacer.

¡Ah! Si tan solo supiéramos de nuestra carencia de la gracia y asistencia de Dios en nuestras vidas, jamás lo perderíamos de vista, ni siquiera por un momento. Créeme, deberías de inmediato tomar la inflexible y santa decisión de que jamás olvidarás a Dios por voluntad propia y que pasarás el resto de tus días en su sagrada presencia. Te privarás de todas las demás comodidades en la vida, por tu amor a Él.

Con todo tu corazón entrégate a esto y si lo haces bien, ten la seguridad de que pronto descubrirás los beneficios espirituales en tu vida. Te ayudaré con mis oraciones, por pobres que sean. Con franqueza hablo por mí, por tu bien y por aquellos en tu santa sociedad.

SEXTA CARTA
Exhortando a poner toda nuestra confianza en Dios.

No puedo imaginar cómo alguien espiritual podría vivir satisfecho sin practicar la presencia de Dios. *Por mi parte, me retiro continuamente con Él a la profundidad del centro de mi alma tanto como me es posible.* Mientras estoy en este lugar privado con Él nada temo, pero me es intolerable la sola idea de apartarme de Dios.

Este ejercicio no fatiga al cuerpo. Pero sin embargo corresponde privarlo de vez en cuando, aunque no tan a menudo, de los pequeños placeres, legales e inocentes, porque Dios no permitirá que un alma que desea dedicarse enteramente a Él tome otros placeres que no sean los de Él. Esto es más que razonable.

No digo que tengamos que castigarnos con violencia. No. Debemos servir a Dios en santa libertad. Debemos trabajar a diario con fidelidad, sin preocuparnos porque hacemos entrar a Dios en nuestro pensamiento. Esto ha de hacerse con calma y tranquilidad, cada vez que veamos que nos apartamos de Él.

Aun así es necesario poner toda nuestra confianza en Dios, dejando de lado toda otra preocupación —incluso ciertas formas de devoción aunque buenas en sí mismas— excepto aquellas en las que te ocupes irracionalmente. Estas devociones son solo medios para llegar a un fin, de modo que por medio de este ejercicio de la presencia de Dios estemos con Él, quien es nuestro fin. Entonces, ya no tiene sentido volver a los medios. Pero podemos continuar con Él en la ocupación del amor, perseverando en su santa presencia. Debemos continuar alabando y adorando a Dios, deseándolo.

Podemos buscar su presencia mediante la resignación o la gratitud o por cualquier otro medio que pueda crear nuestro espíritu.

No te desalientes por que al luchar contra tu naturaleza humana sientas disgusto. Deberás hacerlo, aunque sientas que eres violento contigo mismo, porque al principio muchas veces, uno lo percibe como tiempo perdido, pero no si persistes y decides perseverar en ello hasta la muerte a pesar de todas las dificultades que puedan surgir. Me encomiendo a las oraciones de tu santa sociedad y a las tuyas en particular. Tuyo en el Señor.

SÉPTIMA CARTA
A la edad de casi ochenta años exhorta a su interlocutor,
que tiene sesenta y cuatro, a vivir y morir con Dios y
promete y pide oraciones.

Siento profunda compasión por ti. Será muy importante si puedes dejar de lado la preocupación por tus asuntos y pasar el resto de tu vida solamente adorando a Dios. Él no nos pide grandes cosas, excepto que lo recordemos un poco y le ofrezcamos un poco de adoración. A veces nos pide que oremos por su gracia, y en ocasiones que le ofrezcas tus sufrimientos y también puede pedirte que le devuelvas gratitud por las bendiciones que te ha dado y te sigue dando en medio de tus tribulaciones. Finalmente, quiere que te consueles con Él tanto como puedas. Eleva tu corazón a Él aun mientras comes y cuando estás acompañado. Por poco que lo recuerdes, Él sentirá agrado y lo aceptará. No necesitas gritar. *Él está más cerca de nosotros de lo que imaginamos.*

Y no creas que para estar con Dios tienes que estar en la iglesia todo el tiempo. Podemos hablarle lo que hay en nuestro corazón en humildad, sinceridad y amor. Todos somos capaces de tan íntima conversación con Dios, algunos más, y otros menos. Él sabe lo que podemos hacer. Así que comencemos ahora. Tal vez Él solo espera una generosa decisión de nuestra parte. Ten coraje. Tenemos poco tiempo de vida. Tienes casi sesenta y cuatro años, y yo, casi ochenta. Vivamos y muramos con Dios. Los sufrimientos nos serán dulces y placenteros mientras estamos con Él. *Los más grandes placeres, sin Él, nos serán crueles castigos.* Bendito sea Dios por todas las cosas. Amén.

Ocúpate entonces gradualmente en esta adoración de Dios, rogándole por su gracia. Ofrécele tu corazón de tanto en tanto en medio de tus ocupaciones cada vez que puedas. Y no te confines cuidadosamente a reglas determinadas o a formas de devoción en particular, sino actúa con una confianza general en Dios, con amor y humildad. Ten la seguridad de que en mis pobres oraciones estás tú, y que yo soy su siervo, y el tuyo en particular también.

OCTAVA CARTA
En referencia a la mente que divaga cuando está en oración.

No me dices nada nuevo. No eres el único a quien le aqueja este problema de la mente que se desvía. Es una mente vaga la nuestra. Pero como *la voluntad es la dueña y señora de todas nuestras facultades,* ella será la que vuelva a cauce nuestros pensamientos y los lleve a Dios, su destino final. Cuando la mente, por olvidadiza, no recuerda que estamos entregados a la devoción espiritual, contrae malos hábitos de disipación y desvío, nos cuesta vencerla. La mente nos atraerá, aunque no lo deseemos, hacia las cosas del mundo.

Creo que un buen remedio para esto es confesar nuestras culpas y humillarnos ante Dios. No te aconsejo que uses muchas palabras en oración. Muchas palabras y largos discursos suelen ser motivo de desvío en el pensamiento. Aférrate a la oración ante Dios, como el mendigo mudo o paralítico se aferra a la puerta del hombre rico. *Ocúpate de mantener tu mente en la presencia del Señor.* Si se aparta de Él, no te preocupes.

La preocupación solo sirve para distraer la mente en lugar de hacer que recuerde a Dios. La voluntad debe hacer que tus pensamientos espirituales vuelvan a su curso en paz, y esto sucederá, y si perseveras en ello, Dios se apiadará de ti.

Una de las formas de poder llevar la mente de vuelta al curso en oración y mantenerla en paz es no permitirle que se aparte demasiado en otros momentos. *Debes mantenerla estrictamente en la presencia de Dios y formarte el hábito de pensar en Él a menudo.* Encontrarás que te será fácil mantener tu mente en calma durante la oración, o al menos traerla de regreso si se aparta. Te lo he dicho ya en general en cartas anteriores, sobre las ventajas que obtendremos de esta práctica de la presencia de Dios. Ocupémonos de ello en serio y oremos el uno por el otro.

NOVENA CARTA
Su antiguo tema de practicar la Presencia,
presentado de manera breve y concisa.

No logramos la santidad de inmediato. Debemos ayudarnos con el consejo, pero lo más importante es que lo hagamos mediante los buenos ejemplos. Me gustaría oír de ella cada tanto y saber si es muy ferviente o muy obediente.

Pensemos entonces con frecuencia en que la única ocupación en nuestras vidas es la de agradar a Dios. Quizá todo lo demás sea tontería, necedad y vanidad. Estoy lleno de vergüenza y confusión cuando reflexiono por un lado en las grandes bendiciones que Dios me dio y me sigue dando a pesar del mal uso que les doy, y en lo poco que progreso en el camino hacia la perfección.

Como por su misericordia, Dios todavía nos da un poco más de tiempo, comencemos en serio y reparemos el tiempo perdido.

Volvamos con plena seguridad a ese Padre de misericordias, siempre listo para recibirnos con afecto. Renunciemos, renunciemos generosamente, por amor a Él, a todo lo que no sea de Él. Dios merece infinitamente más. Pensemos en Él en todo momento. Pongamos toda nuestra confianza en Él. Estoy seguro de que pronto veremos los efectos de ello al recibir la abundancia de su gracia, con la que podemos hacerlo todo y sin la cual nada podemos hacer más que pecar.

No podemos escapar a los peligros que abundan en la vida sin la real y continua ayuda de Dios. Oremos entonces a Dios pidiéndosela todo el tiempo. *¿Cómo podemos orar a Dios si no estamos con Dios?* ¿Cómo podemos estar con Él, si no pensamos en Él a menudo? ¿Y cómo pensar en Él a menudo sino por el santo hábito que debemos formarnos al practicar la presencia de Dios? Me dirás que siempre digo lo mismo. Y es cierto. Porque es el mejor método y el más fácil que conozco, y no uso ningún otro.

Aconsejo su práctica a todo el mundo. *Debemos conocer antes de poder amar.* Para conocer a Dios, tenemos que pensar en Él a menudo y cuando llegamos a amarlo, entonces también podemos pensar en Él todavía más porque allí donde está nuestro tesoro, estará nuestro corazón. Este es un argumento que de veras merece tu consideración.

DÉCIMA CARTA
La pérdida de un amigo puede llevarnos a conocer al Amigo.

Estoy extremadamente contento con la confianza que tienes en Dios. Deseo que Él la aumente en ti cada vez más. *No hay tal cosa como demasiada fe en un Amigo tan bueno y fiel que jamás nos fallará,* ni en este mundo ni en el siguiente.

Si M. aprovecha la pérdida que ha sufrido y pone toda su confianza en Dios, Él pronto le dará otro amigo más poderoso, con mayor inclinación a servirle. *Dios dispone de nuestros corazones como le place.* Debemos amar a nuestros amigos, pero sin que esto nos impida amar a Dios, que debe ser el más importante, el principal.

Por favor, recuerda lo que te he recomendado, que es que pienses en Dios con frecuencia de día, de noche y mientras trabajas y aun mientras te entretienes. Él siempre está cerca de ti, contigo. No lo dejes solo. Si dejaras solo a un amigo que te visita, estarías siendo maleducado. ¿Por qué entonces habrías de dejar solo a Dios? No lo olvides. Piensa en Él a menudo. Adóralo continuamente, y vive y muere con Él. Esta es la gloriosa ocupación del cristiano. En una palabra, es nuestra profesión. Si no la conocemos, hemos de aprenderla. Me esforzaré por ayudarte con mis oraciones y soy tuyo en nuestro Señor.

DÉCIMOPRIMERA CARTA
Escrita a alguien que sufre mucho dolor.
Dios es el Médico del cuerpo y el alma.

No oro porque te libres de tu dolor, sino porque Dios te de la fuerza y paciencia de soportarlo hasta donde Él decida. *Consuélate en Aquel que te sostiene aferrado a la cruz.* Te soltará de allí cuando Él considere que ha llegado el momento. Feliz quien sufre con Él. Acostúmbrate a sufrir de tal manera y busca en Él la fuerza para soportar tanto como Él crea que has de sufrir porque lo necesitas.

Confía en Él nada más, y en ningún otro médico. Porque según mi entendimiento, Él es quien se reserva el poder de sanarte. Pon todo tu dolor en tu confianza en Él y pronto encontrarás los efectos de ello en tu recuperación. Es esto algo que muchas veces impedimos al confiar más en la medicina que en Dios. Consuélate con el Médico soberano del alma y el cuerpo.

Predigo que me dirás que yo estoy muy bien y que como y bebo a la mesa del Señor. Tienes razón. Pero ¿piensas que sufriría poco el más grande criminal del mundo al comer a la mesa del rey y ser servido por el rey, sin conocer que tales bendiciones no dan seguridad de perdón? Creo que se sentiría muy incómodo y que nada podría resolver su incomodidad, más que la confianza en la bondad de su rey. Así que te aseguro que por muchos que sean los placeres que saboreo a la mesa de mi Rey, mis pecados están siempre presentes delante de mis ojos, tanto como la incertidumbre de mi perdón me tortura, aunque en verdad tal tormento en sí mismo me complace. *Y hasta el más grande placer me sería infierno si pudiera disfrutarlo sin Dios.* Todo mi gozo estaría en poder sufrir algo por Él. Debo, en poco tiempo más, ir a Dios. Lo que me consuela en esta vida es que ahora lo veo por fe. Lo veo de tal modo que a veces debo decir:

"Ya no creo, sino que veo". *Siento lo que la fe nos enseña* y en esta seguridad y esta práctica de fe, viviré y moriré con Él.

Continúa siempre con Dios. Es el único apoyo y consuelo para tu aflicción. Le pediré que esté contigo. Te presento mi servicio.

DUODÉCIMA CARTA
El Hermano Lawrence expresa el consuelo en el que habita a través de la fe.

Si estuviéramos acostumbrados a practicar la presencia de Dios, toda enfermedad corporal se vería muy aliviada. Por sobre todo, fórmate el hábito de deleitarte a menudo con Dios y esfuérzate todo lo posible por no olvidarlo. Ofrécete a Él de tanto en tanto y en especial, cuando más sufras. Búscalo con humildad y afecto (como el niño a su padre) pidiéndole que te haga conforme a su santa voluntad. Me esforzaré por auxiliarte con mis pobres oraciones.

Dios tiene muchas formas de acercarnos a Él. A veces se oculta de nosotros. Pero en esos momentos la fe solamente, que no nos falla en momentos de necesidad, debe ser nuestro apoyo y el cimiento de nuestra confianza, y todo ello debe estar en Dios.

Con gusto le pediría a Dios que me diera parte de tus sufrimientos para poder conocer mi debilidad, debilidades tan grandes que si Dios me dejara solo por un momento, sería yo el hombre más miserable sobre la faz de la tierra. Y aun así no sé cómo podría Él dejarme solo, porque la fe me da una convicción muy grande, tan fuerte como lo permiten mis sentidos. Sé que Él nunca nos abandona hasta tanto lo abandonamos nosotros primero. Temamos abandonarlo. Estemos siempre con Él. *Vivamos y muramos en su presencia.* Ora por mí, como lo hago yo por ti.

DÉCIMOTERCERA CARTA
Exhortando a una mayor y más entera confianza en Dios, por el cuerpo y el alma.

Me duele verte sufrir durante tanto tiempo. A pesar de todos tus cuidados, la medicina hasta este momento no ha tenido éxito, y tu enfermedad sigue avanzando. *No estarás tentando a Dios si te entregas en sus manos y lo esperas todo de Él.*

Pídele por amor a Él, por todo lo que a Él le agrade y durante todo el tiempo que Él lo decida. Estas oraciones, de hecho, son un tanto difíciles para nuestra naturaleza, pero muy aceptables a Dios y dulces para quienes lo aman. El amor endulza los dolores. Y cuando uno ama a Dios, uno sufre por Él con gozo y coraje. Te ruego que escuches mis palabras. Consuélate con Él, único Médico para todas nuestras enfermedades. *Él es el Padre del afligido, siempre listo para ayudarnos. Él nos ama infinitamente más de lo que imaginamos.* Amémoslo entonces y no busquemos consuelo en otros lugares. Espero que lo recibas pronto. Me despido. Te ayudaré con mis oraciones por pobres que sean y siempre seré tuyo en nuestro Señor.

DÉCIMOCUARTA CARTA
Dando gracias a Dios por sus misericordias.

Si en esta vida hemos de disfrutar la paz del paraíso, tenemos que formarnos el hábito de mantenernos en íntima, humilde y afectuosa conversación con Dios. Tenemos que evitar que nuestros espíritus se aparten de Él, sin que importen las circunstancias. *Tenemos que hacer de nuestro corazón un templo espiritual* para que allí podamos adorarlo sin cesar. Tenemos que vigilarnos continuamente para no hacer, decir ni pensar nada que pudiera apenar a Dios.

Cuando nuestras mentes se ocupan de pensar en Dios todo el tiempo, el sufrimiento se llena de unción y consuelo. Sé que para llegar a este estado, el inicio es muy difícil. Tenemos que actuar puramente en fe. Pero aunque es difícil también sabemos que todo podemos hacerlo por medio de la gracia de Dios, que Él jamás niega a quien la pide con sinceridad. Golpea la puerta con persistencia, y estoy seguro de que Él la abrirá a su debido tiempo y te dará de una sola vez todo lo que ha demorado para ti, lo que ha estado guardando durante estos muchos años. Me despido. Ora a Dios por mí, como yo oro a Dios por ti. Espero ver pronto a Dios.

DECIMOQUINTA CARTA

Desde su lecho de muerte. Repite la misma exhortación al conocimiento para que podamos amar.

Dios sabe lo que necesitamos y todo lo que hace es por nuestro bien. Si tan solo supiéramos cuánto nos ama, siempre estaríamos dispuestos a recibir de su mano sin hacer diferencias todo lo que nos dé, sea dulce o amargo. Todo lo que viene de Dios ha de agradarnos. El peor sufrimiento jamás parece intolerable. *Solo lo parece cuando lo vemos a la luz que no es la correcta.* Cuando vemos nuestro sufrimiento en la mano de Dios que lo dispensa, y cuando sabemos que es nuestro amado Padre quien permite que desesperemos y lloremos, entonces nuestro sufrimiento pierde su amargura, y hasta llega a sernos de consuelo.

Que todo lo que hagamos sea conocer a Dios. Cuanto más lo conoce uno, tanto más desea uno conocerlo. Y como el conocimiento suele ser la medida del amor, cuanto más profundo y extenso nuestro conocimiento, tanto mayor será nuestro amor. *Si nuestro amor por Dios es grande, lo amaremos por igual en el dolor y el placer.*

No nos divirtamos o busquemos placer amando a Dios por alguna bendición egoísta (por justa que nos parezca), que esperemos de Él. Tal bendición, aunque jamás tan grande, no puede llevarnos tan cerca de Dios como puede hacerlo la fe en una sencilla acción. Busquémoslo entonces por fe. Él está dentro de nosotros. No le busquemos en ningún otro lugar. ¿No seremos maleducados, mereciendo culpa, si lo dejamos solo para ocuparnos de cosas tan pequeñas y meras que no le agradan y hasta tal vez lo ofenden? Estos pequeños asuntos de la vida son de temer, porque pueden costarnos muy caro.

Con todo el corazón, comencemos a entregarnos al Señor con devoción. Echemos fuera de nuestros corazones todo lo demás. *Él desea ser el único dueño de nuestros corazones.* Roguémosle esta bendición. Si hacemos todo lo que podamos, pronto veremos en nosotros un cambio como el que anhelamos. No puedo agradecer a Dios lo suficiente por la paz que te ha otorgado. Espero de su misericordia el favor de verlo en pocos días más. Oremos el uno por el otro.

[El Hermano Lawrence debió permanecer en su cama dos días
más y murió esa misma semana].

ACERCA DEL AUTOR

James W. Goll es cofundador de *Encounters Network* [Red Encuentros], junto con su esposa Michal Ann. También es fundador de la *God Encounters Training School* [Escuela de capacitación Encuentros con Dios], y autor colaborador de la revista. Además, es miembro del equipo de *Harvest International Ministries Apostolic Team* y sirve en diversos consejos nacionales e internacionales.

James ha producido varias guías de estudio sobre temas como "Equipamiento en lo profético", "Planos para la oración", "Con poder para el ministerio". Él y Michal Ann han estado casados por más de veintiocho años. Y habiendo sido sanados de su esterilidad, tienen cuatro hijos maravillosos. Viven en las bellas colinas de Franklin, Tennessee.

Esperamos que este libro
haya sido de su agrado.
Para información o comentarios,
escríbanos a la dirección
que aparece debajo.

Muchas gracias.

info@peniel.com
www.peniel.com

RESTAURANDO EL PODER Y LA PASIÓN DE LA VIGILIA DEL SEÑOR

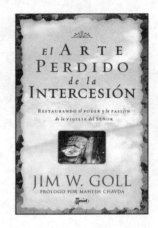

Dios anhela restaurar *El arte perdido de la intercesión*, y llama a sus guerreros una vez más a restablecer la "Vigilia del Señor". Cuando el pueblo de Dios "eleva" el incienso de la oración y la adoración, Dios "derrama" el poder sobrenatural, la unción y actos de intervención.

JAMES GOLL ha viajado alrededor del mundo para transmitir el poder de la intercesión, el ministerio profético, y la vida en el Espíritu.

peniel.com

Libros para siempre

¿PUEDE SER USTED UNA ESTER, UN JOSÉ, UN DANIEL O UNA DÉBORA DE NUESTROS TIEMPOS?

Para ayudar a dar a luz a las promesas, planes y propósitos de Dios debemos aprender a arrodillarnos en oración de intercesión, orando las promesas de Dios de vuelta a Él. *Arrodillados sobre sus promesas* lo guiará a conocer el corazón de Dios por la oración y lo profético, Su corazón por Su pueblo Israel, cómo elevar un clamor por misericordia, y cómo llamar a la intervención de Dios.

JAMES GOLL ha viajado alrededor del mundo para transmitir el poder de la intercesión, el ministerio profético, y la vida en el Espíritu.

peniel.com

Libros para siempre